コミュニティ・ガバナンスと社会教育の再定義

社会教育福祉の可能性

松田武雄
Matsuda Takeo

福村出版

コミュニティ・ガバナンスと社会教育の再定義

目次

第Ⅰ部　現代社会教育の再定義

第3章　戦前における日本社会教育の歴史的特質……67

第Ⅰ部　現代社会教育の再定義

第1章

現代社会と社会教育・生涯学習の意義

はじめに――三・一一の意味

現代社会が直面している深刻な社会的危機に、社会教育・生涯学習はどのように向き合うことができるのであろうか。あるいは向き合ってきたのであろうか。社会教育・生涯学習の実践と理論は、この課題に真摯に立ち向かわなければならないにもかかわらず、そのための努力は必ずしも十分ではなかったと思われる。社会教育・生涯学習の現場では、社会教育行政の危機と言えるような再編成が進行しており、それに抗して社会教育行政を守るためにもっぱらエネルギーを注がざるを得ないという事情が存在している。しかし、現在の資本主義の不安定性のもとで、危機に立たされているのは社会教育の領域だけではなく、多様な分野で同様の事態が生じている。現在、私達が直面している社会的危機に社会教育・生涯学習はいかに接続可能なのかを考える必要がある。

二〇一一年三月一一日に未曾有の大地震が東北地方を襲った。その直後の津波、そして福島第一原子力発電所の破壊は私達に甚大な衝撃を与えた。その後の被災地における、住民の復興への強い思いと粘り強い取り組みに心を打たれたが、しかし一方で、拡散する放射性物質によって地球が汚染されつつある。

大澤真幸は、この三・一一と二〇〇一年の九・一一を重ね合わせて、両者の関連性について考察している。通底する2種類の悲劇に共通するのは、「精神的な深い傷を残す、圧倒的な破局」である。大澤は、テリー・イーグルトン（Terry Eagleton）を参照して、現代社会の悲劇を二つに類型化している。第一の悲劇は、「破壊的な出来事が、突然、外から侵入すること」であり、第二の悲劇は、「袋小路のような絶望的な状態が、鬱々と持続すること」である。

九・一一の場合、ツインタワーの崩壊が第一の悲劇であり、米軍が介入したアフガニスタンの苦難が第二の悲劇である。そして両者は表裏の関係でつながっている。三・一一の場合、地震・津波は第一の悲劇であり、原発事故による放射性物質の拡散が第二の悲劇である。そして両者は「継起的・通時的」につながっている。

大澤はこのように両者の悲劇を捉えた上で、九・一一とは異なる三・一一への向き合い方について論じている。九・一一の場合、破局を防ぐことができず、しかも破局の中に入り込んでしまった。しかし、三・一一の破局は、深刻な影響が今後に残されることになるが、その破局が既に起きてしまった事実として受け入れることで、過去を振り返り、それを避ける可能性があったことを知るのである。さらに未来に起こることを想定して、現在のうちに、それを防ぎうる行為の可能性を探求することができるのである[1]。

大澤のこのような思考は、社会教育・生涯学習が三・一一の悲劇に関与できる道筋を考える上で参照できるものである。いずれ来るであろう悲劇を防ぎうる行為の可能性について、私達は公民館などを足場にして学び合い熟議することができる。そして、地域から共同行動を起こすことができる。長野県松本市において、防災と福祉のまちづくりを町会単位で取り組んできたことが、二〇一一年六月三〇日に起きた地震に活かされたことは、そのような可能性の探求を社会教育の場でできることを実証するものであった。

本章は、物語化できない現代のリスク社会に抗して、社会教育・生涯学習が地域社会においてどのような物語を紡ぐことができるのか、その可能性を社会教育・生涯学習の多様な分野から探求しようとするものである。しかし、その可能性は一様ではなく、多元的な可能性が見出されるであろう。

1 社会教育の歴史的な意義

社会教育・生涯学習は、世間的には趣味・教養的な、自己実現のための学習として理解されることが多い。そのような要素を社会教育・生涯学習がたぶんに持っていることは確かである。したがって、個人的な営みとして受益者負担において行うものとされ、現在のような自治体の財政危機のもとでは、社会教育・生涯学習の領域は公費教育として位置づけられにくい。

社会教育、とりわけ公民館において、一九六〇年代以降、趣味・教養を中心とする自己実現型の学習活動が広がり、さらに一九八〇年代後半以降の生涯学習の普及の中で、学習プログラム消費型の学習活動が一般化した。とはいうものの、第二次世界大戦後の公民館活動で見られたような、地域の実際生活に即して、地域課題を解決していこうとする志向を持った共同学習の系譜も歴史的に継承されて今日に至っている。しかし、社会的には、このような意味での学習活動は、あまり社会教育として捉えられていない、言わば社会教育のマイノリティである。

現在、地方分権政策のもとで、公民館が教育委員会から首長部局に移管され、コミュニティ施設（地域づくりのための施設）としての位置づけが強まっているが、その背景には、社会教育・生涯学習に関する前者のような認識がある。つまり、公民館を教養文化施設として維持していく財政的余裕が自治体になくなり、地域社会の自助努力に期待する拠点施設として公民館を位置づけ直すという思考が働いているのである。公民館が地域づくりに深く関わってきたという後者の側面についての認識が、社会的にほとんどないという歴史的様相を反映していると言える。実際のところ、多くの公民館ではその機能を教育文化活動に自己限定してきたこともあり、成人の趣味・教養的な学習は受益者負担で行い、公的な施設としての公民館は地域振興の役割を果たすべきであるという短絡的な発想が生まれやすいのである。

社会教育という概念は、「社会」と「教育」を合成してつくった造語であり、社会を意識し、社会を対象とし、社会に関わる教育として成立した概念である。その点では、教養教育を重視したイギリスの成人教育などとは異なるものである。しかし、社会の一般大衆が教育に通俗的に接近するツールとして趣味的・娯楽的な要素が社会教育に取り入れられ、市民社会を担う市民の育成のために教養教育が社会教育に取り込まれていった。その一方で、国家主義的な観点から地域を振興するとともに、社会問題対策のツールとして社会教育が定位された。

今日、社会教育は成人教育を主として、それに学校外教育を付加して理解されているが、歴史の源流をたどれば、そのような領域とは別に、社会に意識的にかかわり社会を育てる教育としても社会教育は理解されていたのである。社会教育の歴史的な範疇は多義的なものとして一八七〇～一九二〇年代に成立したが、第二次世界大戦後は主として青年・成人教育に限定して理論構築がなされ実践が展開されてきた。順調な経済成長のもとで福祉国家が成り立っていた時代には、そのような社会教育は社会の中である程度有効に機能したが、現代の不安定なリスク社会においては、福祉国家によって支えられていた成人教育としての社会教育もまた不安定な状況に置かれてしまう。不安定性に抗して現代社会を物語化できるような社会教育の再定義が必要な所以である。

そこでまず、宮原誠一以来、繰り返し言われてきたように、社会教育を歴史的に理解することによって、社会教育を反省的にとらえ直すことが重要である。その手がかりとして、ここでは社会教育における四つの歴史的な発達形態を示しておきたい。

一番目に、福澤諭吉による自己教育としての社会教育思想が明治初期に現れ、それが川本宇之介（一八八八～

一九六〇年）において自己教育としての社会教育論として一九二〇年代後半に体系化され、戦後の有力な社会教育論として確立していく社会教育の系譜を描くことができる。従来、社会教育の本質論として自己教育論が語られる時、戦後の民主主義的な風土の中で形成されてきたと理解される傾向があったが、福澤諭吉による社会教育の思想のうちに既にその萌芽を見ることができ、それ以降の歴史的過程の試練を経て形成されてきたのであり、そうした歴史的な視野を持つことによって、一定の近代的価値に基づく自己教育論の展開にとどまることなく、自己教育の思想と活動の多面性や矛盾をとらえることができるのである。限られた階層を担い手とする自己教育としての社会教育が、近代日本における社会教育の原初的な意味内容を示し、そのような社会教育が戦後の経済成長を経る中で大衆的に受容されていくことになる。

二番目に、明治中期に学校教育を「補翼」し就学を促進するための通俗教育・社会教育論が現れ、学校教育と密接に関連づけられた社会教育論が展開されて、やがて乗杉嘉壽（一八七八〜一九四七年、文部省初代社会教育課長）による「教育改造」としての社会教育論として一九二〇年代前半に発展していくような、学校教育と相対するものとしての社会教育論の系譜がある。この系譜においては一方で、社会教育が学校教育に従属し付属する位置づけを持たされるとともに、他方で乗杉に典型的に見られるように、学校教育を変革し教育改革をリードしていく、「学校の社会化」としての社会教育の先進的な機能がクローズアップされ、今日に至るまで定説化されている学校教育以外の教育という社会教育の領域的な概念を批判するものとなっている。また現在、学校教育と社会教育の連携もしくは融合という観念あるいは、「開かれた学校づくり」の一つの思想的な背景ともなっている。

この系譜との関連で三番目に、日本で最初の『社会教育論』（一八九二年）を刊行した山名次郎（一八六四〜一九五七年）に始まり、文部省第四課（最初の社会教育課、一九一九〜一九二四年）において定式化される「教育の社会化と社会の教育化」論としての社会教育論の系譜がある。その思想的な淵源は山名にあるが、一九一〇年代後半にその論が現れ、乗杉をはじめとする第四課で共有されて、学校外の教育というような領域のみではない社会教育の社会的な機能を重視する社会教育論が展開された。このような社会教育論は「教育の機会均等」論と結びついて、障がい児や貧困児童など当時の学校教育から排除されていた子ども達の教育保障を積極的に担う、「教育的救済」としての社会教育論としても展開されたのである。

　四番目に、一八八〇年代後半に登場し、地方改良運動において内務省主導で本格的に着手される、地域振興を牽引する機能を担う社会教育の系譜がある。山名の論に見られるように社会教育という言葉には、「社会の改良進歩」と「教育の普及」を関連づける意味合いがあった。社会教育は、地域における社会改良と教育の向上を一体のものとして捉える発想と結びついていたのであり、教育でありながら教育を越えた地域振興の機能を合わせもった概念としても形成されたのである。そうした社会教育の概念は、特に戦後の公民館において継承され、地域づくりの社会教育論として様々に議論されてきたが、今日の地方分権下において改めて注目されている。この系譜においては、教育の論理よりも地域振興の論理が重視される傾向があり、批判の対象ともされてきたが、社会教育の概念が歴史的に抱える矛盾としてとらえることにより、現代日本における地方分権下の社会教育のあり方を検討するための歴史的な視点を提供することができる[2]。

　このように社会教育の概念は、歴史的に多様な意味を包摂して成立してきたのであり、第二次世界大戦後に普及した社会教育は、主として自己教育の系譜に位置づき、それがやがて趣味・教養を主として学ぶ成人教育としての社会教育へと発展していく。戦後、社会教育の世界が限定されて理解されてきたのであり、歴史的な視野から社会教育を多元的に見ることにより、現在の閉塞的な社会教育の状況を相対化する視点を獲得することができるであろう。そのことによって、現代社会に定位できる社会教育の可能性を見出すことができるかもしれないのである。

2 生涯学習の現代的な意義

生涯教育という用語は、北欧諸国の成人教育の伝統と結びついて既に一九二〇年代に現れている。しかし、その概念が議論され始めたのは第二次世界大戦後、特に一九六五年にユネスコでその概念が提案されて以降のことである。近年は、生涯教育ではなく生涯学習という用語が国際的に普及しているが、生涯学習という概念は、一九六〇年代から生涯教育の概念のうちに徐々に含まれていた。

生涯学習という用語は一九七〇年代初めから使用されるようになったが、その際、リカレント教育という用語と密接につながっていた。リカレント教育は、スウェーデンのパルメ教育大臣が、一九六九年に開かれたヨーロッパ教育大臣会議で提案したものである。そして、ＯＥＣＤが『リカレント教育――生涯学習のための戦略』（一九七三年）を刊行したことなどにより、一九七〇年代にこの用語は普及した。リカレント教育は、学校卒業後、特に労働と教育を循環する原理として、すべての個人にその活動の生涯を通して教育を配分していこうとする考え方である。

生涯学習の概念的特徴は、リカレント教育と共通するものがあったが、重要な差異もあった。リカレント教育は、定型教育と仕事との調和を重視しているが、それは生涯にわたる教育プロセスをさえぎることを意味している。教育機会はライフスパンに渡るものであるが、リカレント教育は、定型的な学校教育、特に高等教育の保障への代替的な戦略である。それに対して生涯学習の概念は、学習の切れ目のない継続性という見方であり、多様な場面でのノンフォーマル、インフォーマルな教育・学習、つまり家庭や仕事や地域などでの学習の継続性を意味している。生涯学習は、リカレント教育の戦略以上に、フォーマルとノンフォーマルの形態の学習の統合を強調しており、成人へのセカンド・チャンスを与えるものと考えられている。

生涯学習の用語が国際的に一般化し始めたのは一九九〇年代半ばである。一九九六年に開催されたOECD諸国の教育大臣会議では、「生涯学習をすべての人々のために実現すること」というタイトルの報告書が出された。また、同年にユネスコが開催した、二一世紀に向けての教育に関する国際会議のレポートのキー・コンセプトは、「生涯を通した学習」であった。さらにEUは、一九九六年を生涯学習年と指定した。OECDとユネスコは生涯学習の政策化において異なったスタンスを有しており、同列に論じることはできないが、いずれにせよ先進諸国においても開発途上国においても、生涯学習は教育改革の重要なフレームワークとなり、今日に至っている。

ユネスコ主催の第六回国際成人教育会議が、二〇〇九年一二月にブラジルのベレンで開催され、その最終報告書として「行動のためのベレン・フレームワーク」が採択された。その中で、生涯学習について次のように記されている。「生涯学習は、世界的な教育問題とその困難な状況に対処するための不可欠な役割を担っている。『ゆりかごから墓場まで』の生涯学習は、包括的、人道的で人々の解放に役立つ民主的価値を基盤とするあらゆる様式の教育哲学であり、概念的な枠組みであり、組織化の原則である。それは知識を基盤とした社会のビジョンのすべてを網羅する統合的なものである。我々は、二一世紀教育国際委員会が推奨する学習の四つの柱である『知るための学習』『行うための学習』『なるための学習』『共に生きるための学習』を再確認する」[3]。

ここで生涯学習は、現代社会が直面する困難な状況を克服していくための不可欠の役割を担っており、そのための学習活動を組織する教育哲学であり概念的な枠組みであることが確認されている。生涯学習は、社会における民主主義を実現するための重要な理念なのである。こうして生涯学習は、リカレント教育と密接な関連性を持ちながら、個人の能力開発とともに社会的諸問題を解決するための継続的・統合的な学習理念を示しているのである。[4]

ところで、日本において生涯学習という用語が登場するのは主として政策用語としてである。宮原誠一編『生涯学習』（東洋経済新報社）が一九七四年に刊行されていたが、この頃から、日本でも生涯教育とともに生涯学習という用語が使われ始めている。

一九七二年に出された日本経済調査協議会編『新しい産業社会における人間形成——長期的観点からみた教育のあり方』（東洋経済新報社）では、生涯学習について次のように記されている。「生涯学習という新しい教育の視点は、従来の教育の通念に革命的な反省を強くうながすものであり、とくにわが国の学校教育偏重に猛省を求めると同時に人間形成の第一の基礎たる家庭教育の振興を強く要請しているのである。生涯学習の立場は、学校教育なるものは家庭に続く第二の基礎的教育の場であって、大学といえども、もはや昔日のような完成教育の場たりえなくなっていることをあらためて明示しているのである」[5]。

そして、「これからの社会においては、従来の画一的な学校教育を打破し、『自己啓発のための生涯学習』を支援することが、文教政策の基本理念であるとし、家庭、地域社会、学校、企業を通じて多様な学習機会が提供され、人間形成に寄与する環境条件をすみやかに整備すべきである」[6]と提言している。これからの産業社会において「自己啓発」が重要になるという観点から、生涯教育ではなく生涯学習という用語を用いたと思われる。産業界が生涯学習を教育再編の理念として提案したのであるが、家庭教育や自己啓発を重視している点、公教育としての生涯学習の保障という観点は見られない。

文部省が答申において生涯学習を用いるのは、一九八一年の中央教育審議会答申「生涯教育について」においてである。よく紹介されているようにこの答申では、生涯学習と生涯教育について、次のように区別して定義している。

「今日、人々が自己の充実や生活の向上のため、その自発的意思に基づき、必要に応じ自己に適した手段・方法を自ら選んで行う学習が生涯学習であり、この生涯学習のために社会の様々な教育機能を相互の関連性を考慮しつつ、総合的に整備・充実しようとするのが生涯教育の考え方である」

基本的には生涯教育を教育再編の理念ととらえ、個人の学習に視点をおいて生涯学習という用語を用いているのであり、生涯学習の用語は理念ではなく、単に個人の生涯にわたる学習という機能を示すものとして理解されている。このような文部省の生涯学習理解に変更を加えたのが、一九八四年から始まった臨時教育審議会の答申である。特に第二次答申（一九八六年）において「生涯学習体系への移行」が中心理念として打ち出された。そこには、次のように提言がなされていた。

「本審議会は生涯学習体系への移行を主軸として、学校中心の考え方を脱却し、二一世紀のための教育体系の総合的な再編成を提案する」「これからの学習は、学校教育の自己完結的な考え方を脱却するとともに、学校教育においては自己教育力の育成を図り、その基盤の上に各人の自発的意思に基づき、必要に応じて、自己に適した手段・方法を自らの責任において自由に選択し、生涯を通じて行われるべきものである……」[7]

この答申では生涯学習は、個人の生涯にわたる学習を意味するとともに教育再編の理念として位置づけられている。しかし、生涯学習における自己責任が強調され、その後の生涯学習の市場化を推し進める根拠とされている。これ以降、学校教育も社会教育も、臨時教育審議会答申の路線のもとで改変がすすめられてきた。

生涯学習を教育改革のフレームワークとして理念化している点では、国際的な動向と共通しているが、たとえば「行動のためのベレン・フレームワーク」と比較して、現代社会が直面する深刻な諸状況に対して生涯学習が重要な役割を果たさなければならないという問題意識は希薄である。最新の中央教育審議会答申「新しい時代を切り拓く生涯学習の振興方策について――知の循環型社会の構築を目指して」（二〇〇八年）においても、「ベレン・フレームワーク」と通底するような問題意識を見ることは難しい。わずかに現代社会の問題に言及した記述は次の通りである。「近年指摘されている国民の経済的な格差の問題や非正規雇用の増加等の問題を考慮すれば、各個人が社会の変化に応じ、生涯にわたり職業能力や就業能力（エンプロイアビリティ）を持ち、社会生活を営んでいく上で必要な知識・技能等を習得・更新し、それぞれの持つ資質や能力を伸長することができるよう、国民一人一人が必要に応じて学び続けることができる環境づくりが急務となっている。その場合、学習機会が等しく提供され得るよう各種の支援方策を含めた配慮が求められる」。

しかし、具体的な支援方策については現実性がないし、現在の社会教育・生涯学習の領域における危機的な状況に対する認識も弱い。結局、自己責任による生涯学習に帰着してしまう可能性が高い。現代社会が直面する困難性の克服に対して生涯学習が不可欠の役割を果たすという、現代社会において生涯学習を社会的に意味づけるという積極的な姿勢を答申の中に見ることはできないのである。

このように、生涯学習の日本的な文脈と国際的な文脈には大きな差異がある。趣味・教養的な学習を自己責任において行うというのが、従来の日本における生涯学習の通俗的な理解であったが、それは文部科学省の政策の反映でもあった。国際的な文脈の中に生涯学習を位置づけてみれば、移民労働者や若者の失業問題、人権問題、識字教育、貧困と格差の問題など、「ベレン・フレームワーク」で提起されている諸課題と生涯学習が密接に連関していることがわかる。

日本で生涯学習の社会的な地位を確保しようとすれば、生涯学習が積極的にリスク社会に立ち向かっていく戦略をつくり上げていく必要があろう。しかし、振り返ってみれば、日本では社会教育がそもそも社会にかかわっていく教育として存立してきた歴史がある。戦後、福祉国家が成立して、社会教育は趣味・教養的な学習が中心になり、それが生涯学習にも引き継がれることになったが、社会教育は「社会問題教育」（小川利夫）としての意義を歴史的に担っていた。そのような日本の社会教育の歴史的な特質は、現在の生涯学習の国際的な潮流と通底するものであり、社会教育の歴史を通じて現在の生涯学習を反省的にとらえ直すことができるのである。

3　地域の再生と社会教育・生涯学習

社会教育は生涯学習とは異なり、社会的諸問題に対して教育的な方法で解決を志向するという歴史的な性格を担ってきた。そのためか、個人に焦点づけた学習論の研究は、欧米に比べてはるかに後れをとっていた。しかし近年、成人の学習論が一つのブームになっており、翻訳も含めて関連する本も多く出版されている。日本でも、ようやく近年になって、その研究が活性化してきたのである。成人の学習論研究を牽引してきた三輪建二は、近著『おとなの学びを育む』において、彼の学習論研究のスタンスを次のように述べている。

「本書に対して社会的・経済的な格差の問題を正面にすえないで、時代の要請に応える生涯学習論になりえているのかという問いが寄せられるかもしれない。そのような問いに対しては、実践研究を重ね、実践の省察の探求を行い続けるならば、また学びあう組織やコミュニティを作る努力をしていくならば、そのなかで、問題を発見し、問題を自分のことばで表現し、学習の課題にすえ、仲間と、さらには異なる立場の人びとと協働で、課題の解決に向けて動き出すようになり、社会を変革していく道すじが生まれるだろうと考えている。実践と省察のサイクルとその組織化は、制度や社会の変革に結びつくのである[8]」

一方、成人の学習論研究に対しては、高橋満が次のように厳しい批判を行っている。「『ふり返り』をとおした

『準拠枠』の批判的吟味と転換を重視する研究は、一見、社会教育の実践に生かしやすく、学びを社会過程としてとらえて魅力的である。しかも、意識変容が社会変革と結びつく、といわれるとなおさらである。しかし、学びを個人的プロセスとしてとらえることは心理学主義であり、自由主義を支えるイデオロギーである。彼らの意図にもかかわらず、私の評価では、その理論は個体主義的学習観を引きずるという問題にとどまらない。ファシリテーターと研究者を超越的判定者としてとらえ、学習者を『啓蒙・啓発』する権力的操作に帰着する理論である[9]」。

近年の学習論研究者を念頭に置いた批判であり、先に紹介した三輪の研究スタンスは高橋の批判に対する応答でもあると推察することができる。高橋の学習論の基本的な立場は、「学習者たちの発達・成長のためには『相互依存』的な学びのプロセスが条件となる」という点である。つまり、「個人の判断力や意思的選択の能力は……相互依存的な協働的な実践と学びのなかで、社会的に獲得されるのであり、『依存』の教育的意義を確認する必要がある[10]」と言う。

三輪も「学びあうコミュニティ」について語っているので、高橋の言う「相互依存」的な学びのプロセスを重視する立場に対して否定的ではないと思われるが、基本的な三輪の立場は、コーディネーターやファシリテーターの存在を前提として、学びを個人的プロセスとしてとらえる学習観であると思われる。その点で、高橋とは異なる学習論研究のスタンスであると考えられる。

アメリカなどの成人学習論の紹介を踏まえた近年の学習論の展開は、学習環境が整備された一定の条件のもとでは参照できると思われるが、現実の地域社会において、権力関係、複雑かつ交錯する人間関係、自由への束縛など、地域社会の諸矛盾が絡み合う状況のもとで、より良い地域づくりのために住民が様々な活動を行う、そのプロセスでの学習活動において、「学びを個人的プロセスとしてとらえる」学習論は参照可能なのであろうか。

今、日本の現代社会が直面している深刻な状況に応答できる学習論が求められていると思われるが、現在、主流となっている学習論は、このリスク社会に噛み合うという点で、いまだ距離があるように思われる。

現在、社会教育・生涯学習の分野が総力をあげて取り組まなければならないのは、三・一一以降、ますます深刻化している社会の不安定性、リスク社会に抗する社会教育・生涯学習の創造である。構造改革と地方分権・規制緩和政策のもとで、全国的に地域の疲弊・衰退が進行している。地域社会をどのように再生していくのか、そこに社会教育・生涯学習がどのように関与していくことができるのか、私達は今、真剣に熟慮し実践しなければならない。

今日、地域再生への道筋を考えていく上で重要な争点になっているのが、都市内分権あるいは自治体内分権のシステムをどう評価するのか、さらに、その理論的な支柱となっている補完性原理[11]をどう評価するのか、という点である。これからの地域づくりにおいて補完性原理は参照可能であるという立場と、補完性原理は新自由主義路線を推し進める理論であるという立場が厳しく対立している。政治学や経済学、公共哲学のみならず、社会教育学においても対立が顕在化している[12]。

筆者は基本的には、都市内分権は新自由主義路線を推し進めるものであり、補完性原理がそれに加担しているという認識は、それ自体、間違ってはいないであろうと考えている。しかし、問題は実際の地域社会において、どのように住民の主体形成を図りながら、より暮らしやすい地域づくりを進めていく理論的な枠組みをつくるのかということであり、この点で、補完性原理は現実的な戦略を提示する枠組みを提案しているのではないだろうか。一方で、補完性原理を批判する論者は、それに替わるオルナティブを示し得ていないと思われる。

筆者がかつて暮らした沖縄では、伝統的な集落である字《あざ》を単位に字公民館（自治公民館）が自治会と融合して、地域活動、教育・文化活動、産業活動、福祉活動、時に政治活動など、およそ地域に関わるすべての事柄について、住民が主体的に、活動費もある程度出し合って総合的な活動が行われていた。そうした活動を沖縄の人達は社会教育と称している。沖縄においては、社会教育はいわゆる教育・文化活動だけではなく、地域活動総体を指す言葉として用いられているのである。身近な地域でできることは住民自らが行うという思想であり、本土のように行政主導の地域づくりとは様相が異なっていた。

その後、過ごした福岡市では、小学校区に公民館があり、公民館を拠点に社会教育が実践されていたが、校区によっては、教育・文化活動以上に地域活動に公民館が積極的に取り組んでいた。そのような公民館では、その後、公民館が市長部局に移管されコミュニティ支援の機能が付加されても、以前と変わらない活動を住民主体で行っている。福岡市では、小学校区という身近な地域を単位にした社会教育とコミュニティ活動が取り組まれ、職員の負担過重や社会教育の軽視など重大な問題を抱えつつも、制度的にはその活動を区役所地域支援課が支援することになっており、さらに市行政が包括的に支援するという都市内分権制度の仕組みをつくっている。とはいえ、各区の職員の支援能力に大きな差があり、必ずしもそうした支援体制が機能しているわけではない。

北九州市では、小学校区に市民福祉センターを新設し、その後、公民館を廃止して市民センターとして統合された。コミュニティ活動、生涯学習、健康・福祉を主たる活動内容とする市民センターでは、小学校区ごとにそれぞれ地域的特性を持った活動を行っているが、区役所まちづくり推進課の支援のもとでコミュニティ活動が中心となり、生涯学習が手薄になっている。北九州市では、都市内分権が言われる以前から、小学校区レベル、区レベル、市レベルという三層構造によるまちづくりを北九州方式と呼び、取り組まれていた。福岡市にしても北九州市にしても、その都市内分権制度は、社会教育・生涯学習を軽視したところに成り立っており、公民館や市民センターが本来的な機能を発揮できない点に大きな問題が存在している。

一方、長野県松本市では町会を基礎に、公民館が配置されている地区（ほぼ小学校区）でのまちづくり、それを市役所地域づくり課が支援するというシステムをつくり上げている。松本市において注目すべきは、公民館が地域づくりを担ってきた長い歴史を有し、それが社会的にも行政上も認知され、現在急速に進行している公民館の首長部局移管という方法ではなく、教育委員会所管のもとで、学びを軸にしたまちづくりを展開している点である。地区には、公民館以外に地区福祉ひろば、支所・出張所があり、さらに町会単位に町内公民館が存在し、町会＝町内公民館という極めて身近な地域からの地域づくりを積み上げているのである。

筆者がこれまで様々な事例を見て思うのは、小学校区あるいは町内会のように身近な地域からの地域づくり、そこに住民どうしの学びが位置づくことにより、人々が成長し地域も育っていくということである。その際の学びは、高橋の言うような「相互依存」的な学びのプロセスになるであろう。そこには矛盾や葛藤が常に生じるが、熟議を重ねることで、学びの質が高まる可能性はある。

補完性原理は、自治体内分権のシステムを媒介にして現実に地域社会で機能することになるが、その原理自体に曖昧性が含まれているため、当初の理念通りに現実的に機能するわけではない。むしろ新自由主義路線に利用されたり、制度的な硬直をもたらしたり、一層地域の衰退をもたらす可能性はある。自治体内分権のシステムをつくったとしても、それが地域再生の方向に機能するような職員の力量形成や住民の主体形成を図っていくような仕掛けがなければ、逆にそのシステムによって拘束されることになる。

松本市はその点を十分に熟慮して、画一的な自治体内分権のシステムをつくらないことにしている。それぞれの町会＝町内公民館を基礎にしつつ、地域住民自治組織である「緩やかな協議体」を住民主体でその地域の事情に即して緩やかに組織し、公民館、地区福祉ひろば、支所・出張所が拠点となってそれらの活動を支援することにより、地域づくりを行っているのである。それを市の地域づくり課が支援するという仕組みをつくっている。地域づくりの松本モデルと言って良いであろう。

ところで近年、欧米に遅れて日本でも熟議民主主義がにわかに注目されるようになってきた。田村哲樹によれば、「熟議民主主義とは、人びとが対話や相互作用の中で見解、判断、選好を変化させていくことを重視する民主主義の考え方[13]」である。地域社会は矛盾に満ちている。しかし、その中で一〇年以上も対話を継続し、地域社会に民主主義を実現していった事例は少なくない。田村が言うように、「価値観が多様化し、場合によっては、『分断された社会』と言えるかもしれないような現代社会において、それでも、他者とともに生き、なにごとかをなし、独善的ではないルールを作ろうとするならば、結局、対話・話し合いを行うしかないのではないか[14]」という言説に共感する。

しかし、熟議民主主義に対する批判も少なくない。その代表的な論者はシャンタル・ムフ（Chantal Mouffe）であろう。ムフはたとえば次のように討議（熟議）民主主義を批判する。

「討議民主主義モデルは、排除なき合意の可能性を仮定しているために、自由民主主義的な多元主義を適切な仕方で描き出すことができない。事実、ロールズ（John Rawls）にしてもハーバーマス（Jürgen Habermas）にしても……合意創出のまさに条件そのものが、公的領域からの多元性の除去であることを示している。したがって討議民主主義には、シュミット（Carl Schmitt）による自由主義的多元性への批判に対して説得力ある反論を提示することができないのである[15]」

このような批判はその通りであり、地域社会においても、「多元性の除去」はしばしば見られるところである。しかし、政治の世界とは異なり、同じ地域で生活を共有している者どうしが持続的に熟議を継続していくことにより、「排除なき合意」に達することができる可能性は存在するのではなかろうか。また、そのプロセスが社会教育として学びの過程になっていくのである。身近な地域から始まる社会教育は、熟議民主主義を実現する場であり、それが人々と地域を育て、リスク社会に抗する力を培っていくことを期待したい。

おわりに——社会教育福祉の構築へ

かつて小川利夫は教育福祉論を提唱した。一九六〇年代、高度成長の時代である。小川から教えを受けた筆者は、教育と福祉の本質的な結びつきの感覚が体内にしみ込んでいる。「福祉は教育の母胎であり、教育は福祉の結晶である」という言葉にそのことが象徴的に示されている。しかし、筆者はある時期、この言葉が胸の底に隠れてしまっていた。「一億総中流」という言葉が世の中に広まった時期である。

福祉国家が崩壊した後、新自由主義が時代を蔓延する中で、社会から排除される人達が可視化される時代状況において、再び教育福祉論が注目されるようになった。小川の教育福祉論は、夜間中学生、児童養護施設入所児童、集団就職者など、子どもや青年に関わる教育福祉問題を対象としていた。しかし現在、教育福祉の対象はすべての年代層に広がっている。公民館でも、託児室、障がい者青年学級、子育てセミナー、高齢者学級の実践、さらに独居高齢者への配食サービスやデイサービスなど福祉活動も行われるようになってきた。

ドイツや北欧では、社会教育学が小川の提唱した教育福祉論に近い学問領域である。ドイツでは、その対象は歴史的に主として青少年であり、ドイツ社会事業史の研究を行っていた小川にとって、青少年を念頭に置いた教育福祉論はドイツから何らかの示唆を得たものと思われる。他方、スウェーデンの社会教育学は、青少年を中心にしつつも、成人や高齢者を含めたすべての世代にわたる教育福祉の構築を目指しており、日本語に移し替えれば、社会教育福祉と称した方がわかりやすい。

日本の縦割り行政の中で、教育と福祉の壁は厚い。地区に公民館と福祉ひろばを設置し、学びと福祉を融合した地域づくりを展開している松本市ですら、公民館と福祉ひろばの間には未だに壁があるように思われる。しかし、一人暮らしの高齢者や買い物弱者の問題、若者の失業問題、障がい者の労働・教育・福祉の問題、防災や防犯の問題、少子高齢化・過疎化の問題、外国籍の人々との共生の問題、ホームレスの問題など、地域課題は山積する一方である。このような状況に対して、行政、市民、地域団体やNPOなどが問題解決のための様々な努力を行っている。このような活動は、社会教育でもあり地域福祉の活動でもある。それは、市民の目線からすれば、切り離して考えられるものではない。

かつて沖縄で、いわゆる「本土」で言うところの社会教育だけでなく、地域の福祉や産業などあらゆる地域活動を総称して、字公民館長がさらりと「社会教育」という言葉を使って総称したことに違和感を持ったが、歴史的に見れば、それらの活動を社会教育と言うのは自然なことであると思う。その字公民館長は、そうした地域活動は、結局のところ住民が育つことに収斂していくものであり、それはまさに教育・学習の課題であることを直感的に感じていたのであろう。

ヨーロッパの生涯学習は、国際的な経済危機の中で職業教育にシフトしているが、先述したようにスウェーデンでは、競争社会に合流することができない人達（障がい者、薬物依存症者、移民労働者、若者、ホームレスなど）を、教育的福祉的に支援する社会教育学という領域が確立されている。社会教育学であるが、教育に限定せず、小川の言う「社会問題教育」に近い、教育と福祉が融合した領域である。このような領域をさしあたり社会教育福祉と命名すれば、現代日本が抱えている問題状況に社会教育から立ち向かっていこうとする場合、縦割り行政を乗り越えて、社会教育福祉という考え方が、現在の困難を打開する一つの可能性を示唆できるのではないかと思われる。

たとえ社会教育福祉という理論枠が有効性を持たないとしても、少なくとも現代日本の社会教育は、現代のリスク社会に抗することができるような、新たな理論的枠組みを創出することが求められているのであり、旧来の理論枠を乗り越えていくような協働的な努力が必要であろう。

【注】

1　大澤真幸『文明の内なる衝突９・11、そして３・11へ』河出書房新社　二〇一一年
2　松田武雄『近代日本社会教育の成立』九州大学出版会　二〇〇四年
3　第六回国際成人教育会議「行動のためのベレン・フレームワーク」（二〇〇九年一二月四日）http://www.mext.go.jp/a_menu/shougai/koumin/1292447.htm（二〇一一年一二月一日）文部科学省による仮訳
4　Albert C. Tuijnman *"International Encyclopedia of Adult Education and Training second edition"* Oxford: Pergamon Press, 1996.
5　日本経済調査協議会編『新しい産業社会における人間形成――長期的観点からみた教育のあり方』東洋経済新報社　一九七二年　17頁
6　同右書　1頁
7　臨時教育審議会『教育改革に関する第二次答申』一九八六年
8　三輪建二『おとなの学びを育む』鳳書房　二〇〇九年　325頁
9　高橋満「これからの社会教育研究の課題」『月刊社会教育』二〇〇八年二月号　62～63頁
10　同右書　63頁
11　宮崎文彦は、補完性原理について公共哲学の立場から次のように説明している。「個々人の人格が重視されつつ、その人格は共同体に生きる存在であるということは、両者の相補関係を意味し、補完性原理というものの、一方で個々

人では達成できないものを実現するために積極的に社会や共同体（さらに大きくなれば国家、国際社会等々）が手助けをするという形で『介入』するが、その介入は決して『不可侵な人格』を脅かすものであってはならないという、介入限定の側面を持つ」。宮崎文彦「公共哲学としての『補完性原理』」『公共研究』第四巻第一号　千葉大学　二〇〇七年　63頁

12 『月刊社会教育』二〇一一年二月号（松田武雄）と六月号（姉崎洋一）

13 田村哲樹『熟議の理由――民主主義の政治理論』勁草書房　二〇〇八年　まえがき

14 同右書

15 シャンタル・ムフ『民主主義の逆説』以文社　二〇〇六年　77頁　Chantal Mouffe *"The Democratic Paradox"* Verso, 2000.

第2章

社会教育におけるコミュニティ的価値の再検討

――社会教育概念の再解釈を通して

はじめに

旧教育基本法第二条（教育の方針）は、「教育の目的は、あらゆる機会に、あらゆる場所において実現されなければならない」と規定していた。この規定について、かつて宮原誠一は、「たんに、学校教育だけが教育ではない、家庭は最も本源的な教育の場であるし、新聞・テレビ・映画などマスコミをふくめて社会教育の広大な領域があり、地域にも職場にも教育の機会は無数にある、というだけの形式的な解釈だけですませてよいことなのだろうか」と問題提起をし、「教育をその固有の領域のなかで自足するものとみる通念を断ち切って、ひろくゆたかな文化的基礎のうえに教育の発展をもとめている」と、社会的文化的文脈の中に教育を位置づける教育理解を表す条項であることを強調した。[1]

しかし、新教育基本法の第二条は「教育の方針」から「教育の目標」に変更され、教育の社会的規定を示すこの文言は削除された。佐藤一子はこの点について、「第二条（教育の方針）が解体されることによって、社会教育の概念、さらには教育全体の社会的な認識があいまいになり、教育の基本認識と法の理念構造が崩されることについては、必ずしも十分論議が深められていない」[2]と懸念を表明していた。かわって新教育基本法第二条には国家主義的な徳目が入れ込まれ、社会に開かれた教育ではなく、国家的価値に基づく国家に閉ざされた教育の枠組みが示されている。

「あらゆる機会に、あらゆる場所において」という文言は、第三条（生涯学習の理念）に挿入されたが、旧法第二条の精神とは全く異なる意味合いを持つものとなった。日本において「生涯学習」が政策的に語られるとき、新自由主義的な政策の一要素として位置づけられてきた歴史的経過を鑑みると、「あらゆる機会」と「あらゆる場所」でなされる国民の生涯学習は市場原理に包摂されることになるかもしれない。第三条は、生涯学習が自由主義の原理に基づいてなされつつも、その学習過程において「公共の精神」や「我が国と郷土を愛する」態度を養うことが求められるという、矛盾を抱え込んだ条項となっている。

社会教育は元来、学校教育以外の社会における教育領域を表すとともに、教育と社会を媒介する機能をも表現する概念として語られてきた。社会教育法では、「学校の教育課程として行われる教育活動を除」いた「組織的な教育活動」を社会教育と定義しており、法概念としての社会教育は領域を表す概念である。しかし、旧教育基本法第二条に示されていた教育認識においては、「社会の力」（山名次郎）による教育のデザインが期待され、その文脈に社会教育が位置づけられていたと言える。

社会教育は、社会、特に地域社会＝コミュニティに根ざした教育世界であり、住民・市民の自由な自己教育の活動を通して、彼らの自己実現と成長を促し、新たな能力を開発するとともに、コミュニティにおける「共通善」（common goods）の共有と自治の創造に寄与し、コミュニティの再建と建設、活性化のための教育実践を開拓してきた。この実践の過程において、「教育と社会との関係」をめぐる問題がたえず表出して課題化されるとともに、国家的価値とコミュニティにおける価値の入れ子状の絡み合いが見られ、コミュニティにおける多様な価値観と利害関係の衝突・紛争と調停・妥協、さらには一定の合意形成が行われてきた。この意味で、社会教育は「政治と狭義の教育との中間的存在」（田中耕太郎）であり、そのようなものとして社会教育の固有な価値が探究されてきた。社会教育においては、講座など定型的な教育の場における個人の知識や技術・技能の習得と自己実現・成長のためのプログラム開発とともに、コミュニティ・ガバナンスにおける対立・衝突とその調停・和解を通じた「共通善」の共有や、自治意識の形成への教育的な関与のための理論構築が求められるのである。

本章は、国家的価値の浸出を抑制、制御することを睨みながら、社会教育概念の再解釈を通して社会教育におけるコミュニティ的価値の再検討を行うことを目的としている。

そこで最初に、近年、関心を集めている社会関係資本論と社会教育を関連づけ、社会教育におけるコミュニティ的価値を再検討することの現代的な意味づけを行う。社会関係資本論については、現在、社会科学の多様な領域で、また政策的にも様々に議論されているが[3]、本章では、とりわけ注目されているパットナム（Robert D. Putnam）の論に沿って社会教育との関連性について論じる。

次に、社会関係資本と関連づけて社会教育概念の歴史的な再解釈を行うとともに、社会教育におけるコミュニティ的価値をめぐる議論を歴史的に跡づけて問題の所在を明らかにする。その際、特に山名次郎の論は、社会関係資本という観点から見て重要な意味を持っているため、しばしば山名の論に言及する。

最後に、国家的価値に抗するコミュニティ的価値を社会教育の場でどのように創出することができるのか、社会教育概念の歴史的再解釈を踏まえ、公共性と共同性を基礎にしたコミュニティの民主主義の実現という観点から考察する。この際に、コミュニティの「共通善」や個人の善をめぐる英語圏での政治哲学の議論を、社会教育におけるコミュニティ的価値を考察するための概念装置として援用し、コミュニティ的価値の創出（相互学習）をめぐる理論的な枠組みについて検討する。

1 社会関係資本と社会教育

(1) パットナムの社会関係資本論

パットナムによれば、社会関係資本（ソーシャル・キャピタル）という概念を最初に用いたのは、教育者であったＬ・Ｊ・ハニファン（Lyda Judson Hanifan）であり、一九一六年の記述の中で、「成功した学校にとってのコミュニティ関与の重要性を主張する」に際して、社会関係資本というアイディアを引き合いに出したとされる。その後、この概念は注目されることなく消え失せたが、一九五〇年代以降、再発見され、一九八〇年代末に社会学者のジェームズ・Ｓ・コールマン（James Samuel Coleman）が、学問上の論点として使用した。ハニファンと同様、コールマンもこの概念を「教育の持つ社会的文脈を強調するために用い」たのであった[4]。

社会関係資本とは、「相互利益のための調整と協力を容易にする、ネットワーク、規範、社会的信頼のような社会的組織の特徴を表す概念」である。社会関係資本の効能について、パットナムは次のように簡潔に説明している。「ソーシャル・キャピタルの十分な蓄積に恵まれているコミュニティでは、生活はより心地よいものとなる。まず、市民的積極参加のネットワークが、一般化された互酬性という強固な規範を促進し、社会的信頼の出現を助長する。このようなネットワークは、人々の間の調整とコミュニケーションを容易にし、人々の評判を広めることによって、集合行為のジレンマを解決へと導く[5]」。

パットナムは、『哲学する民主主義』（一九九三）において、イタリアで一九七〇年代に導入された地方制度改革を調査研究の対象としたが、『孤独なボウリング』（二〇〇〇）では、社会関係資本を分析概念として、米国コミュニティの衰退とその治療法について論じている。後者の著書においてパットナムは、「社会関係資本は、人々の願望を現実へ変換するのを助ける数多くの特性を持つ」と記し、その特性として、「市民が集合的問題解決をより容易にすることを可能にする」「コミュニティがスムーズに進むための潤滑油となる」などの事項を挙げている[6]。

そのことを証明する「測定可能で十分な証拠」として、パットナムは教育分野のデータも示している。その証拠に基づいて、「社会関係資本は、子どもの成長がうまくいくかどうかにとって非常に重要」であり、「米国における社会関係資本のストックが消滅したことが、最もダメージを与えてしまう領域の一つは、われわれの子弟が（学校の内外で）受ける教育の質である」と結論づけている。[7]

このようにパットナムは、様々な社会問題解決のための社会関係資本の有効性を説いているが、一方で、「社会関係資本の暗黒面」についても語っている。その主要な論点は、「社会関係資本は、自由や寛容さと相容れないのだろうか」「社会関係資本は、平等性と相容れないのだろうか」という点である。しかし、これらの論点についても、社会関係資本と寛容性・平等性は両立するということを、様々な証拠を提出して論証している。

(2) 社会関係資本と社会教育

社会関係資本という概念は社会教育と高い親和性がある。社会教育も、歴史的には「教育の持つ社会的文脈を強調するために用いられた」という経緯があり、社会関係資本の主要な構成要素である社会的ネットワーク、互酬性や信頼性という規範、コミュニティの絆といった価値を重視してきたからである。

パットナムも指摘しているように、社会関係資本における規範や価値は、コミュニティにおける個人の自由を制約し、不寛容性を促進する要因にもなりうるものである。これらの規範に基づく個人のコミュニティへの帰属は、「公共の精神」や「我が国と郷土を愛する」態度の育成にもつながり、国家への画一的な帰属を要求することに接続する可能性がないわけではない。

パットナムは、「社会関係資本が悪意を持った、反社会的な目的にも向けられうる」ことを指摘し、「社会関係資本がもたらす正の影響」をいかに最大化し、「負の発現」をいかに最小化するかを検討することが重要であると述べている。そのために「社会関係資本のさまざまな形態を区別する研究」が行われており、その形態の中で、「橋渡し型（包含型）」と「結束型（排他型）」を区別することが最も重要であると言う。前者は、「より広いアイデンティティや、互酬性を生み出すことができ」るが、後者の場合、「内集団への強い忠誠心をつくり出すことによって同時に外集団への敵意を生み出す可能性がある」と指摘している[8]。しかし、コミュニティの絆は両者の境界をあいまいにし、包含型が排他型へと移行する可能性はある。

社会教育は地域社会で組織された諸集団を基盤にして成立した側面があるが、特に戦前においてそうした集団は「結束型（排他型）」集団として存在し、国家を下支えする機能を担った。それゆえ第二次世界大戦後、社会教育法の理念として、何よりも「社会教育の自由」が強調されたが、「社会教育の自由」とコミュニティ形成との関連が理論的に問われることはなかった。

社会教育法には、自由の理念とコミュニティ的価値（社会関係資本）とが共存し、旧教育基本法とは多少異なる法構造として成立した[9]。特に一九五〇年代後半以降、社会教育行政への国家的価値の浸出に対抗するために、「社会教育の自由」の理論構築が追究され、他方で、コミュニティ的価値は歴史に逆行する負の要因にもなりうると警戒された。その後、社会教育の自由や民主主義とコミュニティをめぐる議論は、単発的になされることはあっても深められることはなかった。

パットナムは、米国コミュニティの衰退に対する処方箋を書くにあたって、「歴史からの教訓」に学ぶことを言う。「一九世紀の終わりに米国社会が直面していた課題は、今日われわれが直面しているものの前兆となっていた」と述べ、一九世紀末から二〇世紀初頭の時期に注目した。一九世紀後半の「社会関係資本欠落の典型的症状」に対する危機感から、「社会的創意と政治改革の強烈な爆発を生み出し」、この時期に「市民組織の巨大な新しい構造が構築された」と、その歴史的意義を語っている[10]。

この時期、日本では社会教育が登場し、山名次郎はその担い手として「協会」に注目していた。青年会など半官半民と言われる社会教育団体が創設されるのは一九世紀末以降であり、国家によって個人や団体の自由が制約、抑圧されつつ、社会教育における社会関係資本が形成されていく。そこで次に、社会関係資本と関連づけて社会教育概念の歴史的な再解釈を行うとともに、社会教育におけるコミュニティ的価値について歴史的に考察する。

2 社会教育概念の再解釈

(1) 国家教育と社会教育

かつて山名次郎は、その著『社会教育論』(一八九二年)において、「社会教育とは国家教育に対するの名称」であると述べ、国家教育とは違い社会教育は、「万国に通じて教育の方針を示し併せて之を実施するに在り」と、社会教育の普遍的な意義を説いた。

近代学校教育制度の確立期にあって、山名は国家と社会を区別し、「政府の外」に発達した「民力」に依る教育の普及を論じた。山名は欧米社会を観察して、次のように記している。「近来欧米各国は文明の進歩するに従ひ政府の外に種々の団結発達成長して政府も其発達成長を促し其力を借りて事の大成を期せんとするもの、如し而して各国の人民其発達成長の多少を見て以て国の文野を判別せんとするの有様とはなれり」[11]。

ここで「団結」とは「協会」を意味しており、「社会とは此等協会の一体を為せるもの」[12]であって、「世運の進歩は正に人事をして将来益々独り政府に委ねず社会をして其事に参せしめんとするもの」と山名は言う。「社会の力」によって教育の普及を図ることが重要であり、このような教育認識を山名は「社会教育主義」と名づけた。国家による教育への「干渉督責」をなすことは「理の当然」であるが、「社会教育なる一主義を以て政府が干渉督責するの手数を除ぶくにあらざれば真に教育普及の実行を見ること能はざるのみならず教育学なるものは此一主義を加ふるにあらざれば未だ以て完全なるものと云ふこと能はず[13]」と、国家教育とともに社会教育を併置することを主張し、それは教育学としての学的根拠を形成するものでもあると言うのである。

山名は、国家教育とは相対的に独自な教育領域として社会教育を対置し、その担い手を「協会」（アソシエーション）に求めた。この場合、社会教育は教育の領域を表すとともに、「社会教育主義」という用法に示されているように、「教育の持つ社会的文脈を強調する」ところの、教育の機能を示す言葉としても用いられている。

しかし、その社会とはどのようなものであるのか。山名は「教育と社会の関係」に着目したが、その社会自体が大きな問題をはらんでいると言う。すなわち「日本現時の社会は……腐敗混乱の極に達し大に改良を要するもの[14]」であり、「日本の社会は全く無教育の社会[15]」（以上の傍点はすべて山名）となっているのである。そこで、「社会は自ら自個を矯正し又た善に進むの工夫を為すより外に道なかるべし」と述べて、「社会教育の主義は社会と共に発達すべきもの[16]」と論じている。

山名の『社会教育論』は、日本で最初に社会教育について書かれた書物であるが、社会とその担い手である「協会」（アソシエーション）に着目し、国家教育の「強制権」を前提にしつつ、国家教育に対する社会教育の固有な意義を説いて、「社会自らが自個を教育する」ことを教育の基本認識に置いたのである。

(2) 社会教育と社会的教育学――教育福祉的営為として

日本の社会教育に一つの教育学的な根拠を与えたのは、一九世紀末から二〇世紀初頭に日本に紹介されたドイツの社会的教育学であった[17]。吉岡真佐樹は、ドイツにおいて一九世紀中葉より登場したゾツィアルペダゴギークには2種類の系譜が区別されると言う。一つは、「教育の社会的方面を強調する教育学」であり、「『個人的教育学』に対置される教育学として、教育・人間形成に対する社会の規定力を強調する立場」である。もう一つの系譜は、「『社会問題の解決』を志向する教育学」であり、「狭義の教育の分野にとどまらず、当時の社会問題に対してその教育学的解決をめざす一つの運動ともいうべきものであり、教育を軸にしながらもその他の精神的物質的援助をも含むもの」であった。後者を代表するディースターヴェーク（Friedrich A.W. Diesterweg）は、「学校以外の、社会的および国家的な教育福祉事業の総体を意味するもの」としてゾツィアルペダゴギークを定義した[18]。

このような二つの系譜は、当時の日本への紹介にも表れており、特に後者については、熊谷五郎が『最近大教育学』（一九〇三年）において次のように述べている。「社会的教育学は将来の開化事業を負担する未成年者の身体及び精神上の妨害を防ぐ為に保護上の規則を立てやうとするのである。即ち公共の児童保護に甚だ力を尽くすのである、さうして唯々固有の教育の範囲内に止まらずして社会教育にも手を下して、さうして大人の教育上の需要を打算の中に入れて、大人をして適当なる児童の教育者たるに適する様にさせる種々の設備を設くることをも要求する[19]」。

その後、川本宇之介は『社会教育の体系と施設経営　体系篇』（一九三一年）において、「社会的教育学が、社会教育の思想的背景として大に有力なる貢献をなし社会教育の発達を促した[20]」と述べ、「教育の社会化と社会の教育化」というアイディアも社会的教育学に依ることを記している。川本は、「教育の社会化と社会の教育化」の機能のうちに「学校教育の社会政策的施設」を位置づけ、それを社会教育の概念に包摂して、「貧困、病弱、不具、低能等特殊児童に教育上の保護を加へること[21]」を重要な教育的社会政策として掲げた。

このように社会的教育学は、「教育の持つ社会的文脈を強調する」教育学の立場を示しているのみならず、社会問題の解決、とりわけ青少年保護の教育福祉事業を担う学問でもあり、そのことは当時の日本の社会教育にも見られる両側面である。社会教育の領域は、青年教育や成人教育のみならず、児童保護など社会事業も包摂していたのであり、「固有の教育の範囲内に止まら」ない社会教育の歴史的な概念に注目する必要がある。

社会関係資本論からの援用により、コミュニティにおける一般的互酬性と信頼性の規範に価値を置くとすれば、今日、福祉がその価値の焦点に位置づいてくるのであり、その点で、歴史的に教育福祉として定置され、コミュニティを基盤として成立した社会教育の意義が照射されるのである。

社会教育が「固有の教育の範囲内」に籠もることなく、コミュニティにおける協働や互酬を重視する教育福祉的営為として、今日、再解釈される余地はある。日本の社会教育とドイツの社会的教育学の歴史的な概念的重なりは、もっぱら「教育の社会的方面を強調する教育学」の立場から注目されてきたが、「学校以外の、社会的および国家的な教育福祉事業の総体を意味するもの」としての立場から読み直すことによって、社会教育の現代的なコミュニティ的価値を掘り起こすことができるであろう。

(3) 社会教育とコミュニティ――個人の自由とコミュニティの共通性

山名の社会教育論は、アソシエーションを担い手とする社会の教育力を論じたものであったが、同時期に民衆を対象として行われた通俗教育は、村落の共同体を基盤にして普及した啓蒙活動であった。日露戦争後に内務省によって組織された地方改良運動は、「自治」と「協同」を標榜した地方村落の社会教育活動であったが、そこに個人の尊厳や民主主義という価値観は存在しなかった。

民主主義の契機をはらんだ地域社会＝コミュニティに社会教育として最初に注目したのは、川本宇之介であったろう。川本は『デモクラシーと新公民教育』（一九二一年）の中で、「社会教育の発展は真のデモクラシーの発展実現に待つべきであり、真のデモクラシーの具体的実現は、社会教育の発展の如何によつて知ることが出来る[22]」と述べ、そのために「教育の社会化と社会の教育化」を提唱した。このアイディアは、既述のように社会的教育学の系譜に位置づくものであったが、アメリカの進歩主義教育学からの影響も大きかった。実際、川本はその具体的な事例として、アメリカのコミュニティセンターの活動を紹介しているのである。

川本は、アメリカでは一九一〇年代後半より、Social Center から Community Center に名称が変わり、コミュニティ・キャピタルとしての学校がコミュニティ・アソシエーションの活動の中心となるに至ったと述べている。このような米国の「コミュニチーアソシエーションの組織並にその教化施設の計画をそのまゝ本邦に移すことは、到底困難である」と川本は語っているが、大阪市立市民館は、「米国のコミュニチーセンターの本旨とする所まで発展して来た」と評価した[23]。社会教育におけるコミュニティへの注目は、アメリカ進歩主義教育の影響のもとにあったのである。

第二次世界大戦後、公民館が地域社会を基盤にして設置されていくが、そこでは必ずしも民主主義的なコミュニティが想定されていたとは言えず、「愛郷の念と協同心」を媒介にしたナショナリズムに通じる「郷土」であった側面は否定できない。しかし、社会連帯と自治の精神に基づき、団体、アソシエーションへの参加を通じた「民主主義の訓練」の場として公民館が期待されていたことも事実である。

戦後の「社会教育の自由」論においては、公民館の団体主義は批判の対象とされ、施設主義が唱導されたが、個人はコミュニティでの団体、アソシエーションに参加し活動することを通じて、コミュニティの「共通善」を共有し自治を創造することができるのであり、それが「善き生」を実現する可能性にもつながるのである。団体やコミュニティが、その利害関係や権力構造のもとで、個人の自由や権利を認めないことはしばしば生ずることであるが、その際に問題は、個人の自由とコミュニティの共通性を橋渡しする社会教育論をどのように描くのかという、困難な課題に取り組む点にあった。しかし研究の大勢は、社会教育の自由を阻害するものとして、封建的なるコミュニティの共通性をもっぱら批判の対象とすることにより、近代主義的な社会教育論を構築することに向けられたのである。

寺中作雄の『公民館の建設』（一九四六年）は、地域社会の共通性が重視され個人の自由や権利が軽視されているという点で、批判の対象とされたことは頷けるものである。小川利夫は、「寺中構想批判の傾向が、最近の日本社会とりわけ昭和三〇年代の日本農村社会の構造的な変化の中で、さらに一層つよまっている」と指摘し、公民館を「郷土振興の拠点」ではなく、「一定の地域住民が『お互の教養文化を高めるための民主的な教育機関（成人の学校）である』と限定的にとらえている」ことを、全国公民館連合会の調査を紹介しながら肯定的に示している。そして、「『農山村』よりも『都市近郊』、『都市近郊』よりも『都市』の公民館関係者や利用者の方が、当然ながら『かつての』寺中構想にたいして、より一層批判的である」と述べているのである。[24]

このような寺中構想に対する批判は、社会教育とコミュニティをめぐる問題を象徴的に表現するものであり、そこにはたえず国家的価値が介在し、社会教育におけるコミュニティ的価値と国家的価値との絡み合い、相互浸透をどのように解きほぐすのか、という問題があった。国家は一種のコミュニティであるが、統制のための権力を保持する政治システムであるという点で、「共通善」を共有し、それを実現していく自治的な実践を重要な要素とする地域社会＝コミュニティとは異なる。しかし、「公共性」という価値は国家とコミュニティを容易に結びつけ、コミュニティにおける「共同性」は国家的価値としても定置されうる。したがって、コミュニティへの国家的価値の浸出は必然的な出来事となり、特に日本の社会教育が地方改良運動の伝統を引きずっている歴史的な経緯から、その時々の時代性を反映した「寺中構想批判」が繰り返されてきたのである。[25]

3 コミュニティにおける「共通善」と社会教育

(1) 社会教育と地域社会をめぐる議論

「寺中構想批判」に関連して小川利夫は、次のように述べていた。「これまで一般に日本の社会教育論は、くりかえし『地域』及び『地域住民』と社会教育との関連を問題にしてきている。しかし、いったい社会教育において問題となる『地域』および『地域住民』とはどのようなものなのか。それはどのような意味に於て社会教育において問題にされるべきなのか。……そう反問してみると、その答えは必ずしも明らかではない[26]」。

このように小川が記した以降も、社会教育と地域との関連は繰り返し語られ続け、依然として「その答えは必ずしも明らかではない」と言ってもよい。とはいえ、その後の議論においては、一つには、一九七〇年代以降の国家によるコミュニティ政策に基づく地域社会教育の組織化に関する批判的な検討と、もう一つには、地域社会の教育力および住民の主体形成と社会教育との関連についての検討が焦点とされた。後者については、主として住民の主体形成と協同の視点から、アソシエーションとしての地域教育運動を価値づける論調が目立った。

しかし、集合行為のジレンマを解決へと導き、「個人の尊厳さと真正さ（という善）、および、共同体の共通善」の「和解と共存[27]」を実現できるような地域社会＝コミュニティの創造に社会教育がどのように関与できるのか、そして、そうした社会教育とはどのようなものであるのか、という議論が起こることはなかった。その点で、佐藤一子が、「地域の教育力という日本的な用語は、伝統的に狭い教育観の制約のために、子どもと学校教育に収斂する発想に偏っており、学校のために動員される善意の、あるいは伝統的な学校中心的な地域社会の復権を待望するという問題点ももっている」（傍点は佐藤）[28]と指摘したことは首肯できるものである。

近年は、地域づくりと社会教育、もしくは生涯学習のまちづくりというフレーズが自明なものとして頻繁に語られているが、鈴木敏正は、そうした実践を「地域づくり教育」とカテゴライズして、その構造化を行っている。鈴木によれば、この教育の目的は、「地域住民がその自己疎外を克服して主体形成ないしエンパワーメントを遂げる過程を援助する」ことであり、その意義を「自由主義的な教育や改良主義的（福祉国家的）な発想による成人教育の限界の克服[29]」に求めている。

鈴木の地域づくり教育論は、地域づくりのための教育・学習の構造化と地域住民の「主体的力量形成」のための理論化を図ったという点で、新たな成人教育のフレームワークを形成するものであった。その意味では、コミュニティの創造過程においていかなる成人の学習が営まれるのか、という点にシフトした成人教育論であると言える。

(2) 自己と共同体を橋渡しする社会教育

鈴木の論は、地域づくりに必要な自己教育活動を援助し組織化する教育活動の構造と地域住民の主体形成過程の分析を主眼としているが、本章では、社会関係資本との関連で、社会教育におけるコミュニティ的価値そのものの歴史的現代的意義を考察することを主眼としており、鈴木の地域づくり教育論とは視点を異にしている。

社会教育とコミュニティとの関連は、現在の自治体の行財政改革のもとで、重要な政策課題となっている。たとえば福岡市の新・基本計画（二〇〇三年）では、「地域コミュニティを活性化し、住民自治・地域自治を推進する」ために、公民館を拠点にして各小学校区に自治協議会を新設し、地域組織、ＮＰＯ、行政などのパートナーシップのもとで住民自治を推進することをうたい、次のように記されている。「福岡市は、市民が活動しやすい環境やしくみづくりを進め、市民の自治力を高めるとともに、自治の基礎的な単位となる小学校区などの地域コミュニティの組織・団体を多くの人の参加により活性化し、喜びと苦労を分かち合い、信頼の絆で結ばれた地域社会をつくります」。

パットナムが言うところの社会関係資本の新たな形成を政策課題として掲げ、その拠点施設として公民館を活用しようという戦略である。しかし、実際のところは、行政主導による自治協議会の組織化に伴う矛盾と公民館機能の弱体化によって、この戦略が有効に作用しているとは言えない。とはいえ、公民館の社会教育機能が良好に働いている地域では、「喜びと苦労を分かち合い、信頼の絆で結ばれた地域社会」に向かう実践が創造されつつあるのも事実である。このような地域では、住民が学習活動を通してコミュニティにおける「共通善」を共有し、それを実現していくための自治的な実践が、公民館を拠点に地道に取り組まれている様子を見ることができる。その実践を通じて、コミュニティにおける新たな共同性と公共性の構築が図られつつあるのである。

ところで、一つのコミュニティには様々な善が存在し、それらはしばしばぶつかり合って、時にコミュニティの危機をもたらすこともある。その善が政治世界に結びついたものになればなおさらであり、沖縄での米軍基地の移転をめぐる字共同体内の対立と人間関係の分断はその最たるものである。当然、コミュニティにおける善には国家的価値も絡まってくるのである。

それでは、このような善の衝突は、コミュニティにおいてどのようにして調整され、和解がなされていくのであろうか。その点で、公民館に着目する意味がある。公民館はその社会教育機能を媒介にして、このような善の調整と和解を通じたコミュニティ形成に重要な役割を果たしてきた歴史があり、この調整と和解の過程に教育的な価値を生み出してきたからである。公民館は、住民の学習要求に応える教育機会の供給を行うのみならず、コミュニティにおいて「自己の善き生と善き社会の実現に向けてしていく人格の形成[30]」に関与し、したがって、

「善きコミュニティ」の実現に寄与してきたのであり、自己と共同体を橋渡しする機能を担ってきたのである。

(3) コミュニティにおける「共通善」と実践理性

そこで次に、このようなコミュニティにおける善の調整と和解というテーマを考えるために英語圏の政治哲学の議論を援用し、その議論を社会教育におけるコミュニティ的価値と関連づけて、社会教育におけるコミュニティ的価値を現代的に再検討するための理論的な枠組みについて考えたい。

ロールズの正義論の中心的なテーゼの一つは、「善に対する正（権利）の優先」というものであった。このテーゼに対して、テイラー（Charles Taylor）によるロールズ批判の要点は次の通りである。「ロールズ流の正義の理論はどのような特定の善の構想にも依拠していないと考えられている。というのも、もしなにか特定の善の構想に依拠しているとしたら、ロールズ流の正義の理論が擁護する社会制度は実際には、そのもとで暮らしているすべての人びとにそうした特定の善の構想を押しつけることになり、人びとの自律性が侵害されることになるからである」。テイラーによれば、「善はある意味つねに正よりも基底的であって、……善とはその明晰化を通じて、正を定義する諸規則の核心を示すもの[31]」である。

人々の「善の構想」（いかに自分の人生を生きるべきかについて、その人が抱く信念のセット）は社会的基盤に依拠しており、その枠組みは、「言語共同体の一員であることを通じてはじめて確立されうるものであり、維持され、また獲得されうるもの」である。こうしてテイラーは、「人間が自己解釈をする動物であり、しかも人間が自己解釈するための言語と経験の源泉は他の自己たちからなる共同体の文脈のなかにしか見出されえない」ことから、「共同体が人間の活動と自己性にとって構造的な前提条件である[32]」という見解をとるのである。

人々のアイデンティティにとって、このような「善の構想」が重要となるが、人間の生には多くの善があって、それぞれの善は「追い求めるに値する善として承認」される。しかし、それらの善は「ランクづけする必要」が生じてくる。

たとえば公民館と地域団体の共催で子どもの野外活動の事業を企画するとしよう。ある地域では、過去5年間にわたり、多くの地域住民が協力し合って夏にキャンプを開催してきた。地域の子ども達には大変好評であり、毎年参加人数が増える一方で、子ども達一人一人の体験を大事にした活動を行いたいという当初の思いを実現するのがしだいに難しくなってきた。そうした状況の中で地域のおとな達の間に、多くの子ども達が参加するのは善であるから方法を工夫して継続したいという見解と、他方で、多人数のキャンプは止めて少人数で質の高い活動を行おうという見解が表出する。いずれの見解も善であるが、視点の置き方の違いによって意見の対立が生ずる。

このような善の衝突を解決するために、テイラーは「実践理性」という概念を持ち出す。「実践理性が立証しようとするのは、ある見解についてそれが絶対に正しいということではなく、他の見解よりすぐれているということである。それを実践理性は、Aという見解からBという見解へと移行するところから生まれる認識の増大を論証することで果たす。われわれはそうした認識の増大を、AからBへの移動でAの矛盾やAの依って立つ混乱が解消されるのを示したり、あるいは、Aが排除している事実や隠蔽している事実のなかに重要なものがあるのを認めたりといった方法で論証することができる」[33]。

キャンプの継続（A）を止めて、少人数ではあるが質の高い継続的な活動（B）に移行することによって、地域の子ども集団の核になるような子ども達が育つ可能性があり、そのことが地域の自主的な子どもの活動を創出することにつながっていくかもしれない、ということが話し合いを重ねる中で承認されていく。また、このまま多人数でキャンプを継続したとしても、参加した子ども達にとっては一過性の楽しみに終わってしまうのではないか、というAの矛盾も指摘されて、Bの見解がより良き善として認められるのである。

このようなロールズに対するテイラーの批判と、共同体を前提条件とした理論展開は、社会教育における相互学習とそれを通じたコミュニティ的価値の創出を考える上で示唆的である。社会教育において重要なことは、「正義」を主題とすれば、コミュニティにおいて「共通善」の共有に到達することは困難である、という点である。テイラーの言う「実践理性に基づく推論」を通して「善の構想」を相互的に評価することによって、学習者あるいは地域住民がコミュニティにおける「共通善」を共有していくことが可能となるであろう。そして、この過程が地域住民にとって相互学習となり、社会教育における学習論の課題となる。

(4) コミュニティを基盤にした「善き生」の選択と教育の関与

このように地域社会＝コミュニティには多様な善が存在しており、それらが衝突したり、和解・共存したりしている。社会教育が、「社会教育の自由」論に基づく個人の学習権保障にのみ応えるのであれば、このようなコミュニティにおける多様な善の調整を通じて、「善き生と善き社会の実現」のための新たなコミュニティの価値をつくり上げていくような、社会教育の実践を開拓することは困難であろう。

「善き生」と教育のかかわりについては、宮寺晃夫がリベラリズムの立場から次のように述べている。「どのような善き生に賭けるかは各自の自由意思に委ねられ、そこまでは教育は関わることができない。教育が主要に関わるのは、各自の善き生がそこから〝フロー〟してくる〝ストック〟としての人格である。善き生の選択には自由意思が保障される反面、当然リスクもともなうが、そのリスクをふくめて選択が自由と責任のもとでなされるからこそ、善き生が成り立つ。しかもそれは選択者ごとに異なるものとして個別に成り立つ。『善さ』の選択はまさに各自の価値観そのものであり……自由と多様性は善き生がその上で成り立つ基盤である」（傍点は宮寺）[34]。

「善の構想」は「共同体の文脈のなかにしか見出されえない」というテイラーの定義に依拠すれば、「善き生」が成り立つ基底的な基盤は共同体であり、「共同体を作り上げている関係性の網の目」の中で、「他者と経験を共有」することを媒介にして、それぞれの「善き生」の選択が、「各自の自由意思に委ねられ」てなされていくと思われる。このような「善き生」の選択の過程は、コミュニティを基盤にした物語となり、この物語に教育、本章の文脈では社会教育が関わる余地がある。教育は、「〝ストック〟としての人格」にしかかかわることができないのではなく、そのような物語に関与することを通じて、個人の「善さ」の選択にかかわっているのであり、「自由と多様性」のみをもって「善き生がその上で成り立つ基盤である」とは言えない。

しかし、コミュニティに「自由と多様性」が保証されていなければ、「善き生」の選択に国家的価値が関与してくる可能性はある。共同体を基盤にしつつ国家的価値の浸出を制御できるような、コミュニティにおける「善の構想」はどのように成り立つのであろうか。

田村哲樹は、「熟議民主主義論における共通善は……熟議によってその都度定義され、是正されてゆくものである」と述べ、「どのようにして熟議は共通善を実現していくのか」という問題を設定している。ここで示されるのは「選好の変容」という視点である。「諸個人の選好を所与と見なし、政治はこれらの選好の集計と考えるのではなく、「熟議において、当初の選好は『他者の観点を考慮に入れるように変容』する」のであり、「この過程によって、最終的にその中から決定が行われるべき選好の範囲を限定することが可能」となるのである[35]。このような熟議は、テイラーの「実践理性」とも通じるものであり、社会教育では、「選好の変容」の過程が相互学習の過程となる。

社会教育の実践過程では、「選好の変容」が生じる熟議を通して住民の中に「共通善」が共有され、その実現のために一定の事業が企画・実施されて、住民の自治的な活動が創出されていく。国家的価値が抑制、制御されるとすれば、この熟議の過程においてであり、この過程において当該コミュニティとしての独自な価値も形成されていく。

田村が念頭に置いている政治世界とは異なり、社会教育においては、このような熟議の過程に公民館等の社会教育職員が関与している。地域の絆に埋め込まれつつも、地域の諸関係から一定の距離を保持しようとする社会教育職員が、熟議による「共通善」の実現の過程に教育的にかかわり、全体としての住民の教育的営為が新たなコミュニティの価値を創り出している。そして、このような熟議の場が、フォーマル、インフォーマルに多様に用意されている社会教育の空間が、コミュニティの民主主義を創り出すのに貢献しているのである。

たとえばＦ市のある公民館（小学校区単位に設置）では、「子どもを真ん中にしたコミュニティづくり」をテーマに掲げて、公民館と地域団体、ボランティア・グループ、ＮＰＯ等が協同して多様な事業が行われるとともに、誰もが自由に参加できる「育みネット」という学びと討議の場が定期的に開設されている。公民館は地域に開かれた自由な空間であり、人々が気楽に集い、インフォーマルに語り合い学び合う場になっている。職員は地域から推薦された嘱託職員であり、地域住民と生活感覚をともにしながら、地域の諸活動をコーディネートし新しい事業を開発する能力も培っている。

この校区では、子どもを地域で育てることを軸にした「共通善」の共有と実現のための公共的な空間が形成されつつある。それは、この地域におけるコミュニティ的価値となり、その価値を支えているのは、長年にわたる社会教育実践を通じて徐々に形成されてきた民主主義的な人間関係である。このようなコミュニティの民主主義は、活動に参加する人々の「善の構想」の相互的な評価の積み重ねの上に醸成されている。公民館とその職員は、住民がそれぞれの「善の構想」の相互的な評価を自由にできるような空間と仕組みをつくり、時に一定の方向性も示唆しているのであり、ここに社会教育の機能を見ることができるのである。

おわりに

社会教育は「政治と教育との中間的存在」であり、「固有の教育の範囲内に止まら」ない教育世界をつくり上げてきた。その中心的な基盤は地域社会＝コミュニティにあり、そこには伝統的に相互扶助という観念があった。相互扶助は福祉と密接に結びついた観念であるが、パットナムが言うところの一般的互酬性と信頼という規範とも関連している。

ウォルツァー（Michael Walzer）は、「社会にとって基本的なことは、一人一人が平等な資格を持った成員と見なされることであり、お互いに対する関心・配慮（mutual concern）の上に立って『共同の用意 common provision』を築いていくことである」と論じている。この議論においては、「他人の善（＝福利）は自らの善の一部を構成しており、それゆえ、他人の善に対する介入はアプリオリには否定されない」のであり、また「人々の善に対して奉仕する公共財が人々の共同的行為を通じて供給される」[36]（＝社会の想定）のである。

本章は、社会関係資本との関連で、社会教育におけるコミュニティ的価値について、歴史的かつ現代的に再検討することを試みたが、この価値の中軸に、福祉、福利という価値が位置づいている。F市のある公民館においても、子どもの教育と福祉を軸にしてコミュニティにおける社会関係資本が形成され、コミュニティの「共通善」を創り出している。それがコミュニティ的価値となり、その価値を地域の民主主義が支えている。その民主主義が醸成される地域的構造の核に社会教育が位置しているのである。

このように教育と福祉の共同的行為は、今日、地域社会において公民館が担っていることも少なくない。ドイツの社会的教育学が福祉と教育にまたがった活動を行ってきたように、社会教育もまた教育福祉をその内に包摂することによって、コミュニティの「共通善」の実現に寄与するとともに、社会教育の新たな実践分野を開拓しているのである。このような実践的な開拓は、単に社会教育の実践上の広がりをつくるだけでなく、「固有の教育の範囲に止まら」ない社会教育の概念的な広がりをつくり出し、「社会の力」による教育の創出につながっていくことが期待されるのである。

【注】

1　宮原誠一「教育の方針」宗像誠也編『教育基本法』新評論　一九六六年　92頁、１０３頁

2　佐藤一子「教育基本法改正案と社会教育」教育学関連15学会共同公開シンポジウム準備委員会編『教育基本法改正案を問う』学文社　二〇〇六年　48頁

3　宮崎隆志「ソーシャル・キャピタルの蓄積論理」日本社会教育学会第54回大会自由研究発表　二〇〇七年九月。政策上では、中央教育審議会生涯学習分科会第37回議事録・配布資料（二〇〇六年九月一九日）の中で、次のように学習活動とソーシャル・キャピタルの関連性について言及している。「実社会のニーズを踏まえた学習活動の促進は、個人の職業生活に必要な知識・技能の向上（人的資本：ヒューマン・キャピタル）等による国民全体の労働生産性の維持・向上へ寄与するとともに、健康増進による社会保障費の節減、安全・安心な地域づくりへの貢献など社会のセーフティーネットとしての役割を果たし、さらには学習活動を通して地域の人々の信頼関係に基づく連携や絆（社会関係資本：ソーシャル・キャピタル）が醸成されることに寄与している」。また、『国民生活白書平成19年版』（内閣府、二〇〇七年七月）のテーマは、「つながりが築く豊かな国民生活」であり、地域のつながりの再構築を図るためにソーシャル・キャピタルに言及している。

4　Robert D. Putnum "*Bowling Alone: The Collapse and Revival of American Community*", Simon & Schuster, 2000.（柴内康文訳『孤独なボウリング――米国コミュニティの崩壊と再生』柏書房　二〇〇六年　14～15頁）

5　Robert D. Putnum "*Bowling Alone: America's Declining Social Capital*", Journal of Democracy, volume 6, Number 1, 1995.（坂元治也・山内富美訳「ひとりでボウリングをする」宮川公男・大守隆編『ソーシャル・キャピタル』東洋経済新報社　二〇〇四年　58頁）

6　前掲4　352～353頁

7　同右書　366、374頁

8　同右書　19頁

9　この点について小川利夫は、次のように論じている。「現行社会教育法の構造とくにその『組織的活動』の構成が、この意味では必ずしも本条（旧教育基本法第七条、筆者）の原則にそくしたものではなく、むしろ、戦前日本の社会教育組織『体制』の残滓と近代公教育思想の古典的原則との奇妙な癒着が、そこにみられる……すなわち、そこでは『社会教育関係団体』が第一に重視され、第二に社会教育施設のうち『公民館』が図書館・博物館以上に重視され……ている。このことは社教法が現行教基法制の中で、もっとも弱い環であることを示している」（小川利夫『社会教育と国民の学習権』勁草書房　一九七三年　272頁）

10　前掲4　452、474頁

11　山名次郎『社会教育論』金港堂書籍　一八九二年　9～10頁

12　同右書　10頁

13　同右書　12頁

14　同右書　82頁

15　同右書　74頁
16　同右書　24～25頁
17　松田武雄『現代社会教育の課題と可能性』九州大学出版会　二〇〇七年
18　吉岡真佐樹「教育福祉専門職の養成と教育学教育」『教育学研究』第74巻第2号　二〇〇七年　90頁
19　熊谷五郎『最近大教育学』同文館　一九〇三年　４２１頁
20　川本宇之介『社会教育の体系と施設経営　体系篇』最新教育研究会　一九三一年　２９９頁
21　川本宇之介『デモクラシーと新公民教育』中文館書店　一九二一年　５８６頁
22　同右書　６４０頁
23　川本宇之介『社会教育の体系と施設経営　経営篇』最新教育研究会　一九三一年　３３９～３４１、３４６、３７２頁
24　前掲9　３１３、３１５頁
25　「寺中構想批判」に見られる社会教育における地域主義批判については、小林文人の反省的な問題提起もなされていた。「地域主義批判は、結果的に、住民の生活と地域の現実から遊離して、脱地域的に社会教育を編成する近代主義的な路線ないしは社会教育現代化の構想に手をかしたことにはならなかったであろうか」（傍点は小林）小林文人「戦後社会教育論における地域」『月刊社会教育』No.１６２　一九七一年　国土社　18頁
26　小川利夫「都市社会教育論の構想」東京都三多摩社会教育懇談会『三多摩の社会教育』第一集　一九六五年　19頁
横山宏・小林文人編著『公民館史資料集成』エイデル研究所　一九八六年　所収
27　中野剛充『テイラーのコミュニタリアニズム――自己・共同体・近代』勁草書房　二〇〇七年　１４３頁
28　佐藤一子『子どもが育つ地域社会』東京大学出版会　二〇〇二年　60頁

29　鈴木敏正『地域づくり教育の誕生』北海道大学図書刊行会　一九九八年　5、7頁
30　宮寺晃夫『教育の分配論』勁草書房　二〇〇六年　12頁
31　Stephen Mulhall & Adam Swift, "*Liberals and Communitarians, 2nd Edition*", Blackwell, 1996.（訳者代表　谷澤正嗣・飯島昇藏『リベラル・コミュニタリアン論争』勁草書房　二〇〇七年　１４７頁）
32　同右書　１５０頁
33　同右書　１４２〜１４３頁
34　前掲30　11頁。ただし宮寺は、本書の別の箇所で、「人の善き生は、他の人びとの多様な善き生との結びつきのなかでしか実現できない」（傍点は宮寺）と述べている（１９３頁）
35　田村哲樹「現代民主主義論における分岐とその後（一）」『名古屋大学法政論集』№１８５　二〇〇〇年　40、45頁
36　盛山和夫「〈福祉〉の論理」土場学・盛山和夫編著『正義の論理――公共的価値の規範的社会理論』勁草書房　二〇〇六年　２０６〜２０７頁、Michael Walzer, "*Spheres of Justice*", Basic Books, 1983.（山口晃訳『正義の領分――多元性と平等の擁護』而立書房　一九九九年）

第3章

戦前における日本社会教育の歴史的特質

はじめに

日本に社会教育が登場して130年以上が経つ。日本の社会教育は、欧米の成人教育やドイツの社会的教育学などの影響を受けつつ、日本独自の歴史的特質を形成して発展してきた。社会教育は、日本における資本主義社会の確立および近代国家の樹立と密接に関連づけられて、国家政策として成立したが、一方で、民衆の自主的な教育・学習活動としても取り組まれた。第二次世界大戦末期に社会教育は崩壊するが、それは、戦争体制に国民を総動員する手段と化した結果であった。

本章では、第二次世界大戦までの社会教育の成立、発展、変質の過程を描くことにより、戦後に連なる戦前の社会教育の歴史的特質を明らかにする。まず1では、初期社会教育の思想と地域の社会教育活動が興った一八七〇～一八八〇年代、2では、日本で最初の『社会教育論』が刊行され、地域に社会教育・通俗教育が広く普及した一八九〇～一九〇〇年代、3では、国家が社会教育の組織化に本格的に着手する日露戦争後から10年間の時期、そして4では、文部省に社会教育行政が成立し、戦後につながる社会教育論が形成される一九一〇年代後半から一九二〇年代の時期を俯瞰する。最後に5では、日本の植民地支配のもとに置かれた韓国の社会教育の政策と行政について概説するとともに、戦時体制下で社会教育が国民教化へと変質していく戦時期について論じる。

1　初期社会教育の思想と地域における社会教育・通俗教育の活動

(1) 初期社会教育の思想

社会教育という言葉が日本で最初に用いられたのは、福澤諭吉が一八七七年一一月一〇日に三田演説会で行った演説においてである。この演説は、中流階級の青年に対して行ったもので、生涯にわたり実際社会の経験を通して学ぶことを「人間社会教育」と称した。すなわち社会教育とは、学校卒業後、市民が生涯を通して学ぶ自己教育として意味づけられたのである。こうして、日本で資本主義社会＝市民社会の建設途上において、新たな市民社会をつくる担い手の形成を社会教育に求めたのである。

福澤にとって市民とは主として中流階級を指しており、一般大衆は社会教育の対象とは考えられていなかったが、その後、学校教育の近代的な制度化に伴って、学校教育を側面から支援するものとして社会教育の必要性が論じられるようになる。

一八八五年一二月に伊藤博文首相のもとで森有礼が初代文部大臣に就任したが、森文相によって近代的な学校教育制度が確立された。特に義務教育の普及に際しては、父母の教育が必要であり、そのために社会教育が有効であるという主張が、雑誌等の論説を通してなされた。この頃、学校教育、家庭教育、社会教育という三分法に基づく教育論が現れ、学校の就学率を高めるための父母に対する教育として、社会教育が語られるようになる。

このような社会教育論は、福澤が唱える市民の自己教育としての社会教育論とは異なり、学校教育を補うための父母に対する啓蒙的、通俗的な教育であり、したがってこれ以降、通俗教育という言葉が、社会教育とともに使われるようになる。
庵地保は一八八五年に『通俗教育論』（金港堂）を著したが、これは日本で最初の通俗教育と題した図書であった。本書は、小学校教育の重要性について親に対して通俗的にわかりやすく書かれたものであって、親のための教育の入門書であった。通俗教育とは、子どもの就学率を上げるために、親に教育の重要性を認識させることを意図したものであった。

(2) 地域における社会教育・通俗教育

通俗教育が文部省の事務章程に定められたのは一八八五年であり、学校教育に付随して通俗教育が位置づけられていた。しかし、その後、一八八七年に「文部省官制中改正」により、通俗教育は図書館・博物館・教育会と並べて位置づけられたことにより、学校教育の補足ではなく、一般民衆の教育を意味するものとして通俗教育が定義づけられることになった。こうして通俗教育は、社会教育と類似した意味を持つ言葉として普及していくのである。

このような文部省の規定により、地域において教師の有志や教育会、郡長・戸長などが主催して、主として親を対象とする通俗教育会が全国各地で実施されていくようになる。当初、その内容は、幻灯の上映、理化学の実験、唱歌、展覧会、談話会などであり、親に対して学校教育の様子を知らしめるようなものであった。

しかし、その後、子どもの就学率が急速に上昇し、学校教育制度が整備されるとともに、通俗教育は親に対する教育にとどまらず、通俗的な成人教育を意味するようになり、やがて一般民衆に対する成人教育として行われるようになっていく。

一方で、社会教育は、子どもの教育をめぐる社会環境を改善するという意味でも用いられ、地域の社会改良、風俗改良、生活改善を促すような教育として理解するような、社会改良的な社会教育論が見られた。社会教育も通俗教育と同様、一般庶民に対する啓蒙的な成人教育として理解されていたが、一方で、このような社会改良を目的とする教育としても捉えられていた。こうして通俗教育と社会教育とは類似した意味を持つとともに、特に社会教育の場合は、社会問題とかかわる教育としての意味があったのである。

日本に社会教育という言葉が登場した頃、自由民権運動が全盛期を迎えていた。この運動の中で、各地に学習結社がつくられたが、それは同時に政治結社でもあった。学習結社においては、講談会、討論会、読書会、演説会、新聞・書籍の出版が行われ、新聞縦覧所や図書閲覧所が設けられた。社会教育という言葉は使われなかったが、福澤の言う社会教育に込められた自己教育としての学習活動を民衆自身が組織していったのである。

その中でも特に五日市の学芸講談会は、講談、演説、討論を通じて知識を交換し、当時の政治・社会にかかわる様々なテーマで討論を行っていた。この会は、一八七九年頃から活動を始め、毎月三回の定例会を行い、新聞縦覧所も設置していた。その学習の結果として「五日市憲法草案」をつくり上げ、ここには教育と言論・出版・集会の自由が記されていた。

このように明治初期には、民衆、特に豪農層の自由な学習活動が展開されていたが、やがて、一八八一年一〇月の国会開設の詔勅発布、松方正義のデフレ政策、豪農層と小作貧農層の分裂、自由民権運動に対する弾圧などによって、この学習活動は衰退していった。

2 初期社会教育論と通俗教育活動の組織化

(1) 初期社会教育論の提唱

福澤の弟子である山名次郎は、日本で最初の社会教育に関する著書である『社会教育論』(金港堂書籍)を一八九二年に刊行した。山名は、社会教育を国家教育と区別して、国家の外に発達した「民力」による教育の普及を主張した。社会は「協会」(association)が一体となったものであり、社会の進歩は、国家に委ねるのではなく、社会(協会)それ自体が成長して促されていくものである。すなわち「社会の力」によって教育の普及を図ることが重要であり、このような考え方を山名は「社会教育主義」と名づけた。

山名は、国家教育とは相対的に独自な教育領域として社会教育を対置し、その担い手を「協会」に求めた。この場合、社会教育は教育の領域を表すとともに、「社会教育主義」という表現に示されているように、教育の持つ社会的文脈を強調する、教育の機能を表す言葉としても用いられている。このように領域論としての社会教育論ではなく、機能論としての社会教育論を山名は提示したのであり、その後の有力な社会教育論の源流となる。

このような社会教育論が登場する背景には、一八九〇年代に成立する日本資本主義社会における社会問題の存在があった。中・下・零細農民は土地を失い、低賃金労働力として都市に流出し、大量の窮乏民が発生した。このような社会の現状を山名は、「腐乱混乱の極に達し大に改良を要するもの」として捉え、「日本の社会は全く無教育の社会」となっていると論じた。このような社会では、いくら学校を興しても何ら教育の効果がない。そこで、社会自身が教育を修め、教育の普及と発展を図る必要があると山名は述べるのである。

このように一八九〇年代に、資本主義社会の成立に伴う社会問題の生起に対応して、社会それ自体の教育力を高めて社会改善と教育の普及を図っていくための社会教育論が先見的に著されたが、実際に地域社会で実施されたのは通俗教育会であり、父母の教育や日清戦争（一八九四〜一八九五）に伴う愛国心の育成などがその内容であった。

東京市では、一九〇〇年に教育会が設立され、その翌年に講談会規程を設けて、市民を対象とした講談会を実施していった。地方とは異なり東京市においては、社会問題や政治問題、教育問題など専門的な内容の講演会が開催された。東京市ではこの頃、学務部に社会教育課を設置することが提案されていたが、実現には至らなかった。

一九九〇年以降、ナトルプ（Paul Natorp）やベルゲマン（Paul Bergemann）などのドイツ社会的教育学（Sozialpädagogik）の理論が日本に紹介され、日本の教育学界では社会的教育学のブームが到来する。社会的教育学は、個人主義的教育学を批判し、社会的事業として教育を捉え、教育を社会の文脈に位置づけて、社会問題の教育的な解決を目指そうとする。その点では、山名の社会教育論との共通性もある。こうして地域社会では、通俗教育の活動が行われている一方で、理論的には社会と教育との関連性を考察しようとする社会教育論が探究されていたのである。

(2) 通俗教育活動の展開

通俗教育・社会教育の行政組織が端緒的に現れるのは、日露戦争（一九〇四〜一九〇五）以降である。一九〇五年に文部省に通俗教育調査会が設置され、翌年には「通俗教育奨励ニ関スル通牒」が発せられて、文部省として通俗教育事業に着手することになった。また、一九〇五年には、内務省と文部省が青年団活動を奨励する通牒を出している。同時に、半官半民の教化団体が組織され始め、一九〇五年には報徳会が、翌年には修養団が設立された。さらに、通俗図書館や巡回文庫が急激に増加した。このように日露戦争を契機として、国民の国家的統一を図る必要性が急速に高まり、その一環として通俗教育行政が組織されていった。

その後、大逆事件（一九一〇）を契機とする思想対策の意味もあり、一九一一年に文部省は通俗教育調査委員会を設置し、日本で初めての通俗教育に関する事業方針が次のように示された。通俗教育の方法・事業の調査、講師の派遣・紹介、講演資料の蒐集・編集・配付、講演会の開催、幻灯・活動写真の選定・調製・貸付および説明書の編纂、読み物の選択・編纂・懸賞募集、通俗図書館・巡回文庫・展覧事業の普及・改善・利用、図書・列品の選択・購入上の便宜供与、欧米諸国の通俗教育の調査および調査結果の配付。

ここには、欧米における成人教育の基本形態である、講演会、幻灯・活動写真の活用、図書館や博物館の設置などが示されている。この方針に基づいて、通俗教育に関する奨励費の配分に関して文部省が指示を出し、教育会が奨励金の交付を受けて通俗教育事業を実施することとした。こうして文部省・通俗教育調査委員会のもとで、教育会が中心となって通俗教育事業を全国的に実施する態勢が整えられたのである。

特に東京市では、一般市民を対象とした通俗講談会のほかに、中流以上の市民を対象とした専門的な講演会や都市労働者・貧困層を対象とした特別通俗講談会も開かれ、また、図書館の設置を進めるなど、都市型の通俗教育・社会教育事業を実施していった。通俗講談会では、講演を中心にしつつも、余興として、義太夫、講談、薩摩琵琶、幻灯会・活動写真会、蓄音機の実演などが行われ、庶民が楽しめる内容を盛り込んでいた。

各道府県では教育会が通俗教育事業を実施したが、その際、通俗教育調査部、通俗教育実行委員会などを新設して、通俗教育の調査研究や実施にあたっていた。また、通俗教育事業を奨励する規程を設ける県もあった。さらに若干の県では、県庁に通俗教育担当の行政機関を設置した。香川県では、一九一一年に通俗教育調査会を設置するとともに、学務課に通俗教育部を設置して主任を置き通俗教育事業を実施した。こうして道府県においては、文部省の社会教育主務課の設置以前に通俗教育行政が端緒的に組織され始めていた。

3 日露戦争後の地方改良運動と通俗教育・社会教育の展開

(1) 地方改良運動と通俗教育事業

農村における社会教育の推進に大きな作用を及ぼした地方改良運動は、日露戦争後、戦後経営の一環として、内務官僚を中心に農商務・文部官僚、財界人等が主導して本格的に始動した。この運動の目標は「国力ノ充実」と「地方自治ノ振興」であり、町村民が協力して、町村是（町村の事業計画）をつくり、町村基本財産の蓄積、行政事務の合理化、産業の振興などを遂行するとともに、公共心と協同心の育成を意図した民衆の教化活動を行うこととされた。一九〇五年に設立された報徳会は、この運動を推進する母体となり、道徳と経済の調和により農村民を善導して、地方自治の振興を図るために活動を展開した。一九〇九年からは内務省主催による地方改良事業講習会が開催されるとともに、図書館の設立と巡回文庫活動、青年団の組織化、学校中心自治民育などの活動が行われていった。

特に青年団は、農事改良・納税完遂・道路補修・植林等の地方改良事業の中心的な担い手として期待され、内務省・中央報徳会の指導のもと、全国各地に青年団が設立された。日露戦争以前は、集落毎に青年会が自生的につくられていたが、やがて地方改良運動を経て、町村単位に青年会が統一されて組織され、郡長・町村長等の指導のもとに活動を行うようになり、青年団活動が官製化されていった。

地方改良運動は内務省中心で展開されたが、その運動には教化的要素が強く見られ、社会教育としての歴史的な意味を持っていた。文部省はこの時期、通俗教育事業を実施していたが、農村部においては、地方改良事業と通俗教育事業には一定の重なりがあった。

文部省が一九一六年に刊行した『地方通俗教育施設状況』によれば、通俗教育事業として、通俗講演会、音楽会、幻灯会・活動写真会、展覧会、通俗文庫、青年会・婦女会、演劇・寄席・語り物等が挙げられている。通俗教育調査委員会の事業方針と異なるのは、新たに青年会・婦女会が追加されている点であり、文部省は団体活動を明確に通俗教育事業として位置づけたのである。

通俗教育調査委員会の設置時においては、通俗教育は教育会の事業として捉えられていた。しかし、地域における社会教育は、青年団等の団体活動を通じて、国民道徳の涵養や知識・技術の習得、趣味・娯楽という教育・文化的な側面とともに、社会改良、風俗改良、生活改善、産業の奨励といった社会的な側面も含みこんでいたのであり、一九一〇年代半ば以降には、通俗教育という言葉でそうした団体の活動も包摂するようになったのである。

その背景には、内務省による事業団体としての青年団の位置づけに対して、文部省が修養機関として青年団を積極的に位置づけるようになったという歴史的な推移があったと思われる。そして、一九一五年には内務・文部両大臣の訓令が出され、この中で青年団は青年の修養機関として明確に位置づけられたのである。こうして青年団は、実態の上だけでなく政策上も通俗教育の重要な一翼を担うことになる。

(2) 通俗教育から社会教育へ

通俗教育は初等義務教育を確立するための補完的な教育として始まったが、その後、小学校の就学率が一〇〇％に近づくとともにその機能が縮小し、かわって成人に対する通俗的な教育として通俗教育が行われるようになった。そうすると、通俗教育は学校教育以外の教育形態を指していた社会教育と重なり始め、同じ教育現象に対して、ある人は通俗教育といい、他の人は社会教育という、あるいは同一人物が通俗教育と社会教育を区別することなく用いる、といったことが生じてくる。こうして、特に日露戦争後は、通俗教育と社会教育とが同じ意味合いで同時に用いられる場合が少なくなかったのである。

日露戦争後、通俗講演や幻灯・活動写真に代表されるような通俗教育にとどまらず、学校教育以外の教育形態としての多様な施設・事業が求められたのであり、山名次郎が提起したような社会改良的な側面も含めた社会教育としての広がりが見られるようになった。その背景には、この時期、社会問題が多様に叢生してそれへの対応が求められ、文部省の方針に基づく狭い通俗教育事業では対応できなくなったという歴史的事情があった。

こうして通俗教育という用語を用いながら、それが対象とする領域は、元来言われていたような通俗教育の範疇をこえており、社会教育との区別が曖昧になっていく。しかし、一九一〇年代の半ばに至ると、通俗教育と社会教育を概念上区別しようという議論が見られるようになる。すなわち通俗教育を社会教育の一部分であると捉え、とりわけ通俗的な方法によって社会教育を行うのが通俗教育であるという理解が現れてくるのである。

こうして時代は社会教育を求め、内務省の社会行政の進展と相まって「社会」という用語も政策的に認知されていく。その社会行政と密接な関連性を持って、第一次世界大戦後に、実態にそぐわなくなった通俗教育にかわって社会教育という用語が定着していくのである。その背景には、大戦後の社会矛盾の深まりの中で、デモクラシー的な気運に支えられて、社会改造と教育改造の大きなうねりが起こってきたという新しい時代の動きがあった。教育を社会と関連づけ、教育改造を社会改造の文脈に位置づけて、社会問題の教育的な解決を図ろうとするところに社会教育が成立していくのである。

4 社会教育行政の確立と現代社会教育論の形成

(1) 社会教育行政の整備・確立

日本の社会教育行政は、第一次世界大戦後に整備・確立する。一九一七年に設置された臨時教育会議は、一九一八年に通俗教育の改善に関する答申を出した。答申は11項目からなっているが、特に社会教育行政の整備・確立において重要な事項は、「文部省ニ主任官ヲ置クコト」と「各地方ニモ通俗教育ニ関スル主任者ヲ置カシムルコト」というものである。

この答申を受けて、一九一九年六月に社会教育主務課として普通学務局第四課（以下、第四課と略す）が設置され、同年五月には、普通学務局長から地方長官あてに、学務課内に社会教育に関する事務を担当する主任吏員を特設してほしい旨の通牒が発せられた。

第四課の管掌事項は、①通俗教育、②図書館・博物館、③盲啞教育及特殊教育、④青年団体、⑤教育会であり、特に盲啞教育及特殊教育が社会教育の管掌事項とされたことと、青年団体が内務省から離れて社会教育行政の領域と明記された点が注目される。前者については、第四課の行政官の社会教育論が、「教育的救済」すなわち社会的な弱者を教育的に救済するのが社会教育であるという考え方を採り入れていたことと関連している。

第四課の課長には乗杉嘉壽が着任するとともに、川本宇之介や江幡亀壽らが課員として従事し、こうして社会教育の行政組織が確立したのである。第四課はまず、臨時教育会議の答申に基づいて社会教育調査室を設置し、社会教育の調査・研究にあたった。一九二〇年には社会教育研究会を組織し、機関誌『社会と教化』を発行して、社会教育の調査・研究と社会教育の普及の拠り所とした。同誌は、社会教育調査室による調査・研究の成果、文部省の方針と解説、社会教育に関する論説、地方社会教育吏員の実践報告などを掲載し、社会教育の理論化に資するとともに、第四課と社会教育の現場をつなぐ役割を果たした。

乗杉課長は既に第四課を社会教育課と自ら称していたが、一九二一年に「文部省分課規定」を一部改正し、「通俗教育」を「社会教育」に改めた。これにより、従来の通俗教育が公式に社会教育という用語に改められることとなった。こうして通俗教育という狭い領域を示す用語ではなく、広く社会と関連づけて教育が行われるべきことを意味する社会教育という用語が採用され、日本に定着していくのである。

その後、一九二四年に文部省は課の番号制を廃止し、その結果、第四課は社会教育課となった。乗杉は既に社会教育課という看板を掲げていたが、ここに社会教育課が公的に成立したのである。社会教育課の管掌事項は、①図書館・博物館、②青少年団体・処女会、③成人教育、④特殊教育、⑤民衆娯楽、⑥通俗図書認定、⑦其の他の社会教育関係事項、の7項目となった。新たに成人教育と民衆娯楽が管掌事項とされたのは、この時代における成人の学習・文化要求の高まりと余暇の善用に対応したものである。

一方、道府県や郡市においては、社会教育主事等の社会教育事務専任吏員が設置されていく。一九二一年度中にほとんどの道府県において吏員が設置されたものと思われる。その吏員には、視学、小中学校長、師範・中学校教諭などが就任し、通俗教育事業が教育会に担われていたことの延長上に社会教育の専任吏員が位置づけられたことを示している。その後、一九二五年に「地方社会教育職員制」の公布によって社会教育主事が官制化された。

(2) 青年・成人の自己教育活動

日本に社会教育行政が確立した時期は大正デモクラシーと言われた時期であり、民主主義的な時代状況の中で、青年・成人の自主的な学習活動が発展した。特に青年自らが高等教育の場を組織していった自由大学運動は、日本の社会教育史において特筆すべき自己教育活動であった。自由大学は、一九二一年に長野県上田市で開設された信濃自由大学から始まって、各地に広がっていった教育運動である。自由大学を中心的に担ったのは比較的豊かな養蚕農家の長男であり、在野の哲学者であった土田杏村が協力して自由大学が発足した。その理念は、「労働しつつ学ぶ学校」であり、「自学自習」を重視した。開講の時期は農閑期の一〇月から四月であり、一つの講座を5日間前後にわたり開講した。

一九二四年に発足した伊那自由大学は、現行の教育制度を批判し、「民衆が労働しつつ生涯学ぶ民衆大学」として、自由大学こそが「教育の本流」であると宣言した。伊那自由大学には社会主義的な青年も参加し、青年団の自主化運動とも結びついていた。

青年団の自主化運動とは、村の有力者が指導していた官製青年団を青年自身が主体的かつ自由に活動する青年団に変革しようとした運動である。自由大学と同様、長野県で最も活発に取り組まれたが、大正自由教育の影響が強かった下伊那地域が中心となった。

具体的には、村の有力者を排除して青年自身から役員を選出し、青年の自主的な教養機関として、時事的なテーマを取り上げた研究討論会や研究集会の開催、文庫の経営や図書館の建設運動、実業補習学校の教育内容の改善などの教育活動を行った。また、青年訓練所反対運動、電灯料値下げ運動、普通選挙獲得運動などの社会運動にも取り組んだ。

一方、同じ時期に都市部では、労働運動や社会主義運動が発展する中で労働学校が設立され、労働問題や社会問題にかかわる教育活動が行われた。大阪労働学校では、学生大会で学生委員を選出し、学生による自治的な経営が目指された。科目は、経済学、政治学、日本社会史、労働法制、労働組合論、労働運動史、農村問題などであり、朝鮮人労働者も多く受講していた。

このように一九二〇年代には、青年・成人の自己教育活動が誕生し発展するが、自由大学運動は一九二九年の大恐慌に伴う農村生活の疲弊のもとで幕を閉じた。青年団自主化運動は権力の弾圧を受け、青年団指導者が逮捕される中で、一九三一年の満州事変以降、衰退していった。また、労働学校も、同じく権力によって閉校に追い込まれたのである。

(3) 現代社会教育論の形成

現代日本の社会教育理論の原型は、乗杉など第四課に集まった社会教育行政の創始者によって形成された。彼らの社会教育論のキーワードの一つは、「教育の社会化と社会の教育化」（川本）あるいは「学校の社会化と社会の学校化」（乗杉）であった。それは、山名が言うところの「教育と社会との関係」を問う論理であり、彼らにとって社会教育の本質は、教育と社会とを媒介するところに存在すると把握されたのである。教育におけるデモクラシーの実現という観点から、社会教育を「学校改造」あるいは「教育改造」との関連で捉えようとしたところに、創設期社会教育行政の担い手の基本的な思想があった。

「学校改造」の中で特に問題とされたのは、生活上の困難を抱えた子ども達の教育であった。貧困家庭の子ども、非行少年、障がい児などの子ども達を教育的に救済するのが社会教育の重要な役割の一つとして捉えられたのである。このような論は、「教育上のデモクラシー」「教育の機会均等」（乗杉）という理念に基づいている。すなわち学校教育では実現できない「教育の機会均等」を社会教育を通じて実現するという考え方である。

乗杉は、日本で最初の本格的な社会教育の概論書と言える『社会教育の研究』(同文館)を一九二三年に刊行した。乗杉は本書で、次のような社会教育の施設・事業を列記し、社会教育の体系化を図っている。①学校拡張事業、②公開講演、③図書館及巡回文庫、④教育的観覧施設、⑤修養団体の経営及指導、⑥民衆娯楽の改善指導、⑦民衆体育、⑧職業指導、⑨生活改善運動、⑩幼児保育問題、⑪特殊児童の保護教育、⑫育英事業。ここには、第二次世界大戦後の現代社会教育の領域が示されているとともに、戦後の社会教育から抜け落ちた「教育的救済」や職業指導が含まれていた。

一方、川本は、自己教育としての社会教育論を展開する。川本によれば社会教育とは、「人間の一生を通じて継続的に施す自己教育」であり、「自由意志より来る自治自発と自己教育、自己陶冶」が「社会教育の原理」であるとされる。この原理に基づいて川本は、社会教育への官庁等による干渉はせず、教育活動はその責任者に任せ、官庁はできるだけ経費を支出して支援することが望ましいという提案を行っている。

このように一九二〇年代前半に、デモクラシーに基づく社会教育理論の形成がなされたが、その論は当時の国家主義的な枠組みを越えるものではなかった。それでも、その主張は当時の官僚機構の中で矛盾をきたし、課長であった乗杉は一九二四年に更迭された。その後、社会教育行政は、しだいに天皇制国家主義の体制に組み込まれていくのである。

5 植民地期朝鮮の社会教育と戦時下の社会教育

(1) 植民地期朝鮮における社会教育の政策と活動

大韓帝国末期の一九〇七年に、学務局の管掌事項に通俗教育が初めて位置づけられ、韓国における通俗教育にかかわる行政が取り組まれ始めた。当時、韓国では公立学校への入学が民衆によって忌避されており、日本による統監政治のもとで、通俗教育を通じて公立学校への就学を促進するとともに、私立学校や書堂を統制しようとする政策的意図があった。日本の通俗教育と共通する側面を持ちつつも、韓国独自の政策的意図が通俗教育に期待されていたのである。

一方、社会教育という用語も、一九〇〇年代後半に主として日本人によって導入され、それ以降、民間の知識人の間では用いられていた。しかし、日本と同様、行政上は社会教育という用語は使われず、日本の植民地政策の中で社会教育の振興が具体的に政策課題として登場したのは、一九二二年五月に開催された道知事会議の場であった。この会議において齋藤實総督は、一九一九年に起きた三・一運動への対応策として青年の思想善導に取り組む必要性を述べ、それを受けて政府総監であった水野練太郎が、「青年の指導啓発は社会教育上最も重要の事に属す」と、青年の「指導啓発」を社会教育の最重要課題として示した。同年から、社会教育施設補助費を予算に計上し、行政組織として社会教育活動に着手した。

この時期の社会教育は、学校を中心とする社会教育であり、一九二二年に朝鮮総督府学務局は『学校を中心とする社会教育状況』を刊行して、学校の施設を活用した社会教育活動を紹介している。学校を中心とする社会教育事業の重要性は植民地期の初期の時代から強調されており、学校単位の教化事業が既に行われていた。学校の役割の一つとして、社会を教化する必要性が言われていたのである。特に三・一運動以降、学校施設を利用した朝鮮人に対する教化事業が積極的に取り組まれるようになった。具体的には、母姉講座、女子夜学会、通俗講演会、国語講習会、展覧会などが学校で実施されたが、これらの活動は、①生活の知識や職業と関連する教育、②

貧困層を対象とする識字教育および基礎教育、③保護者や地方有志、青年会など教化団体の育成事業、等に分類することができる。

行政組織としては、一九二一年七月、内務局に社会課を新設し、本格的に社会教化事業を実施していった。地方でも、社会教化事業調査委員会、社会教化委員会などを設置し、総督府の施策に応じた社会教化事業を実施した。また、朝鮮総督府の機関として位置づけられた朝鮮教育会では、その規則において「社会教育ニ関スル施設又ハ之カ指導奨励」という事項が規定され、朝鮮総督府に社会教育に関する建議や答申を行っていた。その答申に基づいて、一九二八年には社会教育担当者育成のための「社会教育講習会」が開催された。こうして一九二〇年代後半には、朝鮮教育会を中心に社会教育行政の組織化に着手し始めるのである。日本と同様、教育会を母体として社会教育行政が組織化されていった。

朝鮮総督府の官制に社会教育が位置づけられたのは一九三二年である。従来、内務局に属していた社会課を学務局に移し、社会事業と社会教育・教化に関する事務を一括して学務局社会課の所管とし、その管掌事項に、社会事業、済生院・感化院、社会教育、青少年と青年訓練所、図書館と博物館などが位置づけられた。

しかし、一九三六年には、社会課を内務局に移管して主に社会事業を所管し、学務局に社会教育課を新設して社会教化に関する事務を所管することとなり、社会事業と社会教育を分離して、教育として社会教育（教化）事業を行うこととなった。当初、社会事業と社会教育が融合して取り組まれていたが、その後、社会教育が独立していくのは、日本と同様であり、その背景には、日本の戦時体制への移行のもとで、国民精神の教化が社会教育行政に求められたという事情があった。

戦争末期、総力戦体制を強化するために、学務局の機構の再編成が行われ、一九四三年に社会教育課は練成課に改編された。その事務は、①青少年の訓練、②陸軍兵志願者訓練、③青年特別練成、④指導者練成、⑤国民練成および国民勤労教育、⑥体位向上、⑦社会教育および社会教化等であり、戦時教育が中心となり社会教育・教化は後景に退いて、やがて社会教育が消滅していく運命をたどるのである。なお、植民地期朝鮮では、夜学・書堂など民衆の自主的な学習・教育活動が展開されていたが、本項では政策に限定して記述した。

一方、同じく日本の植民地とされた台湾では、一九二四年に初めて社会教育が総督府内務局文教課の所管事務とされ、一九二六年に昇格した文教局に社会課が設置されるとともに社会教育事務官が置かれた。社会教育係の管掌事項は、図書館・博物館、教化団体、成人教育、国語普及、生活改善、民衆娯楽等であり、これ以降、植民地下の台湾における社会教育行政が展開していくことになる。

【付記】この項は、次の文献に大幅に依拠して執筆している。李正連『韓国社会教育の起源と展開』大学教育出版　二〇〇八年。金子満「植民地期朝鮮における社会事業政策と民衆の学習・教育活動」博士論文（九州大学）二〇〇六年。

(2) 戦時下の社会教育と教化動員

日本では、普通選挙が一九二五年に実施されることになり、国民の思想善導、特に青年教育が喫緊の課題となった。その任を果たすのは社会教育であり、社会教育課から社会教育局へと昇格させて、国民教化のための社会教育行政の機能を強化しようとした。こうして、一九二九年に社会教育局が誕生し、青年教育課、成人教育課、庶務課の３課編成とされた。

その管掌事項は、青年教育課＝青少年団体、青年訓練所、実業補習学校、壮丁教育調査、其の他青少年教育等、成人教育課＝成人教育、図書館、博物館其の他観覧施設、社会教育団体、庶務課＝映画、民衆娯楽、図書の認

定・推薦、生活改善、法人等である。特に青年教育の比重が大きく、勤労青年の教育を中等学校ではなく、実業補習学校と青年訓練所という社会教育機関で代位させるという措置がなされたのである。

実業補習学校は、勤労青年のための公的な教育機関として、一八九三年に実業補習学校規定が制定されて以降設置されていくが、特に農村の青年を対象として青年団とともに発展していった。しかし、学校教育機関としての体制は貧困であり、一種の社会教育機関として、職業教育とともに公民教育も担っていた。その後、一九二六年には青年訓練所令が出され、公民教育と軍事教練の場として設置されたが、一九三五年には実業補習学校と青年訓練所を統合して青年学校制度を創設し、勤労青年のための教育機関として社会教育行政が管轄した。

青年教育においては公民教育が重視されたが、特に第一次世界大戦以降、社会問題や思想問題への教育的な対応として取り組まれ、普通選挙制が成立するに至って、新たな選挙民の啓発のために公民教育が緊急の課題となった。公民教育は、「大正デモクラシー期」には市民的政治教育という意味を持っていたが、特に一九三〇年代後半以降は、天皇制国家体制のもとでの「皇民教育」としての位置づけへと転換していった。

一九二九年に文部省は、「国体観念の明徴、国民精神の作興、経済生活の改善、国力の培養」を基本方針とする教化運動の本格的な推進に取り組み始めた。この運動は、社会教育を中心にして教化団体の活動を促進し、全国教化総動員体制を確立することを目標とした。そこで、文部省主催の社会教育主事会議などで、教化運動実施案の作成、地方への運動の浸透方策などが策定された。具体的には、道府県郡市町村において教化総動員委員会を組織して各種団体間の連絡提携を図ることと各種団体への実施事項の奨励策が決められた。そして、これを基準にして、道府県郡市町村単位に教化運動実施計画要項が作成され、全国的な教化運動が展開されることになったのである。

文部省は一九三五年に教学刷新評議会を設置し、翌年に「教学刷新ニ関スル答申」が出された。この答申は、一九三七年から開始された国民精神総動員運動に生かされていく。国民精神総動員運動は、文部省が主務庁となり、社会教育局に主務局を置き、社会教育行政として推進を図ることとなった。社会教育局は、「国民精神総動員ニ関スル件」の通牒を発して運動目標と実践細目を指示した。また、地方長官を会長とし、官公庁の職員、市町村長、貴衆両院議員、道府県会議員、各種団体代表者、通信報道機関関係者、教育家、宗教家、社会事業家、実業家等を委員として地方実行委員会を組織し、事業を実施することを指示した。こうして、中央から地方へ、さらに地域、職場、家庭へと、上意下達の官僚統制のもとで国民精神総動員運動が展開されていく。

この時期、軍部が政治の主導権を掌握する中でしだいにファシズムの体制を確立していき、一九三七年に日本は中国への侵略を開始した。国民精神総動員運動は、この戦争体制に国民を総動員するための精神運動であった。そして一九三八年には国家総動員法が公布され、国家総力戦体制が確立していった。

国民精神総動員の体制をつくるために教化団体を糾合するとともに、団体の統合が進められた。青少年団体を統合して大日本青少年団を結成し、婦人団体を統合して大日本婦人会を結成した。こうして団体の一元的な統制が行われていき、総力戦体制のための教化網が確立していく。しかし、それは同時に団体独自の活動が消滅していくことを意味しており、それらは社会教育団体としての意義を失っていく。一方、総力戦体制に即した行政の統合化と一元化の措置によって、一九四二年に社会教育局は廃止されて教化局が新設された。また、地方社会教育職員制が廃止され、地方庁の社会教育課や社会教育主事が姿を消した。こうして戦時体制のもとで社会教育行政は教化行政に変質し、消滅していくのである。

【参考文献】

松田武雄『近代日本社会教育の成立』九州大学出版会　二〇〇四年

大串隆吉『日本社会教育史と生涯学習』エイデル研究所　一九九八年
国立教育研究所編『日本近代教育百年史』第7、8巻　教育研究振興会　一九七四年

第Ⅱ部　社会教育ガバナンスとソーシャル・キャピタル

第4章

社会教育・生涯学習の再編とソーシャル・キャピタル

1 ソーシャル・キャピタルと社会教育・生涯学習

現在、日本の社会教育・生涯学習の分野は、社会の中の立ち位置が揺らいでいるかのようである。特に社会教育行政は、次節で述べるように、その社会的あるいは行政的な存在意義が厳しく問われている。社会教育関係者の立場からすれば、危機以外の何物でもない。

本章は、社会教育・生涯学習の再編が急激に進行している中で、社会教育・生涯学習の未来に向けた可能性を、ソーシャル・キャピタルという概念を媒介にして探究しようということを意図している。とはいえ、ソーシャル・キャピタルという概念は極めて論争的な概念であり、論者によって多義的に用いられ、政策的にも便利なツールとして多用されており、この概念を用いて社会教育・生涯学習の未来に向けた可能性を探究すると言明しただけで批判を浴びることを覚悟しなければならない。にもかかわらず筆者は、社会教育・生涯学習の可能性を探究する上でのこの概念の有効性について、多少なりとも本章で明らかにしたいと思う。

ソーシャル・キャピタルは、社会学、政治学、経済学をはじめ、社会福祉、健康・保健、教育学、社会心理学、開発論など様々な分野で研究が進んでおり、国内外を通じて夥しい数の論文、著書が刊行されている。その定義は多様であるが、ソーシャル・キャピタルという用語自体は学際的に共通言語となっており、社会教育・生涯学習の分野からも議論に参加することによって、学際的な研究の一端を担うことができるであろう。

しかし、これまでに社会教育・生涯学習の分野からの研究は、日本では宮崎隆志と佐藤智子の論稿を除いて皆無であった[1]。また、ソーシャル・キャピタルとの関連で生涯学習を論じた英語文献も多くない[2]。

宮崎は、諸個人の移行過程における媒介項として、ソーシャル・キャピタルとケイパビリティ（潜在能力）に着目し、ソーシャル・キャピタル論とケイパビリティ論を統一的に理解する可能性を検討している。その中で宮崎は、パットナムとは異なり、信頼をソーシャル・キャピタルの帰結としてとらえ、さらにソーシャル・キャピタルと正義との関連も問い、信頼―正義（ケイパビリティの向上）―ソーシャル・キャピタルという関係性を問題にする。宮崎の課題意識は、「移行過程の媒介項の構造」を明らかにすることにあり、そこにソーシャル・キャピタルが位置づけられているのであって、ソーシャル・キャピタルそのものを社会教育・生涯学習との関連で真正面から論じるという性格の論ではない。[3]

一方、佐藤は、成人期における学習機会が、個人の持つネットワーク形成にどのような影響を与えているのかを統計的手法を用いて分析しており、今後の課題として、ネットワークを通して共有される規範の内容を検討することの必要性を提起している。[4]

J・フィールド（John Field）は、主として北アイルランドを調査対象として、ソーシャル・キャピタルが成人の学習にどのような影響を与えているのかを研究しているが、「生涯学習に対するソーシャル・キャピタルの影響に分け入った研究は、これまでほとんど行われていない」[5]と総括している。しかし逆に、成人学習がソーシャル・キャピタルに及ぼす影響に関する研究も少ないと述べている。英語圏においても、このテーマは近年ようやく注目されてきたようである。

ソーシャル・キャピタルと社会教育・生涯学習について考察するためには、まず多義的に用いられているソーシャル・キャピタルの概念を限定する必要がある。この間、ソーシャル・キャピタルの概念と定義に関する先行研究の考察については、鹿毛利枝子をはじめ多くの論稿がある。[6]

J・フィールドも他の論者と同じく、ソーシャル・キャピタルの概念の歴史的系譜として、ピエール・ブルデュー（Pierre Bourdieu）、ジェームズ・S・コールマン、ロバート・パットナムの3人を挙げている。ブルデューとコールマンは、個人に注目したソーシャル・キャピタル論であったが、コールマンの影響を受けつつ、パットナムはソーシャル・キャピタル概念を政治学に適用して発展させた[7]。

J・フィールドの実証的な考察の結果は、「ソーシャル・キャピタルと成人学習は、時として、良好なサイクルで結びついている。が、時として、それらは相互に取り替えられるし、また妨げ合うこともある[8]」ということである。また、「学習が新しいソーシャル・キャピタルの資源を生みだすという証拠はすでに豊富に存在している[9]」とも述べている。しかしフィールドは、「学習する、力のあるコミュニティを開発するには、関係型の絆（linking ties）をもたらす外部からの介入やパートナーシップの余地が開かれていることがきわめて重要な要素となる」と述べ、コミュニティの「外部からの介入」の重要性について語っている。ここで関係型の絆（linking ties）を、マイケル・ウルコック（Michael Woolcock）の論文を引用して次のように定義している。

「コミュニティの完全な外にいる人々のような、異なる状況にある、似ていない人々に手を差し伸べる、関係型（linking）ないしはしご型（scaling）ソーシャル・キャピタルで、コミュニティの成員がコミュニティ内部で利用可能な資源よりもずっと広範囲の資源を活用することを可能にする[10]」

パットナムも、「ソーシャル・キャピタルの構築には、政府によるイニシアティブや援助が決定的な役割を果たす[11]」と同様の趣旨を述べている。

しかし、現代日本の社会教育・生涯学習の再編との関連でこの視点を組み入れると、コミュニティのソーシャル・キャピタルを豊かにするための「外部からの介入」（社会教育行政）が脆弱化しつつあるという現状につきあたる。一方で、別の「外部からの介入」（たとえばＮＰＯ、市民活動あるいは首長部局）への期待がある。

ところで、ソーシャル・キャピタル概念については、坂本治也が「概念上の混乱」と「下位構成要素間の不整合」という二つの問題点を指摘している。坂本は、パットナムによるソーシャル・キャピタルの下位構成要素を、一般的信頼、一般化された互酬性の規範、水平性と多様性のある市民社会のネットワーク、の三つに整理している。しかし、『孤独なボウリング』（二〇〇〇）以降、パットナムのソーシャル・キャピタル概念には変化と混乱が見られると坂本は言う。『哲学する民主主義』（一九九三）では限定して用いられていた下位構成要素が、『孤独なボウリング』では拡張されて用いられていると指摘する。それはたとえば、「水平性と多様性のある市民社会のネットワーク」を単に「ネットワーク」として修飾語なしに用いる、という点に現れており、このことによって議論の混乱を招いていると坂本は言う。そこで彼は、ソーシャル・キャピタル概念は当初のように限定的な意味合いで用いるべきであると提案し、『哲学する民主主義』における定義のように、人々の間の自発的協調関係の成立をより促し「集合行為のジレンマ」のソフトな解決に役立つ「市民社会の水平的ネットワーク、一般的信頼、一般化された互酬性の規範」と定義づけた上で、実証分析を行っている。[12]筆者もこの定義づけには同意できるものであり、本章におけるソーシャル・キャピタル概念についても、基本的にはこの定義に依拠している。

先述のように日本では、社会教育・生涯学習の再編が進行する中で社会教育行政・施設が弱体化し、それに伴いコミュニティのソーシャル・キャピタルも低下するという危惧が生じている。しかし、それぞれの地域社会によって権力関係や社会構造や制度あるいは住民意識が異なっており、社会教育行政・施設の弱体化とソーシャル・キャピタルの低下を直接的に結びつけることはできない。社会教育行政・施設がほとんど解体しつつも、北九州市のようにそれに抗して、より広がりのある学びとコミュニティ活動を生み出し、校区に新たなソーシャル・キャピタルの力を創り出している事例も見られるからである。本章ではこのような点も考慮し、社会教育・生涯学習の再編とソーシャル・キャピタルとの関連性について一般化して論じることはせず、それぞれの地域的文脈に即して考察する。

本章のテーマにアプローチするために、まずはソーシャル・キャピタルを構築するための社会教育行政・施設の再構築をどのように展望すべきであるのか、という論点がある。ソーシャル・キャピタルを先の坂本の定義のように理解するとすれば、「社会教育の自由と権利」という戦後社会教育の理念として確立されてきた考え方は再定位される必要がある。この理念には、市民社会における個人（往々にして中間層）の学習の自由と権利を基軸にして社会教育行政を設計するという思想が横たわっていたように思われる。したがって、ソーシャル・キャピタルにおける「一般化された互酬性の規範」といったようなコミュニティの「共通善」は、地域社会教育実践において大事にされてきたが、「社会教育の自由と権利」論に意識的に位置づいていたかどうかは疑問である。そこで、従来の有力な社会教育論の再検討と合わせて、ソーシャル・キャピタルを構築するための社会教育行政・施設の再建を展望する戦略が求められる。ここに現代日本において社会教育（行政）の再定義が求められる所以がある。[13]

とはいえ、「物語なき現代社会」においては、コミュニティの「共通善」というものが成り立たないという議論もある。コミュニティにおいて共通の物語を共有できなくなっている現代社会において、コミュニティにおける道徳や正義も共有できないのである。[14] 果たして社会教育は、コミュニティにおいて共有できるような物語を紡ぐことができないのであろうか。「物語なき現代社会」という議論をそのまま首肯することはできないが、少なくとも従来型の社会教育論をもってコミュニティの物語を紡ぐ社会教育の可能性を展望することは難しい。ソーシャル・キャピタル論のような何らかの媒介する概念が介在することによって、「学習の自由と権利」論は、コミュニティにおける「共通善」の形成とどのように連関していくのかが問われることになる。それは、学習の「自由の享受を可能にする社会統合がどのように成立するのか」[15]という問いかけでもある。

もう一つの論点は、社会教育・生涯学習の再編という進行している事実の中から、地域社会にソーシャル・キャピタルを構築するための仕組みづくりと主体形成を新たにどのように構想するのか、という点である。弱体化する社会教育行政を守るという一方向的なスタンスではなく、ソーシャル・キャピタルを構築するためには、地域・自治体にどのような仕組みを創出し、どのような住民・市民の学びと地域活動を創造することが求められるのかを探求することである。社会教育の世界にのみ通用する符牒ではなく、他分野・領域と共通のテーブルで語り合うことができる共通言語を用いて、フィールドが言うところの「関係型の絆（linking ties）をもたらす外部からの介入やパートナーシップ」のあり方を、それぞれの地域の社会的文化的政治的な文脈に寄り添って明らかにすることが求められる。たとえば北九州市は、公民館が廃止され市民センターとして区役所が管轄しており、教育委員会はわずかな事業費の支出以外、ほとんど関与できない状態であるが、現場の職員が社会教育を再定義して、コミュニティにおける「共通善」を重視した学びと地域活動を創出している。その際、生涯学習総合センターが市民センター職員の研修を社会教育の視点から継続的に行うなど、適切な「外部からの介入」が効果的に作用している。

いずれにせよ、社会教育・生涯学習の再編とソーシャル・キャピタルの構築は直接的にはつながらず、関連行政や市民活動など両者をつなぐ媒介項を設定して、考察を進めることになる。しかし、ここではその媒介項は、あらかじめ設定するのではなく、それぞれの地域的文脈の中で設定して独自に考察する。したがって本章では、多元的な媒介項によって、社会教育・生涯学習の再編とソーシャル・キャピタルが接続されることになる。

フィールドは、主としてソーシャル・キャピタルが成人学習にどのような影響を与えているのかを研究しているが、逆に成人学習がソーシャル・キャピタルに及ぼす影響に関する研究も視野に入れている。本章も両方向性を持っているが、既述のように、社会教育行政にとって危機的な状況の中で、どのように社会教育（行政）の再定義をしつつ、新たな学びとコミュニティ活動の仕組みを創りながら、それがソーシャル・キャピタルの構築にどうつながっていくのかをここでは分析するものである。その際、社会教育が地域自治・住民自治の形成に深く関与してきた歴史的な文脈を組み入れ、コミュニティ・ガバナンスの構築との関連性も考察したい。コミュニティ・ガバナンスとは、コミュニティでの多様なアクターによる民主的な共同統治を意味しており、ソーシャル・キャピタルとコミュニティ・ガバナンスは相補的な関係にあると考えられ、したがって社会教育・生涯学習の発展が両者に良好な作用を及ぼすと思われるからである。

2 社会教育・生涯学習の再編動向

近年、社会教育・生涯学習の行政的な再編成は急速に進んでいる。その背景には、自治体財政の悪化と地方分権政策の推進がある。既に多くの文献でその問題点は指摘されてきたところであるが、筆者が調査した事例をもとに改めて整理しておきたい。

第一に、公民館の廃止と教育委員会から首長部局への移管が進行していることである。最新の『社会教育調査報告書』(文部科学省、二〇一一年一〇月時点)によると、公民館数は1万5399館であり、この一〇年間で3600館減少している。その中には、公民館自体が消滅した場合もあるが、北九州市のように教育委員会から首長部局に移管され、名称が市民センターに変更されたというような自治体も多い。後者の場合、公民館制度は廃止されても、公民館的な機能を保持し続けるとともに、コミュニティ・センターの機能を重ね合わせ、教育・学習活動にとどまらず地域に広がる新たな公民館活動の可能性を開く、よりダイナミックな展開が見られる場合もある。しかし、多くの場合、市町村合併に伴って公民館が消滅したり、首長部局への移管に伴い公民館主事が配置されなくなり、社会教育の機能が衰退するなど、厳しい困難に直面している。

北九州市の場合、公民館制度の廃止により公民館主事も廃止となったが、そのかわり公民館主事の役割も備えた館長の選任が公募によって行われており、一定の待遇の保障と社会教育主事講習への派遣、さらには社会教育主事補への登用など、社会教育関連職員としてのインセンティブを与える制度づくりをしている。公民館が首長部局に移管され、あるいはコミュニティ・センターへの衣替えがなされたとしても、北九州市のように職員の社会教育的な資質がある程度担保されれば、公民館的な機能は維持されるか、さらに新たな可能性を開くこともあり得る。ところが、多くの自治体の場合、組織の再編成とともに要の職員制度が弱体化あるいは解体されてしまうため、社会教育としての機能が衰退してしまう。公民館主事が教育・文化活動を担うだけでなく、自治体が直面する地域づくり（たとえば防災と福祉のまちづくり）の要となる職員でもあるという理解が行政部局を越えて共有できれば、公民館の新たな「カタチ」を開拓する可能性も現れるかもしれない。

第二に、社会教育行政の首長部局への移管が進行している。もともと日本の社会教育行政の成立過程においては、文部省の通俗教育行政と内務省の社会事業行政の一部を合流させて成り立ったという歴史的文脈が見られる。したがって、社会教育行政は文部省の管轄として創設されつつも、地域振興や社会事業（福祉）なども含んだ、今日的に言えば首長部局とのボーダーがあいまいな行政領域として出発した。そのような歴史的な成立事情は、教育行政として確立していこうとする努力にもかかわらず、今日に至るまで引きずっている。現在見られる社会教育行政の首長部局への移管は、社会教育行政に歴史的に内在していた地域振興や社会事業の要因が顕在化してきたことの反映でもある。この顕在化の背景には、財政危機、コミュニティの崩壊、地域の危機管理（防災・防犯への対処）、公共意識の衰退など現代社会が抱える様々な困難な事態がある。深刻化する社会問題への対応策として、社会教育行政の社会問題対策的な側面がクローズアップされてきたと言うことができる。したがって、社会教育行政における教育的な機能と社会問題解決的な機能を現時点においてどのように再統合していくのか、という議論なくして、この問題に対することは難しい。

愛知県豊田市では、二〇〇五年に周辺6町村を合併したことに伴い、二〇〇六年から中学校区に地域会議を設置し、12の地域自治区を設けてそれぞれに支所を置き、都市内分権の制度化を行った。それに合わせて、生涯学習をコミュニティ政策にリンクさせるために、二〇〇五年に生涯学習（社会教育）行政は教育委員会から社会部に移管された。こうして教育委員会事務局は、教育行政課、学校教育課、保健給食課、文化振興課、文化財課、スポーツ課という組織体制となり、社会部に自治振興課、生涯学習課、協働推進課などが設置されている。そして教育委員会は、社会教育・生涯学習に関する事務を社会部に補助執行させている。中学校区に設置されている「豊田市生涯学習センター　交流館」（公民館）は生涯学習センター条例に基づく社会教育施設であるが、補助執行により社会部生涯学習課が管轄している。一方、交流館が事務局を担っているコミュニティ会議（中学校区に設置）は社会部自治振興課が管轄している。つまり中学校区における生涯学習（人材育成）とコミュニティ活動を社会部において統括していくという戦略である。ここには、都市内分権制度に基づく地域自治によるまちづくりを、社会部として社会教育行政も担うという行政的な位置づけが見られる。

交流館（公民館）は基本的に生涯学習の施設であるが、コミュニティ会議の事務局を担い、地区のコミュニティ活動を推進する機能も併せ持っている。都市内分権制度との関連でコミュニティ活動の推進を重視しており、その観点から交流館を管轄する生涯学習課は社会部に属している。しかし、指定管理者制度のもと待遇が良くないとはいえ、交流館の職員体制は充実しており、主事は研修の場として社会教育主事講習にも派遣されている。社会教育行政が首長部局に移管されたとしても、北九州市と同様、職員体制がある程度社会教育の視点から担保されているため、豊田市の公民館活動は愛知県内で最も活性化していると評価されている。ここでも要は職員体制であり、豊田市における都市内分権制度を地域から支える施設として（コミュニティ会議の事務局を担うなど）、交流館が首長部局において認知されていることの表現形態ではないかと推察される。

第三に、社会教育施設への指定管理者制度の導入が深刻な問題を抱えながら進められている。一定の条件のもとで新たな社会教育施設としての可能性を探究することも否定できないが、現状としては、多くの問題点が顕在化している。短期間の契約のため、社会教育施設としての長期的なビジョンのもとで安定的に経営することが困難となり、経費節減という目的で指定管理者制度が導入されているため、採用された職員の雇用も不安定かつ非正規が多く、社会教育施設職員としての職務を適正に実行する妨げとなっている。

このような現状の中で、制度改善のための新たな取り組みが各地で行われている。指定管理者制度を廃止して直営に戻す、公募をやめて非公募とする、千葉県野田市における先導的な公契約条例の制定、日本図書館協会による「図書館事業の公契約基準・試案」の提案などの新たな取り組みが見られる。[16]

大分県日田市は、二〇〇五年に2町3村を編入合併して新日田市となった。2町3村の公民館は地区公民館となり、旧日田市の地区公民館と合わせて、20館の地区公民館に二〇〇六年度から指定管理者制度を導入した。各地区に自治会長や団体代表者、公民館利用者、公民館長・主事などから構成される公民館運営協議会（以下、協議会とする）が二〇〇四年に設置されていたが、この協議会を公募ではなく行政指定により指定管理者とした。既に市の正規職員は引き上げられ、公民館主事は協議会が雇用していたが、指定管理者となって以降、館長も協議会が雇用することとなった。九州地区で最も早い公民館への指定管理者制度の導入であった。

公民館主事の1回目の募集では、２０３名が応募し14名が採用された。2回目の募集では73名が応募し5名が採用された。このような高い倍率の中で採用された主事の労働意欲は高く、すぐに公民館主事会を組織して、毎月2回、自主研修を行いながら公民館事業の発展に努力を傾注した。しかし、初任給が約20万円でごくわずかの昇給しかなく、諸手当もないという状況に直面し、二〇〇五年に公民館職員労働組合を結成し、全公民館主事が加入した。指定管理者制度の導入後、待遇の改善や雇用の安定性などを求めて、日田市公民館運営協議会連合会や教育委員会、市当局などと交渉を続け、少しずつ成果をあげている。

日田市では、指定管理者制度が導入されたとはいえ、非公募であり、定年まで働くことが非公式に約束されている。教育委員会が、毎夏、九州大学で開催される社会教育主事講習に2~3名ずつ主事を派遣し、修了すると昇給する。また、市の人件費が大幅に減少したかわりに、各館の事業費が50万円から150万円に引き上げられ、各館の裁量で自由に事業を企画することができるようになった。待遇が悪いとはいえ、公民館主事として採用されており、雇用が続く限り公民館の仕事に従事し続けることができる。短期間で人事異動していた市職員が配置されていた頃に比べて、より地域に即した事業を住民参加のもとで企画・実施することができるようになった、という声も少なくない。

指定管理者制度の中での矛盾は大きく、一人一人の公民館主事にその負担が重くのしかかっているが、彼らは公民館主事会や公民館職員労働組合を結成し、その矛盾の克服のために集団的に取り組んでいる。制度自体に根本的な問題があるため、いずれ制度の在り方自体を問題化する時が来ると思われるが、現在直面する改善のための持続的な討議と討議に基づく持続的な活動は、日田市の公民館活動を支える原動力となっている。

指定管理者制度のもとで、このように運用の改善のための努力は様々に行われているが、社会教育施設の本質的性格や法的性格を鑑みれば、制度の抜本的な見直しのための議論をさらに深めていくことが求められている。

最後に、社会教育・生涯学習の再編動向の総括として、コミュニティ政策への社会教育・生涯学習の包摂という問題を挙げなければならない。自治体としてのコミュニティ政策の戦略として、先述した1点目と2点目の現象が生じていると言うこともできる。

コミュニティ政策は既に一九七〇年代以降、当時の自治省が主導して取り組まれてきたものであるが、その当初から、コミュニティ政策と社会教育との関連性が問題化されていた。早くから公民館がコミュニティ政策に組み込まれ、公民館がコミュニティ・センター化された自治体も見られたのである。

福岡市でも、公民館を合理化してコミュニティ行政の一環に組み入れようとする動向が現れていたが、一九七七年以降、公民館から正規職員が引き上げられ、公民館主事が嘱託化された。公民館職員は、その校区（福岡市では小学校区に公民館を設置）の住民から選任され、コミュニティ活動とのつながりが重視された。二〇〇〇年には公民館条例を改正して、「地域コミュニティ支援」の機能が公民館に付加され、二〇〇四年に公民館が区役所に移管されて、区役所地域支援課が公民館を管轄することになった。

こうして福岡市では、公民館は社会教育施設であるとともにコミュニティ行政を担う地域の中核施設と位置づけられ、新たに小学校区に設置された自治協議会と併せて、「自治の基礎的な単位となる小学校区」（『福岡市・新基本計画』二〇〇三年）の地域コミュニティを活性化する役割を期待されている。より狭域の「住民自治・地域自治を推進」（同右）するためのコミュニティ施設としての役割が期待されているのである。

公民館の再編に先行して、各区に設置されている市民センターも二〇〇一年には区役所に統合され、社会教育主事は区役所地域支援課に配属されることになった。それまでは、公民館の社会教育機能は市民センターが指導していたが、結果的にその機能が大きく弱体化してしまった。区役所では、社会教育よりもコミュニティ支援に重点が置かれたためである。今、福岡市の公民館は、社会教育とコミュニティ支援との狭間で苦しんでいるのである。

しかし、福岡市における戦後直後からの長い公民館の歴史的な実践の蓄積は、それほど容易に崩れ去るものではない。行政も公民館への支援をどうするのかを議論し、公民館の現場では、コミュニティ活動と結びつけた社会教育活動の新たな実践を開発、創造するために取り組み始めているところもある。かつて自治省がコミュニティ政策に着手し始めた時には、社会教育関係者はその政策に対峙し社会教育の独自性を主張したが、現段階において重要なことは、両者が対峙することではなく、逆に、社会教育がコミュニティ政策の中に飲み込まれてしまうことでもなく、極めて近接した、あるいはボーダーレスとも言える領域にある両者が、善き市民社会を構築するために、どのような新たな枠組みを構築することができるのかを探求することである。そのための社会教育からの強い発信が求められるのである。

3 コミュニティ・ガバナンスと社会教育・生涯学習の再編

現在、地方分権政策が進められている中で、住民自治によるコミュニティ・ガバナンスをどのように構築していくのかが政策的に大きな関心事となっている。ガバナンスとは、統治を意味する言葉であるが、一般的にコミュニティ・ガバナンスと言うと、コミュニティにおける多様なアクター（住民、地域団体、ＮＰＯ、企業など）が協働して、民主的にコミュニティを統治していくことと理解されている。このような意味でのコミュニティ・ガバナンスはソーシャル・キャピタルの形成と密接にかかわっており、両者を結びつけた研究もなされている。つまり、コミュニティ・ガバナンスが前進的に展開されれば、コミュニティにおけるソーシャル・キャピタルの形成もなされ、一方、ソーシャル・キャピタルの蓄積があるコミュニティでは、コミュニティ・ガバナンスも比較的円滑になされていくであろうという、やや楽観主義的な仮説である。

この両者を媒介するところに、コミュニティ・ガバナンスを担い、コミュニティにソーシャル・キャピタルを形成していくアクターの存在がある。それは、市民であり住民である。そのような担い手の主体形成は、従来、社会教育が課題化してきた主題である。しかし、前節で述べたように、その社会教育・生涯学習は、行政的な枠組みにおいては大きく弱体化している。弱体化する方向で社会教育・生涯学習の行政的再編が進んでいる中で、コミュニティ・ガバナンスとソーシャル・キャピタルの行方は、社会教育・生涯学習との関連でどのように把握することができるのであろうか。もちろんコミュニティ・ガバナンスとソーシャル・キャピタルは、多様な要因と絡みながら進展していくものであるため、社会教育・生涯学習はそれらに関与する単なる一領域に過ぎない。しかし、本章は、社会教育・生涯学習の再編成という視点から、コミュニティ・ガバナンスとソーシャル・キャピタルの行方を見つめてみようという問題意識に基づいている。

コミュニティ・ガバナンスは、日本では地方分権政策の中でクローズアップされてきたものであるが、ヨーロッパでは戦後の市町村合併の歴史の中で都市内分権制度が課題化され、その中で議論されてきた歴史がある。たとえばスウェーデンでは、一九五〇年代から一九七〇年代にかけての市町村合併の中で、コミュニティへの住民の参加と民主主義を確保するために、大きな規模の基礎自治体（コミューン）に数万人単位で区分された地区委員会制度を導入した。[17] ドイツでも大規模な市町村合併が行われる中で、スウェーデンに類似した自治体内分権制度が導入され、[18] 参加と協働に基づくコミュニティ・ガバナンスへの制度的な取り組みが見られる。[19]

このようにヨーロッパでは、コミュニティ・ガバナンスの制度的な側面として、都市内分権制度が導入されてきた。コミュニティ・ガバナンスは、コミュニティの多様なアクターによる共同統治を意味しており、その統治のための活動をどのように共同的に組織していくのか、その中でアクター自身がどのように自己成長していくのかを問うことが重要であるが、共同の場をどう設定するのかという仕組みづくりの在り方を考えることも重要である。その点でヨーロッパにおける都市内分権制度は、日本におけるコミュニティ・ガバナンスを考える上でも、一定の条件のもとで参照できるものである。

もとより都市内分権制度については、新自由主義批判の立場から強く批判がなされてきたものである。中央政府の権限を限定することによって地方自治体に権限を移すが、自治体はその「受け皿」になれず、公共部門が民間部門に流れて、民営化、市場化の流れをつくり出すというのが大体の批判の趣旨ではないかと思われる。この批判自体は正しいものであり、実際にそのような実態が現れていることも事実である。

しかし、地域づくりの活動と密接にかかわりながら実践されてきた戦後の社会教育の歴史を辿ってみると、特に公民館は住民にとって身近な場（小学校区あるいは中学校区）に設置され、公民館に住民が集って、町内会・自治会など住民自治組織が、学び合いながら地域を自治的に統治してきたという事実を確認することができる。都市型公民館のように講座やサークル活動が主体となり、地域から遊離してしまった公民館も少なくないが、沖縄の字公民館のように、公民館を拠点にして、住民自治組織が主体となり、社会教育だけでなく地域自治を実現してきたところも多く見ることができる。そのような地域においては、地域社会において自治的に実行できることは自ら実行し、その活動に対して行政が支援するという関係性がつくられてきた。もちろんその過程は、予定調和的なものではなく、公民館や住民自治組織と行政との間に矛盾、葛藤が生じたり、対立が生じたり、しかし一方で、粘り強い議論を通じて両者の間に調停がなされたりしてきた。また、公民館と住民自治組織との間にも矛盾が生じることもあるし、住民自治組織の内部においても矛盾が生じることは普通に見られることである。

都市内分権制度あるいは自治体内分権制度に対する理論的な批判は首肯できるものであるが、地域社会における社会教育と地域づくりの歴史的な現実には、「自治体内分権」という思想との親和性が見られる。とはいえ、

2節で論じたように、コミュニティ行政が現在、都市内分権制度あるいは自治体内分権制度として展開される中で、公民館をはじめとする社会教育制度はそこに包摂されてしまうという現象が現れている。つまり、そうした制度を担うべき住民、市民の主体形成に関与する社会教育の機能が拡散し、行政の施策遂行にとって便利な地域施設として活用されるという方向性が強まっているのである。このような背景もあり、社会教育関係者からも都市内分権制度に対する厳しい批判が出されている。

しかし、制度を運用するのは行政であるが、地域社会に暮らす住民自身でもある。日本の社会教育の歴史的な特性と親和性のある「自治体内分権」という思想を、新自由主義路線と対峙して、現段階のコミュニティ・ガバナンスに活かすことは不可能なのであろうか。現在、全国の自治体を俯瞰してみると、公民館が都市内分権制度に包摂されてしまって、公民館としての本来的な機能を発揮できない自治体が見られる一方で、都市内分権制度と比較的調和して、公民館としての本来的な機能を発揮しながら、都市内分権制度のあるべき趣旨である地域自治、住民自治による地域づくりの中核としての役割を担っている地域も存在している。

たとえば愛知県で都市内分権の先進地として知られている豊田市では、市町村合併に伴いトップダウンで分権制度が導入された。二〇〇五年に豊田市地域自治区条例を制定し、中学校区に地域自治区が設けられた。地域自治区単位に地域会議の委員が選任されるが、その構成は、公共的団体の推薦、識見を有する者、公募による者から成る。その権限は、わくわく事業に関する補助金（地域活動を行う団体に対する補助金）交付の決定と地域予算提案事業に関する予算案の提案である。

豊田市では一九七八年以降、中学校区に地域団体によって構成されるコミュニティ会議が設置されてきた。自治区（自治会）を基礎的なコミュニティと位置づけ、コミュニティ会議は自治区会と役割分担をし、自治区間および団体間の情報交換の場を提供し、広域的なコミュニティ活動を調整する、という役割を担ってきた。また、中学校区に配置されている公民館（現在は交流館）は、コミュニティ会議の事務局を担うこととされた。交流館の職員体制は、館長のほかに主任主事1名と主事4名であり、労働条件は良くないとはいえ、比較的恵まれた職員体制である。したがって、コミュニティ会議の事務局を担うことも可能となっている。従来の公民館論からすれば、公民館が地域団体の事務局を担うことに対する疑問が生ずるところであるが、交流館を拠点に弱体化する地域住民組織を活性化し、社会教育が地域活動と結びついて広がりを持つ可能性はある。

豊田市若園地区では、若園交流館が多彩な講座を開設し、45のサークルが活動しているとともに、ボランティア活動も積極的に行われ、広報紙やホームページも大変充実している。質の高い公民館活動が行われている。コミュニティ会議には福祉部会など五つの部会が設置され、各部会での活動が行われるとともに、運動会や若園ふれあいまつりなど地区の行事を企画・運営している。

つまり自治区を基礎に狭域的な活動が行われ、コミュニティ会議は中学校区全体の活動を担い、そのコミュニティ活動を交流館が事務局として支援するとともに、公民館本来の役割を果たすという構図になる。都市内分権制度である地域会議は、これらの活動からは独立しているが、人的には自治区やコミュニティ会議の役員と重なっていることも多く、自治区やコミュニティ会議の活動、さらには交流館での社会教育活動の質が間接的に都市内分権制度に影響を及ぼしているのである。[20]

一方、長野県では長野市や飯田市などで都市内分権が取り組まれてきたが、松本市では他の自治体とは違う独自の議論がなされてきた。第八次基本計画（二〇〇六～二〇一〇年）で「都市内分権」を「地域づくりの仕組みの構築」として位置づけ、庁内に検討組織を設けるとともに、「松本市地域づくり推進市民会議」を設置して検討してきた。この市民会議が二〇〇七年に「松本市地域づくり推進のための指針」（中間報告）を市長に報告している。これによると、「松本市にふさわしい地域づくりの仕組み」について、各地区に「緩やかな協議体」を設置して「自治体内分権」を進めると提案している。画一的な地域自治組織を行政主導で設置するのではなく、各地区の自主的な取り組みに応じた「住民自治を支える仕組み」を、地域団体や公共施設の職員、事業者等が協働して緩やかにつくるという提案である。

このような提案が出された背景には、「地区を大事にして、地区に配慮しながら、『分権型』で自治を推進してきた」という松本市の歴史があり、「それぞれの地区においても『分権型の自治』が育まれてきた」という認識がある。これを「松本らしさ」と規定して、「松本市らしい都市内分権」の仕組みづくりを議論している。つまり「松本市らしい都市内分権」とは、「地区ごとの地域づくりを基盤とした独自性をもった都市内分権」であり、「公民館活動を基盤に進められてきた地域づくりが、まさに試される機会である」と捉えられている。そして二〇一一年度から地域づくり課が新設され、公民館を拠点にした地域づくりを支援している。

松本市城北地区では、「城北地区住みよい町づくりを進める会」（緩やかな協議体）をつくり、公民館や地区福祉ひろばと連携して地域づくりに取り組んでいる。松本市では現在、福祉と防災、社会教育を中心とした地域づくりをより狭域的な単位である町会へとシフトしている。各町会で創意工夫して活動がなされ、それを「進める会」がつないでいく、また、地区全体で取り組むべきことは「進める会」が取り組んでいく、そうした活動の支援を公民館や福祉ひろばが行う、という重層的な活動が展開されており、地区公民館の存在意義の大きさとともに、町会・町内公民館がその基盤にあることを確認することができる。町会の役員は、町会で解決できることは町会で実践していこうという意識が高く、そのための智恵を出し合いながら議論している。

たとえば城北地区徒士町では、スーパーストアが閉店し町内に店がなくなったため、高齢者は日常の買い物ができなくなった。そこで町内公民館長だった女性をはじめ有志が集まり、「おかちまち市場」を毎週1回開くことにした。青果会社や豆腐店などが協力し（その後、鮮魚店、精肉店、漬物店、牛乳店、おやき店、作業所等も協力する）、駐車場を無償提供してくれる人も現れ、毎週木曜午前に市場を開いている。高齢者にとっては食料を歩いて出かけて買うことができ、しかも町内の交流の場となっている。いつも来る人が来ないと気になるので、そのことが話題にのぼる。お茶のみコーナーが設けられ、買い物に来た人達が談笑している。ここに身近な地域からの福祉づくりの可能性を見ることができる。

福祉と地域づくりと社会教育が、一体化した活動が町会で行われており、そうした住民主導の活動が成り立つのも、地区公民館が地域づくりに関わる社会教育を担ってきた実践の歴史的な蓄積があってのことである。松本市では、こうした町会・町内公民館での活動があり、それを支援する地区公民館があり、さらに現在、地域課題を住民主体で解決していこうとする「緩やかな協議体」が組織されつつあるのである。

自治体内分権やその理論的な根拠とされている補完性・近接性原理を新自由主義路線に位置づけて、批判的に議論する視点を持つことは大事であるが、松本市や豊田市の事例を、その校区や町内会という地域社会の現実にまで入ってつぶさに検証すると、補完性・近接性原理が地域社会教育の参照原理として機能する可能性も見ることができる。

松本市と豊田市では、ボトムアップとトップダウンという差異はあるにせよ、校区の中で公民館が拠点となり、町内会・自治会の活動を基礎として、校区の住民自治組織が活動し、校区単位で地域課題を解決するための予算を決めて取り組むという点で共通している。両市の都市内分権制度は、社会教育などで培われる住民の自治的力量によって根幹的に担われているといってよい[21]。

4 社会教育・生涯学習の可能性とソーシャル・キャピタル
――地域における社会教育福祉の構築との関連で

シーダ・スコッチポル（Theda Skocpol）は、パットナムのソーシャル・キャピタル論を批判して、アメリカにおける草の根民主主義が全国的な政府や政治と手を携えて発展してきたことを歴史的に論証している。つまりパットナムは、「対面での交流」や地元コミュニティを最優先するが、スコッチポルはローカルな団体と政府の民主的なガバナンスをつなぐ視点を提起しているのである。[22]

この視点から学ぶとすれば、このような分権制度への住民参画の実践によって、単に近隣社会にとどまることなく、どのように自治体や国家レベルでの公共善を実現することができるのか、その道筋をたえず考え続けることが重要であるということである。社会教育は、そのことを住民自身が問い続ける持続的な学習と討議の場をつくり、そのような持続的な取り組みがコミュニティ・ガバナンスの内実を形成し、市民社会の民主主義を実現していく展望を持つことができるのである。分権のシステムは、住民の主体的な努力如何によって、住民自らが地域課題について熟議することを必然化するが故に、制度としての社会教育が大きな困難に直面している中にあっても、社会教育それ自体はコミュニティ・ガバナンスを担い実質化する住民の自治的な力量形成にかかわり続けることができる。そして、このような住民の主体形成がコミュニティにおけるソーシャル・キャピタルの構築に連関していくのである。

前節で紹介した松本市の「おかちまち市場」は、地域が直面した課題について数名で語り合う中で誕生し、それがしだいに町内に広がり、しかもその「市場」が住民相互の交流と対話の場になっている。このような場をつくることができたのは、既に町会・町内公民館の活動の蓄積があり、それが徒士町におけるソーシャル・キャピタルの形成を促していたからである。松本市では、コミュニティ・ガバナンスの軸を町会・町内公民館にシフトし、都市内分権制度の重層的な構造を、町会・町内公民館—地区の緩やかな協議体—地区公民館、福祉ひろば、支所・出張所—市役所・教育委員会という関係性の再構築に求めることにより、新たな社会教育の可能性を開拓しようとしている。都市内分権制度を批判する立場からすれば、このような地域づくりと結びついた松本市の戦略は批判されるのかもしれないが、筆者は、これからの社会教育の一つの可能性をここに見出すことができるのではないかと考える。

その際、松本市では、地区公民館と併設もしくは隣接して地区福祉ひろばを新設し、社会教育・生涯学習と地域福祉を連結した地域づくりを展開してきた。そして近年は、町会にシフトした町会福祉の実践に挑戦している。日本の社会教育が社会事業（社会福祉）と一体化していた歴史的な性格を、現在の社会教育の困難を打開する方向性の一つの視点として再着目するとすれば、松本市のような地域福祉と重なりあった社会教育は、今後の社会教育の在り方を考える上で重要な示唆を与えるものである。

この点から見ると、北九州市における市民福祉センターの実験も意味のあるものであった。これは、公民館廃止を見越したコミュニティ政策として批判がなされたが、小学校区単位に生涯学習と地域福祉を融合した全く新しいイメージの施設と活動を構築しようとした実験として、今後の可能性を感じさせるものであった。この政策によって社会教育行政は大きく後退することになり、社会教育の立場からすると重大な問題を抱えながらの取り組みであったが、先述したように新たな社会教育活動の可能性を地域社会に拓く契機も含んでいたと思われる。しかし、その後、公民館は完全に廃止され、市民センターに名称が変更されるに伴って、社会教育のみならず地域福祉の位置づけも弱くなってしまった。にもかかわらず、現在、北九州市の社会教育と地域活動は職員の献身的な仕事ぶりなど、いくつかの肯定的な要因により活性化している様子を見ることができる。

このように松本市や北九州市は、社会教育と地域福祉が連結することによる新たな社会教育の可能性を示唆したと言える。これは、日本の社会教育の歴史的な性格の現代的な再興と言えなくもない。こうした新しい実践には、社会教育福祉という概念を充てることができるかもしれない。社会教育福祉というと、日本の縦割り行政の中でどの部局が管轄するのか、あるいは社会教育の教育性は担保できるのかという批判がなされるであろうが、行政的な位置づけをどう考えるのかという問題は今後の課題として残るとしても、社会教育の新たな実践の可能性を開拓する概念となりうるのではないかと考える。

ところで、『世界価値観調査』によれば、ソーシャル・キャピタルの水準が最も高い国の一つとしてスウェーデンが挙がっている。厳しい財政事情の中で、また保守政権のもとでも、福祉国家が維持されているという安心の保障がなされていることが、何らかの作用を及ぼしているのかもしれないが、社会教育福祉という視点から、ソーシャル・キャピタルとの関連性について考えてみたい。

ドイツや北欧などでは、社会教育学という学問領域が確立されてきたが、スウェーデンではそれをSocialpedagogikと称している。ストックホルム大学社会活動（Social Albete）学部の社会教育学コースのリーフレットによれば、社会教育学とは「心理社会的に不利な状況にある個人や集団、また同時に彼らを支援するプロセスのための条件に関する学問」と定義されている。言わば、ソーシャル・キャピタルの福祉的な「外部からの介入」に関与する学問分野であると言える。そして同学部のクリステル・セデルルンド（Christer Cederlund）は、社会教育学は教育学とソーシャル・ワークの中間に位置していると述べている。

一方、リンシェーピン大学のリスベット・エリクソン（Lisbeth Eriksson）は、社会教育学の定義を確立するのは不可能であると述べつつも、さしあたり「社会的な教育学」もしくは「教育的なソーシャル・サービス」との連関の中で社会教育学を理解している。[23] いずれにせよ教育と福祉にまたがる概念であり、日本語に置き換えれば社会教育福祉学という概念に近い。実際、エリクソンによれば、社会教育学は民衆成人教育と重なっており、地域づくりとも関連を持っていると言う。[24] 検証はされていないが、このような成人教育や地域づくりとかかわった社会教育学の実践的アプローチは、社会的排除の問題に教育福祉の立場から取り組みつつ、スウェーデンにおけるソーシャル・キャピタルの醸成に「外部からの介入」を通じて貢献をしているものと思われる。

こうしたドイツや北欧における社会教育学の探究は、日本における社会教育・生涯学習の今後の可能性と地域社会におけるソーシャル・キャピタルの醸成を考える上で参照できるものである。社会教育・生涯学習の行政的再編成の中で苦しんでいる日本の現状の中で、ソーシャル・キャピタルという概念を媒介することにより、社会教育とコミュニティ・ガバナンスとの関連性、社会教育福祉の新たな開拓、それらを通じた社会教育（行政）の再定義[25]という課題が見出されてきた。筆者は、この地平から日本における社会教育・生涯学習の可能性を拓いていきたいと考えるものである。

【注】

1 宮崎隆志「ソーシャル・キャピタルとケイパビリティ――移行過程との関連で」『社会教育研究』第27号 二〇〇九年。佐藤智子「社会関係資本に対する成人学習機会の効果」『日本社会教育学会紀要』№47 二〇一一年。佐藤智子「社会関係資本と生涯学習」立田慶裕他『生涯学習の理論』福村出版 二〇一一年

2 タイトルにSocial Capital とLifelong Learning がある英語の著書は、管見の限り次の2冊である。John Field, "*Social Capital and Lifelong Learning*", Bristol: The Policy Press, 2005. 同書は、『ソーシャル・キャピタルと生涯学習』と

いう書名で翻訳・出版された（矢野裕俊監訳、東信堂、二〇一一年）。Michael Osborne, Kate Sankey and Bruce Wilson (eds), "*Social Capital, Lifelong Learning and the Management of Place: An International Perspective*", London: Routledge, 2007.

3　宮崎隆志（前掲論文）

4　佐藤智子「社会関係資本に対する成人学習機会の効果」（前掲論文）

5　J・フィールド『ソーシャル・キャピタルと生涯学習』（前掲書）40頁

6　鹿毛利枝子「『ソーシャル・キャピタル』をめぐる研究動向（一）アメリカ社会科学における三つの『ソーシャル・キャピタル』」『法学論叢』151巻3号　二〇〇二年。同「『ソーシャル・キャピタル』をめぐる研究動向（二）アメリカ社会科学における三つの『ソーシャル・キャピタル』」『法学論叢』152巻1号、二〇〇二年。同「ソーシャル・キャピタルをめぐる近年の研究動向」『安全安心社会研究ワーキングペーパー』№3　二〇〇八年。空閑睦子「ソーシャル・キャピタルに関する先行研究の整理」『Policy Studies Review』39、二〇一〇年など。空閑は、二〇〇二年から二〇〇九年までの日本におけるソーシャル・キャピタル研究の文献数を挙げており、教育学は1本とカウントされているが、先の宮崎の2本のほかに平塚眞樹「移行システム分解過程における能力観の転換と社会関係資本」（『教育学研究』第73巻第4号　二〇〇六年）もある。また、筆者も「社会教育におけるコミュニティ的価値の再検討」（『教育学研究』第73巻第4号　二〇〇六年）において、ソーシャル・キャピタルと社会教育との関連性について論じている。

7　空閑睦子「ソーシャル・キャピタルに関する先行研究の整理」（前掲論文）41頁

8　J・フィールド（前掲書）125頁

9　同右書　194頁

10 Woolcock, M. 'Social capital and economic development: towarad a theoretical synthesis and policy framework,' Theory and Society, vol.27, no.2, 1998, pp.13-14.

11 Putnam, Robert D. and Lewis M. Feldstein with Don Cohen, "*Better Together: Restoring the American Community*," Simon & Schuster, 2004.

12 坂本治也『ソーシャル・キャピタルと活動する市民』有斐閣　二〇一〇年　57~63頁

13 上野景三「自治体社会教育の再定義と社会教育ガバナンス」、松田武雄「自治体改革のもとでの社会教育ガバナンス」日本社会教育学会編『自治体改革と社会教育ガバナンス』東洋館出版社　二〇〇九年

14 大澤真幸『「正義」を考える』ＮＨＫ出版　二〇一一年

15 斎藤純一「制度による自由／デモクラシーによる社会統合」同編『自由への問い1巻　社会統合』岩波書店　二〇〇九年　23頁

16 『月刊社会教育』二〇一一年3月号　国土社

17 星野泉「スウェーデン」竹下譲監修『よくわかる世界の地方自治制度』イマジン出版　二〇〇八年

18 名和田是彦「近隣政府・自治体内分権と住民自治」羽貝正美編著『自治と参加・協働——ローカル・ガバナンスの再構築』学芸出版社　二〇〇七年

19 名和田是彦「現代ドイツの都市内分権と『市民社会』」同編『コミュニティの自治——自治体内分権と協働の国際比較』日本評論社　二〇〇九年

20 松田武雄「自治体内分権と社会教育・生涯学習——豊田市の事例を通して」『生涯学習・キャリア教育研究』第6号、名古屋大学生涯学習・キャリア教育センター　二〇一〇年

21 松本市の事例については、松田武雄「分権を内実化する社会教育の可能性」『月刊社会教育』二〇一一年二月号で紹

介した内容である。

22　シーダ・スコッチポル（河田潤一訳）『失われた民主主義』慶應義塾大学出版会　二〇〇七年　Theda Skocpol, "*Diminished Democracy*", Norman: University of Oklahoma Press, 2003.

23　Lisbeth Eriksson & Ann-Marie Markstrom, 'Interpreting the Concept of Social Pedagogy', Anders Gustavsson, Hans-Eric Hermansson & Juha Hämäläinen, "*Perspectives and Theory in Social Pedagogy*", Göteborg: Daidalos, 2003, p.46.

24　Lisbeth Eriksson, 'Community Development and Social Pedagogy: Traditions for Understanding Mobilization for Collective Self-development', "*Community Development Journal*", 2010.

25　上野景三（前掲論文）、松田武雄（前掲論文）

第5章

社会教育学研究におけるソーシャル・キャピタル研究の枠組み

1 社会教育学研究におけるソーシャル・キャピタル論への着目

本章で紹介するまでもなく、近年、ソーシャル・キャピタルに関する研究が、様々な学問領域で多様な方法論を用いて取り組まれている。しかし、そのようなソーシャル・キャピタル研究に対する批判もあり、ソーシャル・キャピタルの「概念上の混乱」を指摘する意見もある。[1]

一方、社会教育学研究においてソーシャル・キャピタル論が注目され始めたのは最近のことであり、研究もいまだ少ない。文部科学省中央教育審議会生涯学習分科会では、「学習活動を通して地域の人々の信頼関係に基づく連携や絆（社会関係資本：ソーシャル・キャピタル）が醸成されることに寄与していることを重視すべきではないか」ということが、二〇〇七年に指摘されているが（二〇〇七年七月二一日、配布資料）、社会教育学研究においてソーシャル・キャピタル論が位置づけられて研究され始めるのもそれ以降である。

最初に筆者が、ソーシャル・キャピタルと社会教育との関係性について、「社会関係資本という概念は社会教育と高い親和性がある」という仮説のもとに、社会教育におけるコミュニティ的価値について、ソーシャル・キャピタルの概念を媒介にして歴史的に再検討する論文を発表した。[2] その後、宮崎隆志が、諸個人の移行過程における媒介項として、ソーシャル・キャピタルとケイパビリティ（潜在能力）に着目し、ソーシャル・キャピタル論とケイパビリティ論を統一的に理解する可能性を検討している。その中で宮崎は、パットナムとは異なり、信頼をソーシャル・キャピタルの帰結としてとらえ、さらにソーシャル・キャピタルと正義との関連も問い、信頼—正義（ケイパビリティの向上）—ソーシャル・キャピタルという関係性を問題にする。宮崎の課題意識は、

「移行過程の媒介項の構造」を明らかにすることにあり、そこにソーシャル・キャピタルが位置づけられている。[3]一方、佐藤智子は、社会関係資本の概念を整理したうえで、生涯学習に対する社会関係資本の影響について考察しているが、主として学校教育との関連が問題とされ、社会教育との関連性への言及は少ない。[4]

日本でソーシャル・キャピタル論との関連で社会教育学研究を行ってきたのは、主として上記の３人であるが、その後、３人は別の論稿を発表している。佐藤は、成人期における学習機会が、個人の持つネットワーク形成にどのような影響を与えているのかを統計的手法を用いて分析しており、今後の課題として、ネットワークを通して共有される規範の内容を検討することの必要性を提起している。[5]

筆者は、近年の社会教育・生涯学習行政の再編動向の中から新たな社会教育・生涯学習の可能性を探求するために、ソーシャル・キャピタルの概念を限定しつつ、地域社会にソーシャル・キャピタルを醸成するような仕組みづくりと社会教育や公民館の再定義を試みている。[6]宮崎は、多様なソーシャル・キャピタルを批判的に吟味し、それらの問題点を抽出している。そして、「麦の郷」という地域福祉事業体の分析を踏まえて、ケイパビリティ論の視点から批判的ソーシャル・キャピタル論を提案している。[7]

管見の限り日本では、社会教育学研究においてソーシャル・キャピタル論について考察を加えているのは以上であるが、海外でもまだこの領域の研究はそれほど多くないようだ。Ｊ・フィールドは、主として北アイルランドを調査対象として、ソーシャル・キャピタルが成人の学習にどのような影響を与えているのかを研究しているが、「生涯学習に対するソーシャル・キャピタルの影響に分け入った研究は、これまでほとんど行われていない」と総括している。しかし逆に、成人学習がソーシャル・キャピタルに及ぼす影響に関する研究も少ないと述べている。[8]英語圏においても、このテーマは近年ようやく注目されてきたようである（二〇一二年一〇月現在）。

2 社会教育学研究におけるソーシャル・キャピタル論の布置

子どもの教育達成とソーシャル・キャピタルとの関連については、コールマン（一九六六）以来、少なくない研究がなされてきた。しかし、成人教育、生涯学習、社会教育学研究においては、ソーシャル・キャピタル論が議論されることはまだ少ない。その中で、社会教育学研究とソーシャル・キャピタル論との関連性について論じる視点と枠組みは、主に次の3点が確認される。

一つは、佐藤の研究に見られるように、成人学習の内容や達成度とソーシャル・キャピタルとの関連を明らかにしようとする研究である。佐藤は量的な分析を通じて、「主に青少年期に経験する学校教育の達成の程度ではなく、成人期に経験する教育・学習機会が、社会的ネットワーク形成の重要な要因である」こと、「教養講座の受講経験」がソーシャル・キャピタルに「正の効果を持つ一方で実務講座の受講経験はそうではなかった」こと、これらのことから、「必ずしも『多くの人に出会う機会があれば良い』ということではなく、それぞれの活動を通して学習され得る内容やその方法が重要」である点、「学習機会を利用する能動性、主体性の違い」を考慮することを指摘している。このような考察は、単に社会教育とソーシャル・キャピタルとの深い結び付きについて言及するのみならず、社会教育の内容や方法を問うこととの関連でソーシャル・キャピタルについて考察する必要性を求めている。

第二に、宮崎の研究でも「ソーシャル・キャピタルと学習との関連」に着目しているが、佐藤と違って宮崎の場合、それを考察するための理論枠組みを問題化している。宮崎の提起する理論枠組みは必ずしも明確ではないが、それは、ケイパビリティ論を手がかりにしつつ、「活動システム（エンゲストローム）を基盤に据えることによって構築できる」と構想している。しかも、「その活動システムは多様な主体（agent）により成立することからすると、協働的活動システムと呼んだほうがよい」とし、「ソーシャル・キャピタルの〝発見〟は、実はこのような理論枠の創出と拡充を要請しているのではなかろうか」と問題提起して終わっている。

最後に筆者は、前2者とは異なり、社会教育とコミュニティ（地域社会）の再生あるいはコミュニティ・ガバナンスとの関連を問題にし、その媒介項としてソーシャル・キャピタルの概念に注目している。パットナムの言うところのソーシャル・キャピタルの下位構成要素である「市民社会の水平的ネットワーク、一般的信頼、一般化された互酬性」は、コミュニティに根ざした日本の社会教育が重視してきた価値と同等であると考えることができる。そのように理解すると、社会教育とソーシャル・キャピタルは近似的な概念であり、社会教育はソーシャル・キャピタルを包摂している概念であるとも言えるし、逆にソーシャル・キャピタルが社会教育を包摂している概念であるとも言える。このような視点から筆者は、社会教育の再定義の必要性について問題提起している。つまり、社会教育を成人教育というような個人の成長に関与する教育・学習とのみ捉えるのではなく、コミュニティにおける協働や互酬を重視する教育福祉的営為として再解釈することによって、社会教育の現代的なコミュニティ的価値を掘り起こすことができると論じている。

ソーシャル・キャピタルの概念をどのように定義づけるのかという点について様々に論争があるが、数少ない社会教育学研究においても、ソーシャル・キャピタルの概念をどのように位置づけるのかは、それぞれの論者によって多様である。個人の学習にシフトした研究もあり、コミュニティにシフトした研究もある。現段階では、その研究方法論を一つの方向性に向けていくのではなく、多様な視点から社会教育学研究におけるソーシャル・キャピタル論の位置づけを探求するような研究が試みられていくことが大事であると考える。

3　社会教育学研究におけるコミュニティとソーシャル・キャピタル

筆者はかねてより、社会教育は「固有の教育の範囲に止まら」ず、コミュニティにおける共通善を住民が共有し、より「善き生と善き社会」の実現のためのコミュニティの価値をつくり上げていく機能を有することを、歴史研究を通じて問題提起してきた。したがって、社会教育は成人教育であり、成人の自己実現と成長に関与するものであって、そこには個人の学習の自由が保障されるべきであるという近代主義的な社会教育論を批判してきた。それは、社会教育の一側面であって、この論をもって社会教育全体を定義づけることはできない。

欧米の成人教育論はもとよりそのような立論であり、成人の学習論研究が盛んに行われてきたが、日本の社会教育は成人教育とは異なり、独自の立ち位置を有している。社会教育は、個人を対象とした学習論研究も重要であるが、コミュニティにおける多様な価値観と利害関係の衝突・紛争と調停・妥協、さらには一定の合意形成のための話し合いや共同学習に関する研究も同様に重要である。後者は政治学の領域ではないかという反論もあろうが、社会教育は「政治と狭義の教育との中間的存在」という田中耕太郎の言葉に象徴されるように、社会教育は教育学の範疇に閉じ込められるような領域ではないというのが筆者の立場である。

筆者の立論からすると、ソーシャル・キャピタルはまさに社会教育が内包する価値と重なる概念である。社会教育学研究こそ、ソーシャル・キャピタル研究に取り組まなければならないと考えている。

ところで、筆者達は二〇一一年度に、松本市における町会・町内公民館、地区公民館・福祉ひろば等にかかわる住民意識調査を実施した。[9] 社会教育とソーシャル・キャピタルとの関連を意識してアンケート項目を作成したが、調査を通じて両者の関連性が浮かび上がった。公民館とソーシャル・キャピタルとの関連に限定して、その調査結果を示すと以下の通りである。

公民館利用者は、利用したことがない人に比べて：
・17％多く、友人・知人とのつきあいの程度が頻繁である。
・28・３％多く、地域のさまざまな人とのつながりができたと答えている。
・15・５％多く、価値観を共有できるなかまができたと答えている。
・14・３％多く、自分の住む地域以外の人達との交流が広がったと答えている。
・11・３％多く、ボランティア・ＮＰＯ・市民活動をしていると答えている。
・12・３％多く、町会（町内会・自治会を意味する）が必要であると答えている。
・11・８％多く、地域・社会に貢献ができたと答えている。
・14・８％多く、和田地区での生活に満足していると回答している。
近所とのつき合いの程度に関する質問においても、公民館利用者は、利用したことがない人に比べて、つき合いが深く、多くの人とつき合っていることが明らかとなった。

このように松本市の調査を通じて、コミュニティにおいて中核的な社会教育施設である公民館を利用している住民の方が、地域社会の中で、より多くのつながりがあり、より多く地域活動に参加していることが明らかとなった。公民館は個人の生涯学習の場であるとともに、人と人とが出会い交流する場であり、まさに公民館の中にソーシャル・キャピタルが形成されていく可能性がある。松本市では、公民館が単に学習の場であるだけでなく、

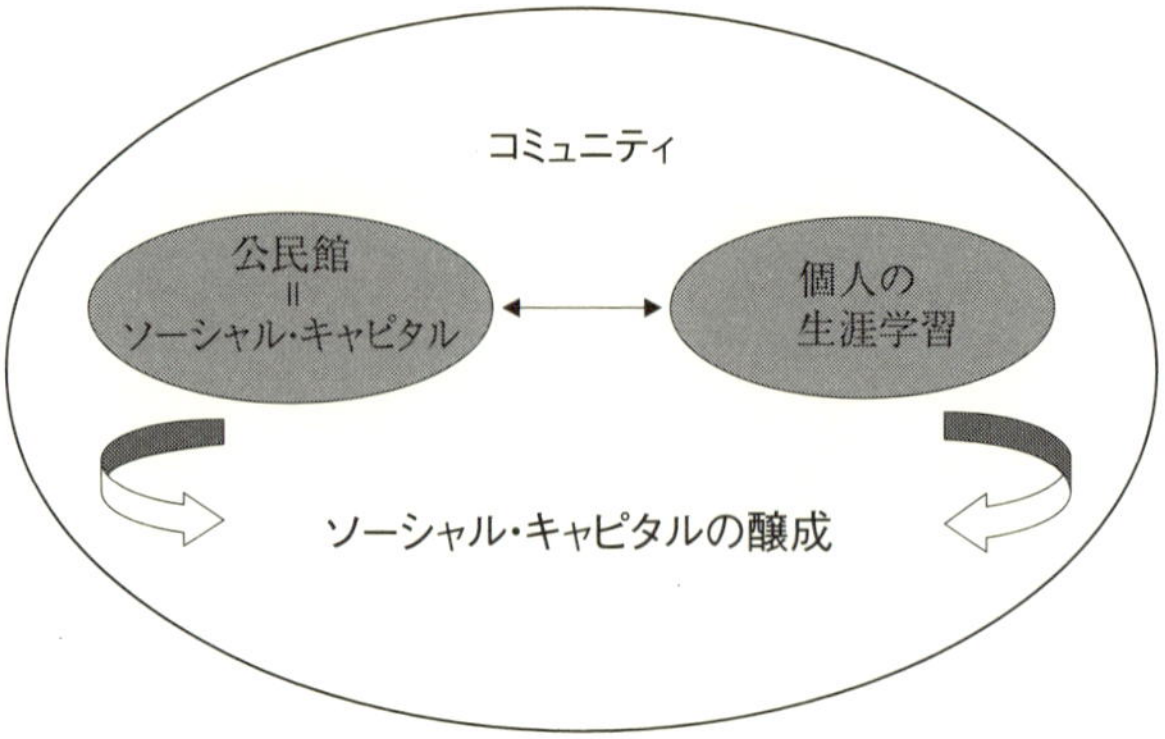

図１　コミュニティ、公民館とソーシャル・キャピタル

地域づくりを行う場でもあり、地域づくりの拠点としての機能を果たしてきた。したがって、松本市では、個人の生涯学習とソーシャル・キャピタルとの関連性が問題になるとともに、集団としての社会教育（公民館）とソーシャル・キャピタルとの関連も問題となるのである。

パットナムは、コミュニティの崩壊とソーシャル・キャピタルとの関連を問題視したが、松本市のモデルでは、学習の場である公民館の中にソーシャル・キャピタルが形成され、それがコミュニティにおけるソーシャル・キャピタルの醸成にもつながっている。従来、生涯学習とソーシャル・キャピタルとの関連は、成人個人の学習とソーシャル・キャピタルとの相互作用関係に焦点づけられて研究されてきたが、個人の生涯学習だけでなく、公民館という社会教育施設の中にソーシャル・キャピタルが形成され、それがコミュニティにおけるソーシャル・キャピタルの醸成と深くかかわっているという視点を持つことが、とりわけ日本のように地域に深く根ざした社会教育学研究においては重要である。

都市型公民館ではなく地方の自治公民館では、特にそのような視点は必要である。たとえば沖縄の字公民館（自治公民館）の場合、教育・学習という観点からすると、教育施設とは言えないあいまいな地域施設である。しかし、集落の生活と文化・芸能、さらに近年では福祉が融合した公民館活動が行われている。時として、集落の農業振興の拠点となっていることもある。このような公民館では、都市型公民館のように講座やサークル活動を中心とした住民の教育・学習活動が意図的に行われているわけではなく、たとえば青年が字公民館で、年長者から指導を受けながら集落に受け継がれてきた芸能を学びつつ、芸能活動がそのままソーシャル・キャピタルを形成している。つまり、字公民館での活動がソーシャル・キャピタルそのものであり、それがコミュニティにおけるソーシャル・キャピタルの醸成に広がっていくのである。

欧米の生涯学習は、必ずしも日本のように地域社会を母体として行われている訳ではないので、J・フィールドの研究に見られるように、成人個人の学習とソーシャル・キャピタルとの関連が主として課題となっている。「ソーシャル・キャピタルは学習にとって重要であり、学習もまたソーシャル・キャピタルにとって重要である[10]」という論じ方はそのことを示していると言える。しかし、日本の社会教育は、地域社会を土台にして実践されてきた歴史的経過の中で、社会教育と地域社会はある意味で一体化しており、社会教育におけるソーシャル・キャピタルと地域社会におけるソーシャル・キャピタルとが重なり合っているのである。

社会教育学研究においては、成人教育学研究とは異なり、社会教育とコミュニティ的価値とを結びつけたソーシャル・キャピタル研究が求められるというのが、筆者の立場である。

4　社会教育の可能性とソーシャル・キャピタル

社会教育・生涯学習に関する行政は、昨今の財政危機と地方分権の中で、非常に厳しい局面に立たされている。公民館だけを見ても、ピーク時と比較して３６００館以上減少しており、職員も予算も大幅に減少している。現在、自治体で事業仕分けが行われているが、社会教育施設・事業は大体否定的な評価となっており、行政としてもそうした動向に対応せざるを得ないのが現状である。このような厳しい社会教育行政の状況の中で、社会教育の未来はどのように描くことができるのであろうか。

一つは、社会教育の行政水準を可能な限り維持しつつ、従来の教育の世界に閉じ籠った社会教育ではなく、防災や福祉など、現在、直面している地域課題に教育・学習の視点から積極的にかかわっていき、社会教育の社会的存在意義を再定位していくことが肝要である。

長野県松本市では、公民館が積極的に地域づくりに関与してきた歴史があるが、そうした公民館の従来の制度を維持し大事にしながら、新たに支所・出張所、公民館、福祉ひろばを地区の支援センターとして位置づけて、町会・町内公民館を核に、地区に「緩やかな協議体」という住民組織を創設して地域づくりに取り組んでいる。公民館は教育・学習の場であると同時に、地域づくりの拠点でもあり、公民館と地域にソーシャル・キャピタルを絶えず創り出している。コミュニティ的価値を創出する場として公民館が認知されているのである。

もう一つは、たとえ社会教育行政が弱体化したとしても、市民と行政の工夫と智恵により、新たな市民的社会教育が生まれる可能性があるということである。北九州市では、公民館制度が廃止され、小学校区に市民センターが設置された。合わせて校区にまちづくり協議会が新設され、市民センターの管理・運営をまちづくり協議会に委託している。館長は市民から選任された市の嘱託職員であるが、その他の4、5人の職員はまちづくり協議会が校区の住民から雇用している。北九州市では、松本市と異なり、社会教育行政は解体の危機の中にある。

しかし、少なくない館長が社会教育の研修に参加し、社会教育主事講習に参加するなどして、社会教育の視点から、市民センターとまちづくり協議会を拠点にした地域づくりに取り組んでいる。市民センターが総務市民局の管轄にある中で、社会教育の視点を持つのは容易なことではないが、それでも市民センターを学びの場にしつつ、地域課題に積極的にかかわる姿勢を持っている館長が少なくない。館長に対する研修体制の整備（生涯学習総合センターの北九州市民カレッジなど）や館長（市民）からの社会教育主事への登用などによるインセンティブの向上などがその背景にあると思われる。

松本市と北九州市は、生涯学習と福祉を結びつけた地域づくりを実践してきたという点で共通しているが、社会教育行政の体制は大きく異なってしまった。松本市が歴史的に整備してきた社会教育行政の体制をしっかりと堅持しつつ地域づくりに取り組んでいるのに対して、北九州市では社会教育行政が空洞化していく中で、社会教育の視点を何とか保持しつつ地域づくりに取り組んでいる。

しかし、両者ともに言えることは、公民館や少なくない市民センターが、市民の学びの支援とコミュニティ的価値の創出を結びつけて活動し、そのことを通じてコミュニティにソーシャル・キャピタルが醸成されていると思われることである。社会教育が狭い教育の世界に籠ることなく、社会教育そのものの中にソーシャル・キャピタルが形成されるような活動に取り組むことにより、それがコミュニティにおけるソーシャル・キャピタルの醸成につながっていくのである。

【注】

1　坂本治也『ソーシャル・キャピタルと活動する市民』有斐閣　二〇一〇年
2　松田武雄「社会教育におけるコミュニティ的価値の再検討」『教育学研究』第73巻第4号　二〇〇六年
3　宮崎隆志「ソーシャル・キャピタルとケイパビリティ――移行過程との関連で」『社会教育研究』第27号　二〇〇九年
4　佐藤智子「社会関係資本と生涯学習」立田慶裕他『生涯学習の理論』福村出版　二〇一一年
5　佐藤智子「社会関係資本に対する成人学習機会の効果」『日本社会教育学会紀要』№47　二〇一一年

6　松田武雄「社会教育・生涯学習の再編とソーシャル・キャピタル」松田武雄編著『社会教育・生涯学習の再編とソーシャル・キャピタル』大学教育出版　二〇一二年

7　宮崎隆志「ソーシャル・キャピタル論の批判的再構成の課題」同右書

8　John Field, "*Social Capital and Lifelong Learning*", Bristol, The Policy Press, 2005. 本書は、『ソーシャル・キャピタルと生涯学習』という書名で翻訳・出版された（矢野裕俊監訳、東信堂　二〇一一年）

9　松本市『松本市町会等実態調査報告書　和田地区』松本市役所　二〇一二年

10　J・フィールド『ソーシャル・キャピタルと生涯学習』（前掲書）136頁

第6章

自治体改革のもとでの社会教育ガバナンス

はじめに

本章の課題は、市町村合併と地方分権のもとでの自治体改革に伴って、社会教育・生涯学習の分野がどのように再編成されつつあるのか、その実態と問題点を解明するとともに、再編成のもとでの社会教育ガバナンス（多様なアクターによる社会教育の民主主義的な共同統治）の新たな可能性と社会教育実践の創造に向けての課題を探究することである。社会教育・生涯学習の再編成はまさに現在進行中であり、その全体像を把握することは極めて困難な作業である。本章は、自治体改革のもとでの社会教育・生涯学習の課題と展望について検討することを目的としているが、今日の社会教育・生涯学習の再編成の多様な側面と事象に目配りをして総括し、さらに今後の展望を描くことは不可能に近い。そこで、次のように視点を限定して考察することとする。

最初に、今後の社会教育ガバナンスを見通す上で、近年、日本でも注目されるようになった「補完性原理」が有効な参照原理となると仮説し、公共哲学としての「補完性原理」の意味を考察した上で、社会教育ガバナンスとの接続性を考える。さらに、「補完性原理」に基づく社会教育ガバナンスは、近年、政策として推し進められている自治体内分権（都市内分権）の中に位置づけられており、その動向について具体的に分析するとともに、自治体内分権と社会教育ガバナンスの接合性について考察する。その上で最後に、自治体改革に翻弄されない社会教育・生涯学習の成熟を展望する課題について、デンマークにおける近年の自治体改革の中での成人教育の動向を参照しつつ、熟議を通じた民主主義的な社会教育ガバナンスの実現という観点から考えてみたい。

1　社会教育ガバナンスと「補完性原理」

日本の社会教育は、住民、市民にとって身近な地域社会を基盤にして活動を創出してきたという歴史的特質を持つ。特に公民館は、町内会、小学校区、中学校区という、住民により身近な地域に設置され、そこを拠点にして住民どうしが生活感覚を共有しながら交流し、学び合い、矛盾・衝突を含みつつ互酬性や信頼性、連帯性を培うような地域社会形成が営まれてきた。このような狭域社会を基盤にした住民の社会教育活動に対して、自治体が学習・教育の条件整備などによって支援してきたのである。そこには、住民の主体的な社会教育活動と、自治体による公的な支援とが結びついた社会教育の創造過程が見られた。

歴史的に日本の社会教育は、公的な条件整備が先行してきたが、近年の自治体改革に伴って、教育委員会制度のもとでの社会教育行政が大幅に縮小し、もはや公的な条件整備を主軸にした社会教育のパラダイムは成り立たなくなった。そこで、社会教育機能が行政から民間へシフトしながら、協働型社会教育のガバナンスのあり方が模索されている。このような協働型の構想は、社会教育行政のリストラと相まって具体化されており、住民の主体的な社会教育活動を阻害するという批判も多い。

かつて、社会教育の公共性は主として社会教育行政によって担われていたが、今日、こうした状況の中で、社会教育の公共性をどのように再定義するのかが問われている。つまり狭域社会を拠り所とする社会教育ガバナンスを、公共性を担保しつつ、多様なアクターが参画して成り立たせる仕組みづくりを考える必要があるのである。近年、地方分権の推進過程の中で「補完性原理」が注目されているが、このような社会教育ガバナンスの新たな構想においても、この原理は参照原理として有効であると思われる。しかし、この概念に対する評価は様々であり、概念のあいまいさや多義性が指摘されている。そのような多義的な議論を踏まえて、宮崎文彦は「補完性原理」の源流を検討することによって、公共哲学として「補完性原理」を定式化しようとしている。

宮崎は、源流の一つとしてアリストテレスにさかのぼり、個人と共同体の関係性を反映した意味として「補完性原理」をとらえ、次のように「補完性原理」の二面性について記している。「個々人の人格が重視されつつ、その人格は共同体に生きる存在であるということは、両者の相補関係を意味し、補完性原理というものの、一方で個々人では達成できないものを実現するために積極的に社会や共同体（さらに大きくなれば国家、国際社会等々）が手助けをするという形で『介入』をするが、その介入は決して『不可侵な人格』を脅かすものであってはならないという、介入限定の側面をもつことになるのである[1]」。

それでは、社会や共同体がどこまで介入をするのかという具体的な問題が生じ、その際にアルトゥジウス（Johannes Althusius）を援用して、「どのような分担が適切であるかの討議・検討を促すものが補完性原理である[2]」という。この点に関して遠藤乾によれば、「介入の是非程度はいかに」という「問いを突きつけられた諸集団・組織が、対話を通じて見つけるものであり、補完性は、介入を問題化し続ける分、その対話を永続化させる志向性をもっている」と言う。そして「補完性原理」の「核心は、どの単位もが絶対化せず、それぞれの存在事由を全うしながら、役割分担をするという問題構成にある[3]」と論じている。このような「補完性原理」の核心とそれを支える「持続的討議」への志向は、これからの社会教育ガバナンスを構想していく上で有効な参照原理となる。

ところで、「補完性原理」の条文化として廣田全男が最初に紹介したヨーロッパ地方自治憲章（一九八五年制定）4条3項では、「公的な責務は、一般に、市民に最も身近な当局が優先的に遂行するものとする[4]」と規定しており、「近接性の原理」として理解されている。廣田は、この「近接性の原理」が「補完性原理」の第一の意味であると指摘している。さらに同条では、この規定に続けて「近接性の原理の限界」（廣田）として「他の当局への責務の配分」が記されている。[5]

「近接性の原理」は社会教育ガバナンスの構想においても核となる参照原理であり、それを実現するのが公民館等の社会教育空間における「持続的討議」である。「補完性原理」はこの上に成り立つものであり、「近接性の原理の限界」に対して広域の当局がどのように協働的に支援することができるのか、その「責務の配分」を「持続的討議」によって常に再考することを、「補完性原理」は示唆しているのである。

公共哲学としての「補完性原理」は、「多様な主体間の調整や調停により、多元的な相互依存・相互補完・相互抑制の世界を補完性が創出するという意味で、画一性ではなく多元的な公共性の実現を目指すものとして『公私』『官民』二元論からの脱却としてとらえることができる」[6]とされる参照原理である。しかし、現実の地域社会において、多様な主体間における権力関係や利害関係がどのように調整されるのかを考えると、簡単な話ではない。そこに、絡み合った諸要因をていねいに解きほぐしながら、「持続的討議」によって諸関係を調整・調停していくという課題が生ずる。近接的な学びの場であり、熟議を通じて地域に民主主義を実現する場である社会教育が、個人の自己実現とともに、このような公共空間の創出に重要な寄与をする可能性はある。現代の自治体改革のもとで、「多元的な公共性」の実現に接続するような社会教育ガバナンスについて、それぞれの地域・自治体において積極的かつ持続的に討議し構想していく課題がある。

2 自治体内分権と社会教育の再編

このような「補完性原理」は、近年のコミュニティ政策、とりわけ市町村合併の中で政策的に注目されている「都市内分権」とも親和性がある。たとえば豊田市では、二〇〇五年四月に6町村を編入合併したが、その際、豊田加茂合併協議会のもとに「都市内分権検討小委員会」が設置され、合併に向けて「都市内分権」の検討がなされた。『新市建設計画』では「まちづくりの基本理念」の中に「都市内分権」が位置づけられ、これは、「住民自治の拡充を図り、地域で可能なことは地域に任せ、その地域で不可能または非効率なものは新市が施行するという補完性の原則を基本に」したまちづくりのシステムであることを記している。具体的には地域自治区を設置し、そこに地域会議と支所を置くことによって「都市内分権」を推進するとされている。[7] このように豊田市では、「補完性原理」という言葉を用いつつ「都市内分権」を合併の基本理念の一つとしているのであり、両者の親和性が政策的に示されている。

自治体内分権は、ドイツにおいて長い歴史を持っており、自治体の合併への対応として制度設計されたものである。合併によって誕生した大規模自治体の区域を区分し、各区に支所を置き、選挙によって選任された住民代表組織を置くという制度である。[8] しかし、ドイツでは、住民代表組織が拘束力を持った決定を行うことができるという点で、近年の日本の「都市内分権」制度とは異なる。日本では、地域自治組織は決定権を持たず、行政と協働して公共サービスを担う組織として期待されている。

このような日本型自治体内分権における地域自治組織は、自治会・町内会のような地縁組織を基盤に組織化されている場合が多いが、この地縁組織は歴史的に社会教育と一体化していた側面があった。そのような歴史的事情から、現在の自治体内分権の中に社会教育が組み込まれ、社会教育がコミュニティ政策として再編成される事態が見られる。

飯田市では、合併を契機に「都市内分権の受け皿」として地域自治組織を導入したが（二〇〇七年四月）、これに伴い、地域の各種団体を再編して設置されたまちづくり委員会の中に地区公民館が位置づけられることになった。当初、庁内庶務課案では、地区公民館を教育機関から地域づくりを支援する機関へと移行することが提案されたが、公民館長会や公民館主事会から「社会教育機関としての公民館」の主張がなされ、公民館は地域団体なのか社会教育機関なのか、という議論が興った。公民館がまちづくり委員会の中に位置づけられた場合、教育の独自性が担保できないのではないか、という点が重要な論点となったが、最終的に、条例上の公民館を維持した上でまちづくり委員会に位置づけられた[9]。制度上、社会教育機関としての公民館は維持されたが、まちづくり委員会の一委員会として位置づけられたことにより地域団体として認知されることにもなり、公民館は教育機関と地域団体の間に挟まれたディレンマを抱えることになった。

飯田市とは異なる仕方で公民館が自治体内分権に位置づけられたのは福岡市である。福岡市では、行政区の中央公民館である市民センターと小学校区に設置されている公民館が、教育委員会から区役所に移管され、公民館は教育機能とともにコミュニティ支援の機能を担うことになった。市、区、校区という三層構造の自治体内分権の土台に公民館が位置づけられたが、公民館は各校区に組織された自治協議会から独立し、社会教育・コミュニティ支援施設として再編成された。公民館は、教育委員会から首長部局に移管されたことにより、社会教育施設とコミュニティ施設の間のディレンマを抱えることになった[10]。

このように日本の自治体内分権の施策においては、社会教育（公民館）は、地域自治組織あるいはコミュニティ施設に関連づけられ、もしくは包摂される場合が多く見られ、いずれにしても社会教育としての意味づけが問題となるのである。

こうした支配的な動向に対して、松本市では、独自の自治体内分権の議論がなされている。第4章で論じたように、社会教育施設としての公民館が、これまで培ってきた固有の意義を自治体内分権において発揮するという構図が示されている。それぞれの地区ごとに公民館を拠点にして「分権型の自治」を育んできた松本市の歴史的文脈からすれば、そのような構図が提案されるのは自然な姿であると思われる。

「補完性原理」に基づく自治体内分権は、学習活動を通して住民自治を育んできた社会教育を不可欠の構成要因とする。その際に、社会教育をどのようなものとして位置づけるのかが問題となり、社会教育の歴史的概念が問われることになる。松本市の場合、社会教育の歴史的概念とその実践が自治体内分権に整合的に接合していく可能性が示唆されている。地区の拠点施設として機能し活動蓄積のある公民館・地区福祉ひろば・支所が、「緩やかな協議体」を支えることを通じて、その地区のガバナンスが実現していくのであり、社会教育ガバナンスはそれと密接につながっているのである。

3 熟議民主主義[11]と社会教育ガバナンス

(1) デンマークにおける自治体改革と成人教育

日本の社会教育は、市町村合併とそれに伴う自治体改革に深く関連づけられてきた歴史を持っている。近年の市町村合併においても、社会教育・生涯学習の分野が再編成され、さらには縮小されるという事態が生じている。

西欧諸国においても一九六〇～七〇年代に、フランスなどを除き、地方自治体の合併が進んで自治体の数が大幅に減少した。直近では、二〇〇七年にデンマークで大規模な地方自治制度の改革が行われた。この改革によって、13のアムトコムーネ（amtskommune 県）は五つのレギオン（region 州）に再編統合され、２７０の基礎コムーネ（primærkommune 市）は98に減少した。一つのコムーネの人口規模は2万人以上とされ、改革後に2万人に達していないのは7コムーネだけとなった。これに伴い、一つのコムーネの面積は拡大した。[12]

この地方自治制度の改革は、政府によると、デンマーク福祉社会の発展の堅固な基礎となる民主的な公共セクターを維持し、発展させることを目的としている。より規模の大きな自治体は、福祉の課題をローカルに解決するための基礎を築くことができるし、政治的な決定がローカルになされるように、民主主義が強化されるであろうと記している。したがって、コムーネは、市民がアクセスする公共セクターとしての責任をより増大させることになったと政府の文書は述べている。[13]

しかし、生涯学習の分野では、自治体が広域化することによって、日本の市町村合併に見られるような、学習へのアクセスの困難さが増すという事態は生じていないのであろうか。あるいは、成人教育の分野が縮小するという問題は現れていないのであろうか。

ノンフォーマル成人教育の中心となっているイブニング・スクール（Aftenskole）[14]の場合、自治体合併に伴って再編成され、スクールが自宅から遠方になってしまったケースも生じた。これまで身近なイブニング・スクールで、市民が様々な課題について議論をしていたが、そうした身近な場での議論ができにくくなり、ローカル・デモクラシーにとってマイナス要因となった、という指摘がある。一方で、スクールを統合して規模が大きくなったことによって、それまでパートタイムの職員で運営していたのが常勤の専門職員を置くことができるようになり、講座の内容が充実してきたという評価もなされている。

また、以前は講師料を国とコムーネがそれぞれ3分の1ずつ支出していたが、二〇〇三年に国の補助金が廃止され、学習者が3分の2を負担することになった。そのため、一時的に講座参加者が減少したが、その後、再び増加して元の水準に戻っているという。

というのは、イブニング・スクールが市民の暮らしの中に根づき、市民生活に大きな影響を与えているため、受講料が増えても市民の参加意欲が減少しないからであると、デンマーク民衆教育連盟（Dansk Oplysnings Forbund：DOF）のスタッフは分析している。市民にとってイブニング・スクールは学習の場であるとともに、人との出会いの場にもなっているのである。[15]

日本以上にラディカルに自治体合併が行われたデンマークでは、成人教育への否定的な影響も指摘されているが、それに動じない成人教育の成熟が見られる。自治体改革に際して、市民がイブニング・スクールで活発な議論を行ったと聞いたが、成人教育の場がローカル・デモクラシーの実践の場でもあり、成人教育を通してデモクラシーが深化していくことが公民協働の中で期待されているのである。

成人教育への公的な支援が削減されても市民の学習参加が減じないのは、社会のセーフティネットが構築されていることと関連していると思われる。市民は安心して成人教育の場に参加し、自己実現のための学習・文化活動に参加することができる。年金生活者、失業者、生活保護受給者、奨学金を受け取っている学生、移民労働者、とりわけ障がい者など、成人教育へのアクセスが困難な者にはコムーネから補助金が支払われる。成人教育は「社会における完全な（市民）参加のための条件」（ハンブルク宣言）となるが、一方、福祉社会が成人教育への完全な市民参加の条件となる。

かつて宮原誠一は、社会教育の「発達の基底に、民主主義の発展という大きな歴史的潮流がながれている」と論じ、寺中作雄は、公民館は地域社会において民主主義を実践する場であると語った。デンマークでは、自由党・保守党連立政権の発足に伴い国からの補助金が大幅に減額されている中、イブニング・スクールに対して、学ぶことことデモクラシーが結びつき、学習の場で議論することが民主主義の実践となるような活動への期待もある。そして、その民主主義を支えているのが福祉社会である。

(2) 熟議による社会教育ガバナンス

日本においても、昨今の自治体改革の奔流に飲み込まれず、それに動じない社会教育の成熟を展望していくために、社会教育における「多元的な公共性」を担う多様なアクターが、熟議を通じて民主主義的な社会教育ガバナンスを実現していくような仕組みづくりを、それぞれの地域・自治体で工夫し創造することが課題である。

和歌山県田辺市では、１市２町２村が合併して新市が誕生したが、合併に伴う新しいまちづくりを担う市民が育つための生涯学習の計画づくりに着手し、１年半にわたって討議を重ねて、二〇〇八年三月に「田辺市生涯学習推進計画」を策定した。策定までのプロセスにおいては、各地域の公民館で実行委員会（公民館職員や住民等で構成）をつくり議論しながら地域シンポジウムを開催して、住民自身が当該地域の現状と課題、公民館活動のあり方について討議した。この全過程に和歌山大学が積極的に関与し、社会教育主事をはじめとする教育委員会事務局や公民館長・主事などの職員が重要な役割を果たした。[16]

これは、合併という新たな事態に対して住民と行政が協働して取り組んだ、社会教育の場での熟議を通じた民主主義の実践であるといえる。公民館は学びの場であるとともに地域づくりの場であり、そのことを通して地域に民主主義を実現する場である。このプロセスに地域の多様なアクターによる熟議が持続され、一定の合意形成がなされていく。

福岡市では、公民館が区役所に移管されたことによるディレンマを抱えることになったが、従来の学習支援機能に新たなコミュニティ支援機能をどのように接続させていくのか、公民館、地域、行政部局、職員組合等で様々に議論されてきた。教育委員会から離されたことで公民館の教育機能は弱体化したが、社会教育施設としての公共性を再定義するための「持続的討議」は、意見や立場の違いを抱えつつも継続されてきた。最も切実な現場である公民館と地域においてそのような討議がなされてきたことはもちろんであるが、公民館が移管された首長部局においても、地域における公民館の位置づけについて、教育機能とコミュニティ機能の間の緊張関係をはらみつつ、継続的に討議が続けられてきたという事実にも着目しておきたい。

一方、公民館に指定管理者制度を導入した大分県日田市では、指定管理者に雇用された公民館主事が連帯して労働組合を結成し、労働条件と制度の改善のために組合で「持続的討議」を行うとともに、指定管理者や教育委員会等と協議を重ね、小さな改善への歩を進めている。[17]

公民館が廃止され、市民センターに衣替えした北九州市においても、社会教育の再定義のための「持続的討議」がなされてきた。公民館廃止の代償として設置された生涯学習総合センターでは、開設当初から社会教育主事講習の「生涯学習概論」に相当するような10回講座を毎年開講してきた。その講座には社会教育主事・主事補（非常勤職員）や市民センター館長・職員、住民等が参加して社会教育・生涯学習の理論と実践を学びつつ、一方、自主的に組織された社会教育・生涯学習研究会に集って学びながら、新設の市民センターにおいて学んだ内容がどのように具現化できるのか、模索されてきた。市民センターでは、まちづくりの機能を中心に生涯学習と福祉の機能を融合した総合的な地域センターとしての役割が期待されており、社会教育の歴史的な蓄積を踏まえて、その機能に接合するような社会教育の再解釈と実践化が行われてきた。

このように、熟議を通じて民主主義的な社会教育ガバナンスを実現する内容と方法は地域によって多様である。

北九州市のように、学習を基軸にしてまちづくりと福祉の機能を統合した社会教育の再定義によって、公民館廃止―市民センター新設という新たな事態に対応したガバナンスを実現しようという努力も見られる。したがって、ガバナンスを担うアクターは、教育委員会の存在感がなくなっているものの、センター職員、まちづくり協議会、地域団体、校区住民、社会福祉協議会、保健士、区役所等の関係部局、ＮＰＯなど多様である。

それぞれの地域において、熟議による集団的な問題解決に期待することは楽観的過ぎるにしても、自治体改革に翻弄されない社会教育の成熟の可能性があるとすれば、「どれほど迂遠に見えようとも、熟慮し議論しながら、各自が自らの考えを少しずつ変えること（選好の変容）によってしか達成できないのではないだろうか[18]」という考え方に共感する。社会教育ガバナンスにおける「多元的な公共性」について、それぞれの地域・自治体の状況に即し、熟議を通じて定義する集団的な努力が求められているのである。

おわりに

日本の社会教育は、成人の教育・学習と自己実現を主題とするのみならず、学習を通したコミュニティ形成も主題としてきたという歴史的事情により、近年の自治体内分権の施策に容易に取り込まれることになった。しかし、そこでの社会教育の位置づけは、それぞれの自治体によって異なり、位置づけ方次第で社会教育の固有な意義が自治体内分権に有効に接合する可能性はある。その際、「補完性原理」の公共哲学的な意義を参照しつつ、関係するアクターによる「持続的な討議」を通じて、その可能性を探求することができる。

しかし他方で、自治体内分権に包摂されない成人教育としての社会教育の成熟の可能性も展望することができる。それは、デンマークのイブニング・スクールのように、成人の学習とデモクラシーが結びつき、社会教育の場での熟議が民主主義の実践となるような筋道をつくることによって開かれるであろう。容易な道ではないが、社会教育における「多元的な公共性」を実現する民主主義的な社会教育ガバナンスは、そのような熟議と地道な社会教育実践の積み重ねを通じて構築されていくものであろうと思う。自治体改革による社会教育行政の再編成によって社会教育・生涯学習の実践が縮小していくのではなく、それに翻弄されず立ち向かって実践を豊かにするような、民主主義の成熟化を遂げる社会教育ガバナンスの実現の可能性を、各々の地域で探究していくことが課題となっている。

【注】

1 宮崎文彦「公共哲学としての『補完性原理』」『公共研究』第4巻第1号 千葉大学 二〇〇七年 63頁
2 同右書 65頁
3 遠藤乾「日本における補完性原理の可能性――重層的なガバナンスの概念化をめぐって」山口二郎他編『グローカル化時代の地方ガバナンス』岩波書店 二〇〇三年 262頁
4 杉原泰雄他編『資料 現代地方自治』勁草書房 二〇〇三年 68頁
5 廣田全男「補完性原理と『地方自治の本旨』」『地方自治制度改革論』自治体研究社 二〇〇四年 108頁
6 宮崎文彦「公共哲学としての『補完性原理』」前掲論文 78頁
7 豊田市における生涯学習と都市内分権については、牧野篤ほか「生涯学習と都市内分権――交流型コミュニティの構想」『名古屋大学大学院教育発達科学研究科紀要（教育科学）』第53巻第1号 二〇〇六年参照

8　名和田是彦「近隣政府・自治体内分権と住民自治」羽貝正美編著『自治と参加・協働――ローカル・ガバナンスの再構築』学芸出版社　二〇〇七年　54頁

9　長野県飯田市公民館「地域自治組織と公民館の課題」『月刊社会教育』二〇〇八年二月　国土社、木下陸奥「自治体合併下における社会教育実践の創造」日本社会教育学会第55回研究大会・プロジェクト研究の報告資料　二〇〇八年九月

10　松田武雄「『都市内分権』と社会教育の再編――教育機能とコミュニティ機能の関連」『生涯学習・キャリア教育研究』第5号　名古屋大学生涯学習・キャリア教育センター　二〇〇九年

11　田村哲樹は「熟議民主主義」を、「人々の間の理性的な熟議と討議、すなわち熟議を通じて合意を形成することによって、集合的な問題解決を行おうとする民主主義の考え方」と定義している（田村『熟議の理由』勁草書房　二〇〇八年　2頁）

12　交告尚史「デンマーク」竹下譲監修『世界の地方自治制度』二〇〇八年　イマジン出版

13　デンマーク社会福祉省ホームページ（二〇〇九年四月二九日）http://www.im.dk/

14　デンマーク全国で約１８００校、民間の公民館のような成人教育施設

15　Finn Neval, Thit Aaris-Høeg（Dansk Oplysnings Forbund　デンマーク民衆教育連盟のリーダー）, Poul Erik Kandrup（Hølsingør Aftenskole　ヘルシンガーイブニング・スクール校長）のヒアリングより

16　『田辺市生涯学習推進計画』田辺市・田辺市教育委員会　二〇〇八年

17　松田武雄「公民館への指定管理者制度の導入に伴う現状と課題――大分県日田市を事例として」『社会教育・生涯学習の再編とソーシャル・キャピタル』第1集　二〇〇九年

18　前掲11　はじめに

第Ⅲ部　コミュニティ・ガバナンスと社会教育・生涯学習の再編
——ケース・スタディ——

第7章

松本市の新たな地域づくりと独自の自治体内分権

はじめに

長野県松本市は、歴史的に先進的な社会教育実践に取り組んできた地域として、社会教育関係者の間で広く知られている。公民館活動だけではなく、図書館や博物館、音楽など文化・芸術活動で注目される実践を展開してきた。特に公民館は、小学校区程度のエリアに1館ずつ配置して職員体制を整備するとともに、町会単位に設置された町内公民館を拠点にした活動がなされ、教育・学習活動と地域づくりがリンクした実践を展開してきた点に特徴がある。さらに、各地区に福祉ひろばが新設され、社会教育と地域福祉が連携した活動に取り組んできた。このような歴史的な実践の蓄積を土台にして、松本市では今、住民が主体となった、新たな地域づくりのシステムと実践の開拓に着手している。本章では、現在、取り組まれている松本市の地域づくりの活動について、町会、町内公民館、新しい住民自治組織の活動と、活動を担っている住民の思いに焦点を当てて考察することを目的としている。

そこで本章は、二〇一二年九月に実施した名古屋大学教育学部の社会教育調査実習、二〇一一年一一～一二月および二〇一二年一〇～一一月に、松本市から名古屋大学社会・生涯教育学研究室が委託を受けて実施した和田地区、安原地区の住民意識調査（それぞれ調査対象者1000名、回答者は和田地区568名／回収率56・9％、安原地区485名／回収率48・5％）、さらに二〇一一年一二月および二〇一二年一月、一二月に実施した公民館や福祉ひろばの職員、町会・町内公民館等の役員へのインタビューを分析することによって、そのことを考察したい。なお、本章は、『松本市町会等実態調査報告書（和田地区）』（二〇一二年三月）、『松本市町会等実態調査報告書（安原地区）』（二〇一三年三月、松本市）に掲載した文章を、大幅に加筆修正したものである。

1　松本市の地域づくりの歴史的特質と現段階

(1) 地域づくりとは

「まちづくり」あるいは「地域づくり」という言葉はいつ頃から使われ始めたのだろうか。田村明によると、一九六九年に出された『まちづくり構想――20年後の京都』が早い段階で「まちづくり」という用語を使用した例であるらしい。その後、一九七〇年代に自治省のコミュニティ政策の推進とも相まって、しだいに「まちづくり」という用語が一般的に使用されるようになり、社会教育の世界では、一九八〇年に刊行された津高正文・森口兼二編著『地域づくりと社会教育』（総合労働研究所）が、「地域づくり」と冠した最初の著書として出版された。本書は、京都のろばた懇談会を通した地域づくりについて考察されたものである。

「まちづくり」とは、「一定の地域に住む人々が、自分たちの生活を支え、便利に、より人間らしく生活してゆくための共同の場を如何につくるかということである」[1]と定義されている。一九六〇年代まで、中央集権的な、行政主導で担われていた自治体運営が、一九六九年の地方自治法改正によって、市町村が主体的に「基本構想」を策定し、そのために住民参加方式を導入したこと、一方、住民の側も、異議申し立て型の住民運動から政策過程への住民参加へと方向性が変化していったことが、住民主体の「まちづくり」が活性化していく契機となったとされている。[2]

しかし、社会教育の領域では、公民館が「町村自治振興の機関」として位置づけられ（寺中作雄『公民館の建設』一九四六年）、公民館を拠点にして、住民が主体となった地域づくりの活動が各地で実践されてきた歴史を有している。「地域づくり」という用語が普及する以前に、社会教育では実質的に地域づくりが行われてきたのであり、そうした社会教育における地域づくりが現在のまちづくりへとつながっている地域も少なくない。

「地域づくり」が一段とクローズアップされたのは、一九九〇年代以降であり、地方分権推進法が制定されてからのことである。一九九八年に地方分権推進計画が策定され、一九九九年には地方分権一括法が制定されて、475の関連法が改正され、二〇〇〇年四月から施行された。その後、二〇〇四年度から「三位一体改革」が行われ、地方分権の名のもとで国の財政の立て直しに着手された。その結果、特に人口規模の小さな自治体にしわ寄せが来ることになり、予算の見直しを余儀なくされた。このような状況のもとで、「平成の大合併」が進められ、行政サービスの水準の低下、公共事業の民営化・市場化など新たな問題が噴出してきた。

これらの問題を解決すべく、地域づくりと密接にかかわる地域自治組織が制度化され、二〇〇四年の地方自治法改正、市町村合併特例法の改正、合併新法の制定によって、法的にその制度化が認められることになった。さらに、法に基づかないものの、身近な地域から住民参加のもとで地域づくりを進めていこうと住民自治組織が新たに設置され始めた。このように自治体内で分権化し、住民主体の地域づくりに取り組んでいく動きを「都市内分権」と称して、全国的に広がりつつある。しかし、実情としては、行政主導のもとにトップダウンで住民自治組織が設置され、「分権」と言いつつも、全市的に画一的な地域づくりが押しつけられるという自治体も少なくない。その中にあって、文字通り「都市内分権」の実践として、身近な地域から住民自治組織をつくり住民主体で地域づくりを展開している自治体も存在している。

住民自治組織をつくって地域づくりを行っていく場合、小学校区あるいは中学校区単位に設置された公民館が地域づくりに関与してきたという歴史があり、公民館を「都市内分権」にどう位置づけるのかが一つの争点になってきた。松本市の近隣で、公民館が地域づくりに積極的にかかわって活動が活発に展開されてきた飯田市では、公民館をまちづくり委員会の一組織として位置づけ、住民自治組織の中に組み入れている。しかし、公民館関係者の反対が大きく、公民館条例のもとでの社会教育施設という法的な性格は担保された。一方で、公民館を廃止してコミュニティ・センターに衣替えし、地域づくりを担わせるという自治体も少なくない。特に公民館が文化・教養・趣味中心の講座・サークル型の活動を中心に行ってきたような自治体の場合、公民館と地域づくりは結びつきにくく、廃止されることがしばしば見られる。

松本市の場合、全国的に見ても、公民館と地域づくりとの関連性は歴史的に強かったと言ってよい。松本市では、公民館を教育機関として狭く限定せず、生涯学習とともに広く地域づくりも担っていく機関として理解されてきた。したがって、今後の松本市の地域づくりを構想する場合、公民館が地域の人材育成を行いながら、地域づくりの重要な拠点となっていく方向性を追求していくことが、最も効果的であり現実性が高いと考える。さらに松本市の場合、公民館と同じ地区単位に支所・出張所が設けられている地区も多く、全地区には福祉ひろばも設置され、町会単位に町内公民館が住民主体で活動しており、地域づくり、生涯学習、福祉が三位一体となって、広い意味での地域づくりを行っていく体制が整備されてきた。このような全国的に見てもユニークかつ恵まれた地域的条件は、今後の松本市の地域づくりを進めて行く上で大きな財産となるものである。

(2) 松本市の地域づくりの始まりと展開

地域づくりが語られるようになってきた一九七〇年代、松本市では、公民館を身近な地区に設置する原則を確立し、これが、公民館を拠点とした地域づくりの源流となった。一九八〇年代の後半以降、文部省が生涯学習推進の政策を推し進める中、松本市では、公民館を核とし、住民参加のもとで職員とともにじっくりと議論して、生涯学習推進計画が策定された。一九九四年に、『ずくだせ　ZUKUDASU　まつもと――学びの森づくり』が住民と職員の共同作業によりまとめられたが、並行して、教育委員会で修正した『松本市生涯学習基本構想――学びの森づくりをめざして』がまとめられた。こうして、「住民が主役、行政は支え」という理念に基づく、「松本らしさ」の生涯学習の計画づくりがなされたのである。

『松本市生涯学習基本構想』では、次の四つの原則が掲げられている。

①だれもが自由に学べること（学習する権利）
②だれもがそれぞれの学習について支援を受けられること（学習を支援される権利）
③だれもが学習についての情報をたやすくえられること（学習情報の提供を受ける権利）
④だれもが学習の成果を社会に還元できること（学習成果を社会に還元する権利）

ここには住民の学習にかかわる諸権利について明言されており、これが松本市における生涯学習の理念となって、公民館を核とする地域づくりを支えていくことになる。

一方、松本市においても高齢化の問題が大きな課題となる中で、29地区に地域福祉の拠点施設として地区福祉ひろばを設置することとし、一九九五年度から設置が始まった。松本市では既に地区公民館や町会で福祉のまちづくり活動が行われており、その延長上に地区福祉ひろばの活動が始まったと言ってよい。こうして身近な地域から、住民主体で地域福祉を創造し、生涯学習と結びついた地域活動が新たに開拓されることになった。

ちょうど同じ時期に北九州市では、小学校区に市民福祉センターを設置し、生涯学習、コミュニティ活動、福祉活動を融合した活動をつくり出そうと取り組み始めたところであった。全く同じ年、一九九五年に、松本市では地区福祉ひろばが、北九州市では市民福祉センターが設置され始め、ともに生涯学習と地域福祉を結びつけた地域活動を展開しようとしていたことは興味深い。時代が、身近な地域からの福祉を生涯学習と結びつけて地域づくりに取り組む必要性を求めていたことの反映であったろうと思われる。

しかし、同じ方向性ではあったが、取り組む体制は異なっていた。松本市は、公民館が地域づくりを担ってきた歴史の上に、公民館を中心に地区福祉ひろばと連携した活動に取り組んだのに対して、北九州市では、公民館を廃止して新たな市民センターという地域施設に模様替えをして、コミュニティ活動を中心に生涯学習と福祉を融合させた活動を展開しようとしたのである。公民館が地域の中で果たしてきた歴史的な役割の違いが、基本的に両者の違いを生み出したのであろうと思われる。先述したように松本市では、公民館が単に文化・教養機関ではなく、地域づくりを担う機関であるという認識が共有され、公民館を拠点にして、地区福祉ひろばと連携する地域福祉活動が構想されたものと思われる。公民館に専任職員を配置し、地域の人材育成（生涯学習）を重視した、住民自治に基づく福祉と地域づくりのシステムを構築してきたことが、「松本らしさ」と言われる所以である。北九州市の市民センターで今、地域の人材育成機能が弱まっていることへの危惧が生じていることと対称的な姿が見られる。

松本市では、町会と町内公民館が地域づくりにおいて重要な役割を果たしてきたことが大きな特徴である。そして、地区福祉ひろばが設置され、地域福祉の活動が発展する中で、地区よりもさらに身近な町会を基礎とした福祉のまちづくりを目指し、町会福祉と命名して、町会と町内公民館を基礎単位とする福祉と地域づくりの活動に新たに取り組み始めた。たとえば蟻ケ崎西町会では、町内公民館の婦人部活動から発展して住民主体の民主的な町会へと変わり、一九九七年には「福祉の町づくり宣言」を出して、社会教育の視点から福祉のまちづくりに取り組んできた。こうして松本市では、地域づくりの基礎単位として町会・町内公民館を位置づけ、地区公民館、地区福祉ひろば、支所・出張所が身近な地域からのまちづくりを支援するという体制ができあがりつつある。

(3) 地方分権下での地域づくりの新たな取り組み

現在、松本市が取り組んでいる地域づくりは、二〇〇六年の『松本市基本構想2010・松本市第八次基本計画』の中で、市の重点施策として位置づけられたことにより始まった。同年に市民から選出された「地域づくり推進懇談会」が設置され、翌年度には懇談会を発展させて「松本市地域づくり推進市民会議」が設置された。二〇〇七年一二月に「市民会議」から市長に対し、「松本市地域づくり推進のための指針」が提出され、この中で「地区をまとめる具体的な機関として『緩やかな協議体』を設けます」との提言がなされた。それは、これまで各地区で「分権型」の自治を育んできており、これが「松本らしさ」であって、各地区の特性に応じて多様な形態の「緩やかな協議体」を設け、住民主体の地域づくりを行っていくことを表すものであった。

松本市はこの「指針」を踏まえて、二〇〇八年五月に「松本市地域づくり推進基本方針」を策定した。この「基本方針」では、「松本市にふさわしい地域づくりの仕組みの構築」を目指し、3～4地区のモデル地区を設定して、3年間取り組むこととした。ここで「緩やかな協議体」とは、「既にある自治の仕組みを活かしながら、地区内の団体や個人を緩やかにまとめる協議体」と定義し、「地区の住民が自主的、主体的に参画して地域の課題解決に向けて取り組むための場、また、住民が何を行い、行政に何を求めるのかをまとめる場とします」「緩やかな協議体は、地区内のさまざまな団体が横の連携を図るために、地区の課題や特性に応じて、市民活動団体や企業等も含めた多様な構成ができるものとします」としている。ここで言われている「緩やかな」とは、多くの都市で見られる都市内分権制度においてはトップダウンで各地区の住民自治組織が画一的に設置されているのに対して、松本市では、各地区の特性に応じて、地区住民の智恵と創意によって、地区独自の住民自治組織をつくり、地域課題の解決に向けた活動に取り組んでいこうという意味である。

モデル地区として取り組んだのは、城北、松原、安原の３地区である。城北地区では、「城北地区住みよい町づくりを進める会」を設立して、防災を中心とした福祉のまちづくり、「ふれ愛」を基盤として、行事や伝統文化に視点をおいた町づくりをテーマに活動を展開した。松原地区では、町会連合会を中心とした地域づくりを進めるために、市からの補助金等を町会連合会に一括交付し、地区の権限により予算配分する体制をつくり、「コミュニケーション」「子育て支援」「健康づくり・介護予防」「福祉住環境の整備」を柱として取り組んだ。安原地区では、町会連合会が中心となって「安原地区まちづくり協議会」を設置し、安全・安心の町づくりを目指して、五つの部会（健康づくり、安全、福祉、生活環境、文化）が連携して活動に取り組んだ。それぞれ成果と課題を整理して活動を検証し、二〇一〇年度にモデル地区の活動は終了した。

このようなモデル地区での活動がステップとなって、「松本市地域づくり推進基本方針」に基づいて策定された「松本市地域づくり推進行動計画」（二〇一〇年度）では、「松本らしい地域づくり」を基本理念とし、34の地区を地域づくりを進めるための基本的な単位として、各地区に「緩やかな協議体」を組織し、地区と行政との協働関係を構築しつつ地域づくりを進めていくとしている。さらに二〇一一年度に策定された「松本市地域づくり行動計画」では、町会と市との協働を重視するとともに、支所・出張所を母体として、地域振興（支所・出張所）、学習（公民館）、地域福祉（福祉ひろば）の三つの機能が一体化した地域づくり支援センターを配置して地域づくりを支援していくとしている。

この間、二〇〇五年四月に、松本市は四賀村・安曇村・奈川村・梓川村と合併し、二〇一〇年三月に波田町と合併した。この5地区では、現在のところ旧松本市と行政システムが異なっているが、今後、新松本市として地域づくりを行っていくために、旧松本市と合併5地区の地区行政システムの整合性を図っていくことになっている。

こうして松本市では、二〇一一年度から本格的に地域づくりのシステムと活動の創出に向けた取り組みが始まっている。二〇一一年四月には地域づくり課が新設され、各地区での支所・出張所、公民館、福祉ひろばが連携した地域づくりを推進するためのシステムを構築しつつある。二〇一四年度からは地域づくりセンター（地域づくり支援センターを改称）が全地区に設置される。松本市の地域づくりは今、新しい段階に移行し、これまでの「松本らしい地域づくり」の歴史的な蓄積が試される時期に来ていると言ってよいであろう。

2 和田地区の地域づくりと地域づくり協議会の設立

(1) 和田地区地域づくり協議会設立の経過

和田地区は、モデル地区ではなかったが、地区独自で「和田地区地域づくり協議会」を設置し、地域づくりに取り組んできた。その意味では、和田地区は、松本市における地域づくりの先導的な役割を果たしている地区であると言ってもよい。

和田地区は松本市の西部に位置し、一九五四年に和田村が松本市に合併して松本市和田地区となった。公民館は、一九四九年に和田村公民館条例がつくられたが、事務所は村役場に置かれ、独自の建物は建設されなかった。和田公民館が落成したのは一九五五年であった。その後、一九八八年に和田中央公民館が建設され、公民館活動が発展してきた[3]。

農村地帯であるが、近年、工業団地や西原住宅団地が建設され、地域が変化しつつある。世帯数は１３５９世帯、人口は４０５４人であり（二〇一二年二月一日現在）、10町会ある。和田地区は、他地域から入居してきた新しい住民を受け入れる風土がある、小中学校時代の同級生どうしのつながりが中高年期になっても継続している、など地域の人間関係が比較的良好であることがうかがえる声がインタビューを通じて聞かれた。地区全体の活動としては、「和田水土里の会」が、ホタル水路の建設など独自の活動を行っている。

「和田地区地域づくり協議会」が設立されるに至る経過は、『和田地区地域づくり協議会』ができるまで」という冊子に詳しく記されている。それを要約すると次の通りである。

和田地区では、市の「地域福祉計画」に関する方針を受けて、全戸配布で「住みよい地域づくりアンケート」を行い、そのアンケート結果をもとに「和田地区地域福祉計画」を二〇〇五年度末に作成して、それを全戸配布した。この計画づくりを担ったのは、福祉ひろば事業推進協議会であったが、計画で挙げられた課題の解決のために、福祉ひろば事業推進協議会企画委員会が取り組むこととなった。諸課題の中で、防犯・防災対策から着手することとし、二〇〇七～二〇〇八年度に取り組んだが、議論が進展しないまま時間が経過した。

二〇〇八年度になって、和田地区の地域づくりの事務局を福祉ひろばから公民館・出張所に移し、課題についても、福祉・防災にとどまらず地域づくり全体へと広げた。そして、「地域福祉計画」を取り込んで、地域づくりを行う組織をつくることになった。二〇〇八年四月に企画委員会が三役会で和田地区地域づくり協議会の設立について話し合い、五月に企画委員会小委員会で規約の試案をつくった。その後、一〇月に開催された福祉ひろば事業推進協議会臨時総会で、「和田地区地域づくり推進のための協議体設置について」が提案され、承認された。この文書によると、松本市が策定した「松本市地域づくり推進基本方針」を受けて、「和田地区を基盤とす

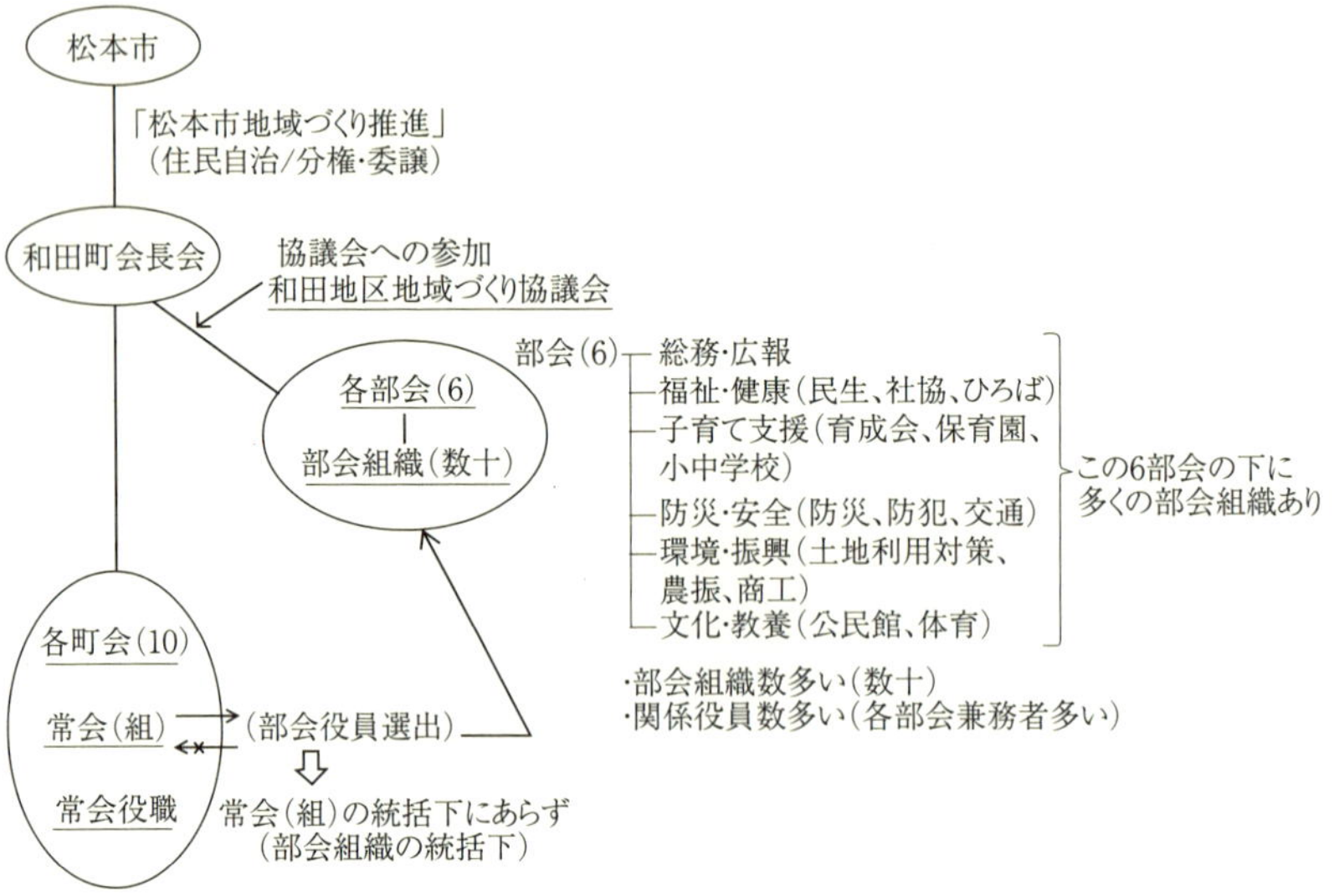

図２　和田地区地域づくり協議会の組織　（上條俊樹氏 作成）

る団体・組織の皆さんを網羅した中で、地域づくり推進のための協議体の在り方について検討するため、和田地区地域づくり推進のための協議体設置について検討」するとしている。

こうして地域づくりについて学習会を開くなどして、検討を行い、「仮称和田地区地域づくり協議会」検討委員会が発足した。委員長は和田地区町会長会会長が、副会長は民生児童委員協議会会長と公民館長が就任した。事務局は、和田出張所内に置き、所長が事務局長となった。協議会を構成する組織・施設の素案では、和田地区の47の組織・施設が参加することになっている。その後、三役会を中心に検討を続け、二〇一〇年二月に地域づくり協議会設立総会が開催された。翌三月に、「和田地区地域づくり協議会規約」を全戸配布している。

部会は、総務・広報部会、福祉・健康部会、子育て支援部会、防災・安全部会、環境・振興部会、文化・教養部会という六つの部会から構成されている。協議会規約には次のような確認事項がある。重要な内容なので紹介しておきたい。

①協議会ができても、従来の組織はこれまでと同様に活動をつづけていく。
②協議会はあくまで協議をする場であり、実行するのは従来からある組織である。
③協議会規約は柔軟に運用する。
④部会は、協議内容によっては、規約以外の組織の委員を加えたり、ある組織のメンバー全員を加えて協議することがある。
⑤町会のなんでもトークの会は、町会の住民が寄り合う会議等（たとえば町会の総会等）の折りに、兼ねて実施することも可とする。
⑥できるだけ1人の委員が複数の組織の委員を兼ねないように工夫する。
⑦部会と町会のなんでもトークの会は年1回以上は開催することとする。

こうして地域づくり協議会は、部会の活動と町会単位のなんでもトークの会を二つの柱にして、2年間、取り組んできた。ただ、協議会独自の予算は持っておらず、基本的に自立して活動している。

(2) 地域づくり協議会の成果と課題

地域づくり協議会が設立されたことにより、いくつかの成果が現れている。第26回松本市公民館研究集会の分科会でも報告されたが、地域づくり協議会ができたことにより、要援護者登録について福祉健康部会で話し合い、町会長が中心になって民生児童委員が補助するという仕組みで取り組みが始まったというのが、最も大きな成果であろう。それまでは、町会で話しても着手するに至らなかったが、地域づくり協議会の部会で、町会長と民生児童委員が話し合って取り組む体制ができたのである。福祉健康部会では、松本市の健康づくり支援事業補助金を得て、「和田の架け橋」という福祉関係のニュースを発行しようということになったが、その後、部会が開けないまま、部会の事務局を担っている福祉ひろばが発行することになった。

なんでもトークの会は、年に1回、各町会で開催することになっているが、すべての町会が実施しているわけではない。また、実施していても、その会を開いていることを知らない住民もいる。なんでもトークの会で話題になったことは、町内公民館の建て替えや道路の問題などハードに関することが多いが、少子化で伝統行事の継続が危うい、役員がすぐに回ってくる、町内公民館で生涯学習ができていない、など地域活動に関することも話題に挙がっている。

地域づくり協議会は活動が始まったばかりなので、地区住民の間にはまだ浸透していない。地区公民館の役員でもその存在を知らない人もいる。しかし、地域づくり協議会は、異質な意見を出し合って協議するという点がよいという感想も出されている。まだ、これから発展途上の段階だが、いくつかの課題も指摘されている。横の連携がない、公民館や町会の活動と重複している、協議会をつくったので従来の重複する組織は整理した方がよい、などの意見も出されている。今後、これらの課題について検討されていくものと思われる。

和田地区の今後の地域課題については、インタビューを通じて次のような諸点が出されている。

・後期高齢者が増えてきて、地域でどう支えるのか。老老介護の問題などがある。
・地域のかかわりをどう強めていくのか。隣近所の共同作業がなくなっている。
・中年世代がリーダーとして育っていく必要がある。
・若者が少なくなってきている。祭りの開催や消防に支障が生じている。
・和田では防災の意識が低い。

・太子堂では、道路整備の問題がある。

ほかにも町会の活動にかかわって、いくつかの課題が出されている。これらの課題をすべて地域づくり協議会で引き受けるわけにはいかないであろう。諸課題を整理して、地域づくり協議会としてどこまで協議できるのか、町会など地域の諸団体とどのように役割分担をするのか、そうした住民の取り組みに地域づくりセンターなどがどのように支援できるのか、少しずつ整理しながら進んでいくことになるであろう。

出張所、公民館、福祉ひろばという地区の支援センター、地域づくり協議会、町会・町内公民館、その他の諸団体、これらがどのように地域で関連し合いながら和田地区の地域づくりを担っていくのか、しばらくは模索が続くであろう。

3　安原地区の地域づくりとまちづくり協議会

(1) 安原地区の特質

松本市安原地区は、旧城下町であり、現在は松本市の中心市街地を形成している。二〇一一年度、調査した和田地区とはかなり地域的な特質が異なっており、それが公民館活動や地域活動にも反映している。和田地区は、町会活動も活発であり、特にスポーツ活動が盛んで、それらを通して地域住民の強い関係性を見ることができた。和田地区と比較すると、安原地区は日本の平均的な中小都市における地域的な特性を見ることができるのではないかと思われる。ある住民の方の言葉、「安原地区は気よりの良いまちと言われる。実際にそういう実感がある。人々のつながりは農村部ではないので強くはないが、気よりが良いので拘束されない良さがある。暮らしやすい町である」、この言葉に安原地区の特性が示されているように思われる。二〇一二年一〇～一一月に実施された安原地区住民へのアンケート調査の結果では、「安原地区の良いところ」について尋ねた質問項目に対して、「生活が便利」と答えた人が55・3％おり、暮らしやすい地域であることがうかがえるような回答が寄せられている。

安原地区には、人口規模の大きな二つの町会と、小規模の九つの町会がある。もっとも多い町会は１８４４人、最も少ない町会は94人（二〇一二年一〇月一日現在）で、その差はかなり大きい。地区における役員は同数で、小さな町会の負担は大きい。しかし、大きな町会の場合、転勤族や学生が多かったりして、町会運営の難しさがある。それに対して小さな町会の場合、役員の負担は大きいが、地域の絆は深い。あまりにも人口規模が違い過ぎることによる不都合もあり、町会の再編成の必要性についても語られるようだ。

また、安原地区はモデル指定を受けてまちづくり協議会を組織し、五つの部会を設けて、地区をあげて地域づくりに取り組んできた。インタビューでは、組織はつくったけれども、その実態づくりはこれからの課題である、という意見もあった。町会長など団体の長や役員から構成されているため、本体の活動をまず中心に行わなければならないという事情もあるようだ。

(2) まちづくり協議会の現状と課題

安原地区の場合、モデル地区としてまちづくり協議会が設立され、議決機関として総会を設け、五つの部会で活動を推進するとともに、調整機能を果たす総務会が設けられるという組織体制がつくられた。まちづくり協議会がつくられたことにより、地域団体の連携ができるようになったと、次のような肯定的な評価がなされている。

「いろいろな団体の活動が、横に連携を取れるようになりました。今までは、そこだけでやろうと、横に連携がなかったので。それが、まちづくり協議会を通して、横で力を合わせて一つの事業を推進していくということができるようになったことは、非常に良かったと思います。協議体なのですけれども、実際に協力し合う体制が前よりもスムーズに行われるようになってきて、それがまた事務局である公民館が、ようやく上手くコントロールできるような体制に入ってきました。これには時間がかかったと思います。と言うのは、各団体は主体性があって、できれば横からいろいろ言われたくないという思いがあるわけで、それが無くなって協力体制が取れるというのは非常に良かったと、今の段階ではそう思います」

一方で、まちづくり協議会の決定権はどこにあるのか、という疑問の声も出されている。つまり、「各団体が集まる部会ごとでは決定しているんだけど、部会での決定権というと、各団体の方針の中での決定であって、まちづくり協議会の方針がそこで決まっていくわけではない」ということである。決定権の所在が明確になっていないというのが、安原地区のまちづくり協議会の問題点として指摘されている。組織論的に見ると、総会、総務会、部会、地域団体の間の関連性がいまだ整理されていないという意見が少なからずあった。部会の活動といっても、今まで既存の団体が実施していた活動と重なっていたりするため、まちづくり協議会の独自性について疑問視する声もあった。

この間、まちづくり協議会では、「あさば野新聞」の発行、「安原地区お買い物マップ」づくり、防災活動などに取り組んできたが、現在は「足踏み」の時期かな、という感想も聞かれた。「大きな枠組みはできたのだけれども、それぞれがどういう風に肉付けして、具体的な活動に進めていったら良いかという意味では、足踏みの時代かなと思います」。また、「各団体をとりまとめる、調整機関という形で出来上がったのが安原地区のまちづくり協議会だと私は認識しています。だから、協議会ができて大きく何かが変化したわけではありませんが、みんなで話し合う機会が増えた分意識の高まりはあったかもしれないですね。ただそれが、今しっかり動いているかというとなかなか……。緩やかに動いている感じで」という感想も聞かれた。

まちづくり協議会にかかわっているそれぞれのスタンスによって、まちづくり協議会がどのような役割と機能を果たしているのか、という見方に微妙なずれがあるが、現状としてはいくつかの課題が指摘されている。

安原地区のアンケート調査において、「まちづくり協議会を知っているか」という質問に対して、「知っている」と回答したのは11・1%、「名前は知っているが内容は分からない」と回答した人が35・1%、「知らない」と回答したのは50・1%であり、まちづくり協議会を認知しているのは1割程度である。別の質問で、町会三役を経験した人が10・3%であるということと照らし合わせてみると、大体、町会や地区で中心的な役職を担った人達がまちづくり協議会を認知していると言ってもよい。クロス集計の結果を見ても、三役経験者とまちづくり協議会を認知している人とは大体一致している。松本市の場合は、行政のトップダウンで協議会を一律につくらせるのではなく、それぞれの地区の主体性を尊重して設けているという背景があるため、この結果はある意味で当然かもしれない。

地域自治という観点から見て、地域の住民自治組織が権限を持っていないというのは問題があるのではないかという意見もある。たとえば、まちづくり協議会には予算がないということが指摘されたが、その地区独自で地域課題の解決のために予算を決定して実行するという仕組みになっていないのはどうなのか、という問題提起であろう。「権限が付与されていないということは、逆に言うと責任も付与されていないわけです。責任がないところに権限がない、権限がないところに責任がない、そのところが、地方分権だとか、自治というものをどう組み立てているかという脆弱な部分があって、ここを何とかしなければいけないなと思います。これは地区の問題であると同時に、大きく言うと松本市の行政の問題でもあるなと思います。これは、個人の問題ではなくて、仕組みとしてつくっていかなければならないなと思います」という意見が出されたが、今後の地域づくりの仕組みづくりを考えていく上で、考慮すべき点であると思われる。

現在、都市内分権として小学校区あるいは中学校区に住民自治組織をつくり、そこに事実上の予算の決定権を持たせて、地域課題の解決に取り組むという自治体が増えている。一方で、そのシステムに対する疑問も出されているところであるが、地域分権として実質化していくためには、地域課題解決のために一定の予算の決定権を住民自治組織が持つことは検討の余地がある。

4 安原地区の町会を中心とした地域活動の特徴

(1) 多様な町会、町内公民館

安原地区は、二つの大きな町会とその他の9町会から成っている。人口は5000人弱だが、人口の多い新興住宅地の町会は1800人以上にもなる。一方、人口が100人に満たない、中ノ丁、東ノ丁、天白町では、三つの町会が合同して、夏祭り、クリスマスパーティ、留学生との交流会、会食会の開催などいっしょに活動している。町内公民館も3町会で一つを共有している。しかし、公民館長は、建物がなくてもそれぞれ置かれている。

一方、安原町では、町会長と町内公民館長を兼務している。10年ほど前から兼務となったが、その背景には、町内公民館の行事が減ったという事情があるようだ。しかし、地区公民館の役職も担わないといけないので、兼務というのはかなり負担であるということもあり、悩ましいところである。調査は行っていないが、町会長と町内公民館長を兼務している町会は、松本市においてどれほどあるのだろうか。ちなみに沖縄では、ほとんどの集落で、自治会長と字公民館長は兼務となっており、自治会活動と自治公民館活動は融合している。松本市は町内公民館が、町会から自立した機関として位置づけられているため、町会長とは別に町内公民館長が置かれていると思われるが、事実上、町会の活動と町内公民館の活動とは重なる部分が少なくなく、小規模な町会では人手不足という理由により、兼務するということになるのであろう。

松本市の特徴として、町内公民館の活発な活動を挙げることができるが、住民自身もそのような認識を持っていることが、インタビューの中で語られた。町内公民館において、「小さい集団の中でも上手に話し合っていける」というのが、松本市の特色ある公民館活動であると理解されている。

(2) 顔の見える関係づくり

松本市では、比較的小さなエリアで町会と町内公民館を基礎にした活動を行っているので、小さな町会では顔の見える関係づくりがなされている。「町会の組長さんが（行事を）ひと月に1回やるんですよ。お年寄り1人でもできるからということで、そうすると自分の家の隣に誰がいるのか分かるようになるんですよ。ひと月に1回なので、顔が分かるし、どこに誰がいるか分かるんですよ。そうすると、すごくやりやすいですよね。ひと月に1回ずつやると、年寄りの人も配りものくらいのことはできるからということでやって、それだけはすごく私たちもありがたいなあと思っているんですよ」という、ある町内公民館長の言葉にも、そのことは現れている。

また、町会報を毎月1回発行して、地域情報の交流ができるように努力している町会もある。「町の中で町民同士のコミュニケーションを狙いとして、それから、町会がどんなことを考えて、どういう方向に行きつつあるのかなどを、年1回の総会で話すだけでは、全く言い足りないので、毎月1日に、A４判の町会報を発行しまして、そこには、先月の会議で話し合った内容や議論の結果、今月の行事予定や会議予定、入会者や転出者、亡くなった人や生まれた人の名前などの身近な情報を３分の１くらいに載せて、残り３分の２に執行部の考え方を毎月載せています。たまには遊びで昔の町を紹介したり、硬軟織り交ぜながら町会の執行部の方向をみなさんに分かってもらうようにしています。それをやるようになってから、非常に風通しが良くなって、役員も『もう１期やっても良いよ』という人が出てきたり、いろんな効果もありまして、私は４年前からそれを担当して、１人で原稿書いて、パソコンで全部打って、発行して、ということをやっています」。

住民への情報伝達は、地域における人間関係づくりの基礎になると考えて、いずれの町会も重視しているようである。たとえば、次のような言葉にもそのことは現れている。「安原地区から来る、あるいは市から来る情報の伝達が時々途中で詰まってしまうので、しっかり流すこと、また例えば文書で情報は伝えよう、口コミでは誤って伝わるから文書で伝えよう、ということをやっています。情報伝達は、絆を確保しようということにつながると」。

町会では、特に独り暮らしの高齢者の訪問活動などをして、顔の見える関係づくりを重視して取り組んできたが、広報活動も非常に重視されている。町会報の発行や回覧板などを通じて地域情報の発信に務めている様子がわかる。回覧板は、全国どこの町内会や自治会でも活用されているが、都市部では、主として行政からの伝達事項が多く、その地域の情報を発信しているところは少ないのではないだろうか。その点で、松本市における町会単位での広報活動は重要な取り組みである。

(3) 役員としてのやりがい

役職経験者は、当初は頼まれて仕方なく引き受けた人達が多いようだが、実際にやってみてよかったと充実感を持つ人が多い。和田地区では、順番に役職を回して、自分の順番になったら引き受けるという人が多かったが、安原地区では、なかなか順番に回すことが難しく、同じ人が長年にわたり役職に就くことが多いようだ。それでも、役員等を経験した人は47％いて、住民の半数近くが役員等を経験しているというのは、中心の市街地では高い数値であると言える。町会長や町内公民館長等へのインタビューの中では、次のように肯定的な感想が多く聞かれた。

「私としてはこの役職をやって良かったなと思っています。任された仕事は責任を持ってやりたい、福祉の仕事と町内公民館の仕事をずっとやっているので、マンネリに陥らないように頑張りたいと思っています。後期高齢者になったのでそろそろ引退しようかと考えたりするけれど、頑張れるうちはやりたいと思っています」

「私が最初に来た時は健康推進委員会を2期……1期だったかな、とにかくそれをやって、その後、防災をやって、それが終わってやれやれと思ったら今度は会計を2期やって、今度は公民館長になった。会計をやった時は経験したことがないことをやったんですけど、やってみて町会の仕組みがよく分かって良い勉強になった。公民館長は今年で2年目になるんですけど、これも勉強することが色々あるなと思って、やって良かったなと思います。ありがたいと思ってます。みんなともいろいろとお喋りができましたし」

「良かったと思います。自分もだし、町会のことも色々と分かりますし、誰が何処に住んでいてとか顔とかも全部判りますし、その点は本当にありがたいと思っています。大変ということはそんなにないですね。私はパソコンができないのでそれは町内会長さんに任せますけど、できることは色々とやります。やって良かったなと思います、本当に」

「以前は町中を歩いていても男性の知り合いと挨拶を交わす程度だったんですけど、町会のことをやるようになってからは、私は知らないけど町の奥さんたちからすれ違いざまに挨拶をされるようになって、最初はどこの人だったかなあと思っていましたが、今はほとんど顔がわかるようになりました。私がサラリーマン時代に（町会のことを）何もやっていなくても町が運営されていたのは先輩諸氏のおかげなので、少しは恩返しをしなきゃいけないということで今やっています。やればやったで苦労はありますけどね、民主的にやっていけば楽しいことですし、町民の民意を酌んで尊重してやっていけばそんなに間違ったことにはならないというふうに思っています」

役員の担い手を四苦八苦して探しているが、役員を経験した人は一様に、充実感や達成感を味わい、多くの人達との出会いに満足している。このような思いを地域に広げ、共有できるような仕掛けができるとよいのだが、実際のところ難しい課題である。

(4) 町会の抱える課題

安原地区住民へのアンケート調査で、「地域活動への参加経験」を尋ねたところ、83・３％の人が「参加経験あり」と答えている。ここで言う地域活動はほぼ町会の活動が中心であると思われるので、約８割の住民が何らかの形で町会活動に参加していると考えられる。市街地としては、比較的、町会への参加率は高いのではないか。しかし、ごみ当番、一斉清掃、お祭り、文化祭が多いので、半ば義務的な活動やイベントに参加する人が多いことがわかる。町会の定例的な活動や地域課題にかかわる活動は、中心的な役職を担っている人達が参加しているのであろう。

しかし、どこの町会からも指摘されたことは、役員のなり手がいなくて、役員の高齢化が問題となっていることである。そこで、現役で働いている人達が役員になった場合はなるべく負担を減らし、継続して役員をやってもらえるように取り組んでいる町会もあった。また、「現役の終わった方にできるだけ町会活動に参加してもらうように声をかけて、努力はしています」という町会もあった。

さらに、女性に役員を積極的に担ってもらうようにしている町会も増えているようだ。ある町会では、次のような発言があった。「うちの町ではかつては男性が主要な役をやっていて女性は1人いるかいないかくらいだったんですけど、私の代になってからは男女とも3人ずつでやっています。女性の役員は良いですね。男性の得てくる情報と女性の得てくる情報って全然違うんですよ。町のことをよく知っている情報通ですし……他にも買い物に行ったり弁当の手配だったりといった男性の敬遠する仕事をパッパッパッとやってくれるので非常にありがたいです。そういった女性ならではの点を上手く活用させてもらっています。町会運営は男がやるもんだと昔は皆が思っていたんでしょうけど、私は男女混合でやっていくのが良いんだろうなと思っています。女性の方も、楽しい、張合いがある、もう1期やりたいって言ってくれています」。

全国的に言えることであるが、行事に男性が参加しないということも指摘されていた。広報で男性への参加を呼び掛けているが、なかなか難しいようである。

一方、信州大学と同じ地区にあるということで学生が多く住んでいるが、住民登録をしていない学生も多く、町会にも参加していない。アパートのオーナーが一括して町会費を払っている場合もあり、ある町会では会則を変えて、学生は入会費無料、年会費半額と工夫して対応している。

町会活動も変化してきているという指摘があった。「町会活動はですね、20年くらい前までは、いわゆる町会役員というのは町会長含めて一種の地域の世話役でしょうか。でも今はほとんど事務的なことですよね。なかなか役員が高齢化して町会活動もまともにできないという状態です。そこで今、町内の住民の絆を固めようということを最優先にしています」。高齢化や地域の変化とともに町会活動も変化せざるを得ず、改めて町会の本来的なあり方を見つめ直したいという思いが込められているように思われる。

おわりに

松本市では、町会をベースにしたまちづくりに取り組んできたし、これからのまちづくりの基本的なスタンスもそうである。とすれば、住民の町会活動への参加とその活動の活性化が、松本市のまちづくりの生命線であるとも言える。農村地帯である和田地区と比べると、市中心部の安原地区の場合、町会活動はより困難を抱えているように思われる。町会長等役員の人達は、かなり悩みながら活動に携わっている様子が伝わってきた。

地域づくりセンターの役割の一つは、このような困難を抱えた町会活動への支援であろう。しかし、従来の地区公民館や福祉ひろばによる支援とどのように異なってくるのか、新たに配置される職員の専門的な力量が期待されるところである。

一方で、「緩やかな協議体」であるまちづくり協議会の機能があいまいになっている、あるいは停滞しているという意見もあった。しかし、「まちづくり協議会を通して、横で力を合わせて一つの事業を推進していくということができるようになった」という肯定的な評価がなされており、まちづくり協議会を発足させたことにより、地域全体の活力は高まっていると言える。そのことが町会の活性化にどうつながっていくのかが今後の課題であろう。今後、地域づくりセンターがまちづくり協議会の事務局となるが、センターが事務局としてどのような役割を果たすのか、町会への支援と相まって、地域づくりセンターには大きな期待がかかっている。

【注】

1　田村明『まちづくりの発想』岩波新書　一九八七年　52頁

2　松野弘『地域社会形成の思想と論理』ミネルヴァ書房　二〇〇四年　１３６頁

3　松本市和田地区歴史資料編纂会『和田の歴史』一九九五年

第8章

自治体内分権と社会教育・生涯学習

——豊田市の事例を通して

はじめに

近年、新たなコミュニティ政策として議論されている自治体内分権は「コミュニティの制度化[1]」であると言われる。地域自治区はその法律的な制度化である。そこに設置される地域協議会は住民の「参加」と「協働」を基本理念とするが、ドイツなどの「参加」型の自治体内分権制度と異なり、「協働型を基調としながら参加型の特徴をも併せ持つものとしての規範構造を備えたもの[2]」と評価されている。

近年の都市内分権あるいは自治体内分権に関する議論は、ほとんど制度論であり、地域自治、住民自治の仕組みづくりに関する議論である。そして地域自治区と地域協議会は、新たな地域自治の仕組みづくりの典型的な制度として論じられ、少なくない自治体で導入されてきている。

このような仕組みづくりによって、住民自治の質も改善されていくことが期待されている。住民自治の質の改善は、住民自身の自治意識と自治能力の形成に深くかかわっているが、自治能力の形成にかかわる議論は、自治体内分権論の文脈ではほとんど見られない。社会教育では、公民館などを拠点にして住民の自治能力の形成をテーマとしてきた歴史があるが、自治体内分権論にはそうした歴史的な要因は位置づいていない。しかし、現に少なくない自治体で、自治体内分権の末端に公民館や類似の施設が位置づき、社会教育活動とコミュニティ活動、地域福祉活動が関係し合って、住民自治の内実を形成している。

とすれば、自治体内分権について、その仕組みづくりだけでなく、その仕組みを活用した活動を通して住民の自治意識・能力が形成され、住民自治が育っていく可能性を探求していくことが重要な課題となるであろう。そのプロセスには住民のノンフォーマル、インフォーマルな教育・学習活動があり、その点に着目するならば、自治体内分権と社会教育・生涯学習の関連性について考えることが必要になる。

社会教育の側から見ると、自治体内分権における公民館などの位置づき方は多様である。飯田市のようにまちづくり委員会の構成メンバーとして公民館が組織内に組み込まれる場合、福岡市のように公民館が自治協議会から独立して生涯学習とコミュニティ支援を担う機関として位置づく場合、北九州市のようにまちづくり協議会によって市民センターが管理運営され、まちづくりの拠点となる場合、松本市のように各地区に「緩やかな協議体」をつくって「地区ごとの地域づくりを基盤とした独自性をもった都市内分権」を進め、公民館活動を基盤とした地域づくりに取り組んでいる場合などである[3]。

この際、社会教育では、教育機能とコミュニティ機能との関連が問題となる。制度的には、公民館が教育委員会の所管なのか首長部局の所管なのか、公民館条例に基づいた施設なのか北九州市のようなコミュニティ施設なのか、職員の専門性はどのように担保されているのか、等である。自治体内分権の施策では、往々にして社会教育はコミュニティ施策の中に飲み込まれてしまう場合が見られ、社会教育の固有性という観点から批判がなされている。

一方で、自治体内分権と整合的にリンクすることによって、社会教育・生涯学習が住民自治と直接的に向き合い、住民の教育・学習活動を媒介として、その自治意識、自治能力の形成の動因となる可能性がある。そのプロセスで、個々の住民の自己実現や成長がなされていくであろう。

本章は、以上のような問題意識のもとで、住民自治の発展と住民の自治能力の形成という視点から、自治体内分権と社会教育・生涯学習の関連性について考察することを目的としている。そのために、愛知県豊田市における都市内分権の取り組みと、公民館である交流館の活動を事例として分析する。

豊田市は、一九七八年に中学校区に地区コミュニティ会議を設置して、政策としてコミュニティ活動を積極的に推進してきたが、二〇〇五年に6町村と合併したことを契機に地域自治区を設け、地域会議を新たに設置して都市内分権に取り組み始めた。地域会議も中学校区単位に設置され、地区コミュニティ会議の基盤の上に豊田市の都市内分権の制度化がなされたと言うこともできよう。そして公民館である交流館も中学校区に設置され、地区コミュニティ会議の事務局を担って、住民の社会教育・生涯学習の活動を支援しつつコミュニティ活動の拠点施設ともなっている。このように豊田市は、自治体内分権と社会教育・生涯学習の関連性を考察する上で一つの典型的事例となっている。なお、豊田市の事例研究については牧野篤他の論稿[4]があり、そこで詳述されているので、歴史的な経過や地域的背景、行政制度の概要については最低限の言及にとどめる。また、本章のデータは、二〇一〇年の調査時のものであることを付記しておく。

1 都市内分権の制度化

豊田市は二〇〇五年四月に周辺6町村を合併して面積は918・47㎢に拡大し、二〇一四年一月現在の人口は42万1875人となっている。二〇〇五年九月に豊田市まちづくり基本条例と豊田市地域自治区条例を制定し、二〇〇六年四月に市内全域の中学校区に26の地域会議を設置した（合併町村地区の地域会議は二〇〇五年一〇月に設置）。それに併せて、12の地域自治区が設けられ、それぞれに支所が設置されている。こうして都市内分権の制度化が図られた。

現行組織と地域会議の関係

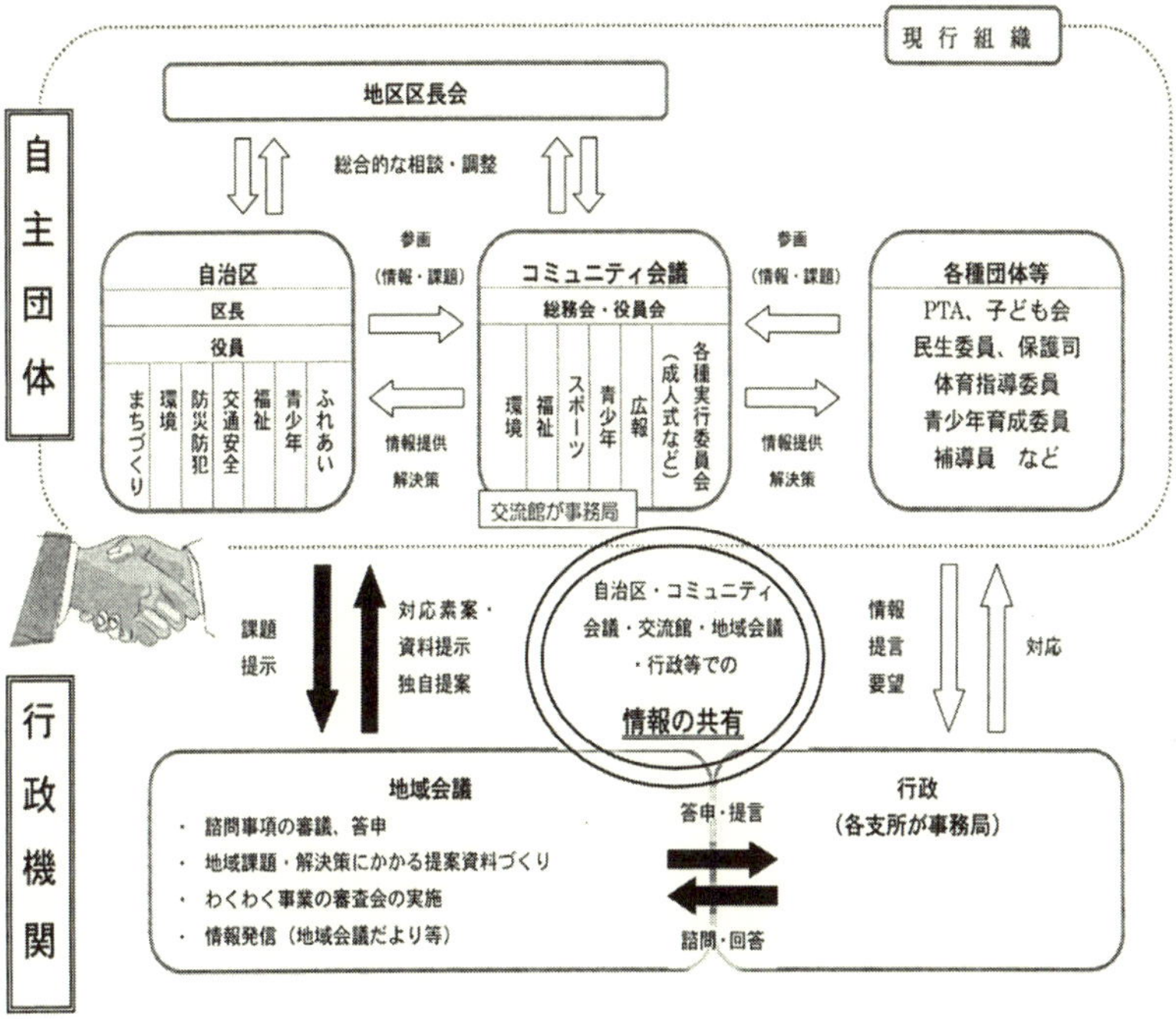

図３　豊田市における都市内分権制度（豊田市社会部の配布資料より）

都市内分権における住民の「参加」と「協働」の拠り所が地域会議である。豊田市地域自治区条例によると地域会議は、「地域の住民の多様な意見の集約と調整を行い、共働によるまちづくりを推進するもの」（第5条）と性格づけられている。委員定数は20人以内、任期は2年（再任は1回まで）で、公共的団体が推薦する者、識見を有する者、公募による者の中から市長が選任する。委員は無報酬であり、旅費のみ支給される。二〇〇八年四月の時点で委員の構成は、団体推薦によるものが圧倒的に多く、公募委員の占める割合は11・7％であった。また、女性は22・0％であった。

地域会議の役割は、市長からの諮問事項に関する審議・答申、わくわく事業の審査、地域課題の解決策にかかる検討と行政への提言、地域会議だより等による地域への情報発信とされている。具体的には、わくわく事業に関する補助金交付の決定と地域予算提案事業に関する予算案の提案が地域会議の権限となっている。

わくわく事業は、「地域づくりを行う多様な担い手の育成及び地域活動の活性化」を目的として、5人以上の地域住民で組織された団体の地域活動に対して補助金を交付し、地域課題を住民自身で解決していくことを促す仕組みである。助成対象事業は、保健・医療又は福祉の推進、地域の伝統・文化・郷土芸能・スポーツの振興、安心・安全な地域づくり、地域の生活環境の改善・景観づくり・自然環境保全、子どもの健全育成、地域の特性を生かした産業振興、地域づくりへの助言を受けるための事業、その他個性豊かな住みよい地域社会を構築するための事業という8項目が挙げられている。住民グループからの申請に基づき、公開のプレゼンテーションによる審査を通じて交付が決定される。補助金の額は年に500万円である。事業の実施後、成果の発表会が行われる。

地域予算提案事業は、「地域の意見を市が行う事業に反映し、地域課題を効果的に解決すること」を目的とし、「地域課題を解決するための事業の必要経費を事業計画書による提案を通じて市の予算に反映する」ものであり、翌年度から事業計画書に基づき事業を実施する。予算は2000万円を上限としている。その決定手続きは、まずアンケート調査や聞き取り調査により住民の意見を集約し、区長会や後述するコミュニティ会議、市の関係課と協議・調整しながら事業計画書案を作成する、その計画案を公開して地域で話し合い、支所や市の関係課と協議・調整して計画書を作成し予算化する、というものである。特に地域予算提案事業の場合、住民の中で地域課題を共有し、地域課題に取り組むための合意形成が重要となる。

支所は、地域住民に身近なサービスを提供するとともに、地域会議の運営や協議事項のとりまとめなどを行い、地域会議の支援を行う事務局の役割を担っている。旧豊田市の地域ではほとんど、一つの地域自治区に3~5の地域会議が置かれ、支所はすべての地域会議の事務局を担っているが、合併町村では、旧町村単位に一つの地域自治区が設置され、旧役場を支所としている。

こうして豊田市では、都市内分権の制度化が図られたが、その制度が住民自治の仕組みとして十全に機能するかどうかは、その地域における住民の自治活動と住民意識の如何によるところが大きい。制度を支える住民の団体・グループ活動、住民どうしのネットワークや関係性、地域にかかわる住民意識、言い換えればその地域におけるソーシャル・キャピタルの水準が都市内分権の制度の質を規定するであろう。そこで次に、地区の住民自治を担う地域住民自治組織について見てみたい。

2　地区コミュニティ会議と住民自治

豊田市では一九七八年に、青少年対策地区委員会が発展的に解消され、地区コミュニティ会議が各中学校区に発足した。発足当初は、地域住民が交流するためのイベントの開催が主な活動形態であった。一九八九年には、自治区（自治会に類似した組織）を基礎的なコミュニティと位置づけ、自治区で夏祭りや運動会などの行事や地域課題に取り組むという「自治区コミュニティ構想」が出された。この構想によって、コミュニティ会議は自治区会と役割分担をし、自治区間および団体間の情報交換の場を提供し、広域的なコミュニティ活動を調整する、という役割を担うようになった[5]。そして一九九四年には、活動方針の転換により補助金額が大幅に減額され、コミュニティ事務員制度を廃止して、公民館がコミュニティ会議の事務局を担当することになった。一九九八年には、連絡調整機能を強化するために、地区区長会長と地区コミュニティ会議会長の兼務化がなされた。

地区コミュニティ会議の構成員は自治区をはじめ、青少年健全育成推進協議会、老人クラブ、ＰＴＡなどの地域団体から選出されており、青少年育成部会、福祉部会、環境部会、スポーツ部会、広報部会などの部会に分かれて活動するとともに、成人式実行委員会やふれあいまつり実行委員会などが行事に合わせて組織されている。活動の助成として、市から38万円を上限とした交付金が各地区コミュニティ会議に交付され、そのほか市から成人式の開催業務委託料、社会福祉協議会助成金、各自治区からの負担金などがあり、１地区あたりの予算額は１００万円前後となる。

自治区は、豊田市全体で３０４を数えるが、１地区における自治区の数は様々である。後述する若園地区のように三つの自治区しかないような地区では、地区コミュニティ会議での合意形成も比較的容易であるが、多くの自治区から構成される地区では合意形成は容易ではなかろう。いずれにせよ自治区がコミュニティの基礎であり、これが豊田市における都市内分権の最基層をなしている。地区コミュニティ会議が中学校区の住民自治組織として機能するかどうかは、自治区レベルでのソーシャル・キャピタルの水準に規定される面がある一方で、中学校区レベルでのリーダー層が主導して広域的な活動を展開し、それが自治区の活性化に波及するということもあるだろう。

3 社会教育・コミュニティ施設としての交流館

豊田市では、生涯学習をコミュニティ政策とリンクさせるために、一九九四年に社会部自治振興室に生涯学習担当を置き、教育委員会社会教育課と連携しつつ、生涯学習関連の事業を総合行政として社会部で行うことになった。しかし、教育的配慮を考慮して、二〇〇一年に生涯学習関連の組織・事業を教育委員会に移管した。ところが、二〇〇五年に生涯学習行政は再び社会部に移管された[6]。都市内分権の制度化に対応した再移管であったと思われる。

こうして現在、教育委員会事務局は、教育行政課、学校教育課、保健給食課、文化振興課、文化財課、スポーツ課という組織体制となり、社会部に自治振興課、生涯学習課、共働推進課などが設置されている。そして教育委員会は、次のような社会教育、生涯学習に関する事務を社会部に補助執行させている。

・社会教育に関する諸施策の企画、調査、研究及び実施に関すること。
・生涯学習に関する諸施策の企画、調査、研究及び総合調整に関すること。
・社会教育施設及び生涯学習関連施設の整備及び管理に関すること。
・社会教育委員に関すること。
・社会教育関係団体の指導育成に関すること。

生涯学習課の職員体制は、課長、副主幹、係長、ほか３名の職員、および豊田市文化振興財団から派遣された指導主事２名からなっている。社会教育主事は配置されていない。

社会教育・生涯学習施設であるとともに都市内分権の地域拠点施設である交流館は、旧豊田市の中学校区に１館ずつ計20館、合併町村に１館ずつ計５館、市全体で25館設置されている。教育委員会からの補助執行により所管は社会部生涯学習課であるが、生涯学習センター条例（社会教育法第24条（公民館の設置）の規定による）に基づく社会教育施設である。同じ社会部の自治振興課は地区コミュニティ会議を所管しているが、生涯学習課との間で何らかの協議・調整が行われているわけではない。

二〇〇二年に公民館から「豊田市生涯学習センター　交流館」へと改称し、二〇〇五年から社会部が管轄している。二〇〇六年には、指定管理者として豊田市文化振興財団に委託している。建物の規模は館によって大きな差があるが、概して１０００㎡から１５００㎡である。また、交流館には図書室があり、１万冊から数万冊の蔵書を配置している。

職員体制は、旧市で館長、主任主事１名、主事４名であり、合併町村では館長のほかに主事が３～４名である。すべての職員が週30時間勤務で、生活するには厳しい雇用条件である。また、５年契約で指定管理者に委託されているため、将来的に継続的安定的な仕事ができるかどうか、不安は残る。定年は60歳であるが、数年で退職せざるを得ないという主事もおり、主事の待遇の問題は今後の課題となっている。

一方で、主事の力量形成のための研修体制は充実している。情報交換も含めて毎月行われる主任主事研修会、経験年数ごとに行われる主事研修会、社会教育主事講習会への派遣、外部研修会への参加など、主事自身の意欲があれば学ぶ機会は多い。主事を６年ほど経験し、一定のキャリア形成を経て主任主事に任用される。主任主事には若干の手当てが支給される。

交流館では、住民参加の運営組織として交流館運営委員会が設けられており、住民参加型の講座づくりが行われている。公民館機能としての講座やグループ活動とともに、地区コミュニティ会議の事務局を交流館が担っており、地区コミュニティ会議との共催事業も多い。また、先述したわくわく事業にも交流館として参加している事業があり、コミュニティ活動の比重は大きい。

中学校区に一定規模の社会教育施設があり、非常勤とはいえ５～６名の職員が配置されているのは、住民の教育・学習活動とコミュニティ活動にとって大きな拠り所となる。交流館は社会教育施設であるとともにコミュニティ施設であり、その狭間に置かれた矛盾を抱えながらも、地域の生涯学習とコミュニティ活動のセンターとして機能している。もともと豊田市の公民館は地域と深くかかわってきた歴史があり、非常勤とはいえ職員体制も充実しているため、他の自治体に比べて、社会教育施設とコミュニティ施設の機能的統合は比較的円滑になされているように思われる。とはいえ、それぞれの地区によって事情は異なり、矛盾や困難を抱えている地域もあるだろう。その中にあって、交流館と地区コミュニティ会議が協力的に活動をしている若園地区の事例を見てみよう。

4　若園地区の交流館と地区コミュニティ会議

若園地区は、豊田市の南西に位置し、市街地と田園が広がっている地域であり、地区内にはトヨタ車体（株）吉原工場がある。二〇一四年二月現在で、人口は１万４２１４人、５４６１世帯であり、高齢化率は低い。地区内に三つの自治区があり少ないということもあって、自治区間の協力関係は良好であるようだ。学校は、子ども園（保育園）１、幼稚園１、小学校１、中学校１であり、幼稚園から中学校まで同じ学校に通うことになり、親どうし、子どもどうしの関係性が長期間、維持される。

若園公民館は一九八一年に開館した。約１０００㎡の建物で、研修室、大会議室、小会議室、和室、調理実習室、工芸室、多目的ホール、図書室を備えている。玄関を入ると、ロビーと事務室があり、奥に図書室がある。館長は男性、５名の主事はすべて女性である。

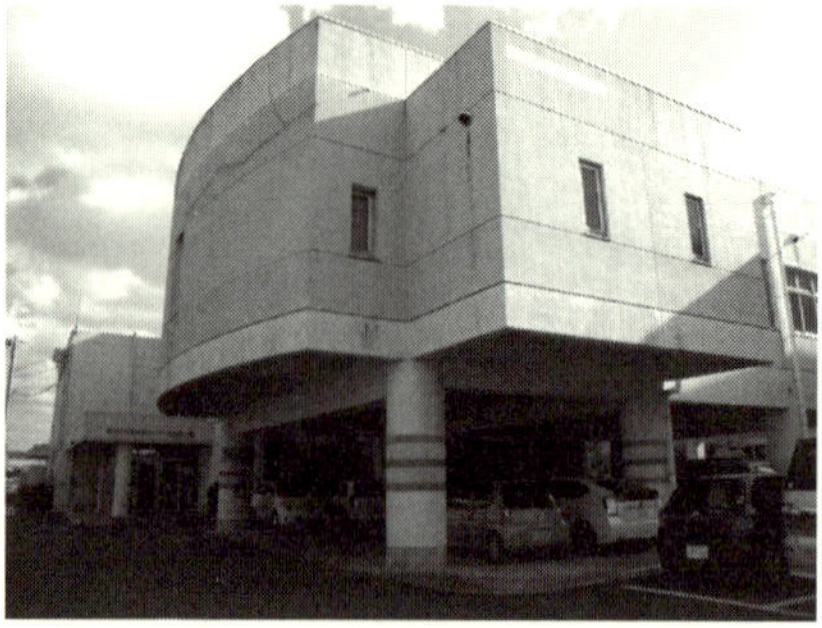

若園交流館

二〇〇九年度の講座は、若園歴史探訪、若園茶レンジ隊、地域ボランティア研修会、戦争を語り継ぐ会、団塊世代講座、国際交流・世界の食文化、エンジョイ子育てサロン、リサイクルくる交流会、わかぞの庵、若園グリーンマップ森っこ大作戦、若園っ子わんぱく学び探検隊、ベビー教室、子どもクッキング、はじめての太鼓教室、デジカメで発見・秋の若園、子どもクラフト・クリスマスリースなどであり、公民館の講座として充実していると言えよう。講師謝金として40万円ほど予算化されているが、地域の住民がボランティアで講師を務めることも少なくない。グループ活動としては、ボランティアグループも含めて45グループが活動している。

地区コミュニティ会議は、自治区の区長・副区長、区長推薦、小中学校長、幼稚園・こども園長、小中学校ＰＴＡ会長、子ども会会長、こども園保護者の会会長、幼稚園はなぞの会会長、若園地区老人クラブ連合会会長、民生児童委員、市補導員、市育成員、交通指導員、人権擁護委員などから構成され、メンバーは約１００名である。二〇〇九年度の予算収入は、市からの交付金が36万円、各戸の負担金が１戸２００円×４４０５戸で88万１０００円、社会福祉協議会の助成金15万円となっている。

会長と副会長は自治区長が、書記、会計、会計監査を副区長が務め、議決機関である総務会は32名の委員からなる。交流館からは館長と主任主事が委員として参加している。事業計画について話し合い、コミュニティ活動を中心的に担う企画会議は、正副区長６名と各部の正副会長および館長・主任主事の18名で構成され、年に７回開かれる。そのもとに青少年育成部会、福祉部会、環境安全部会、レクふれあい部会、広報部会が置かれ、若園

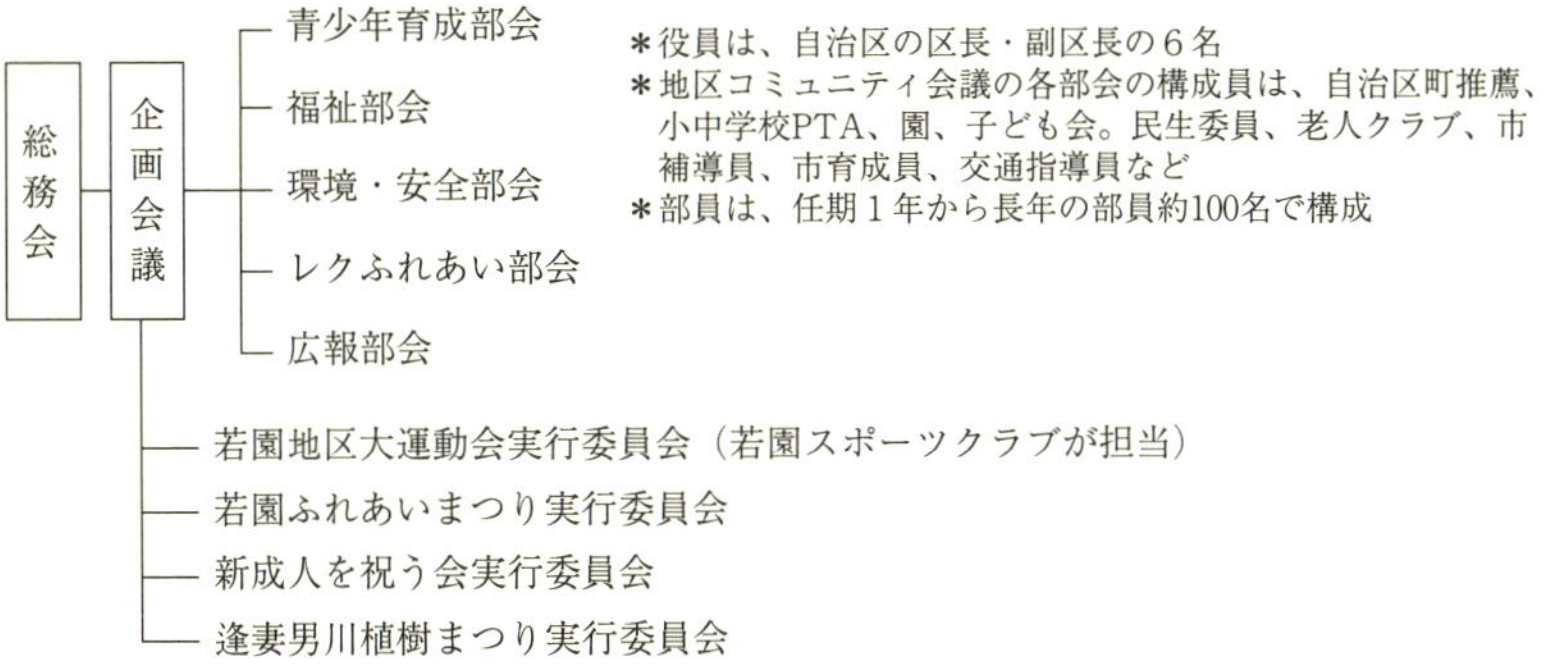

図４　若園地区コミュニティ会議の組織

地区大運動会、若園ふれあいまつり、新成人を祝う会、逢妻男川植樹まつりという地域行事を行うための実行委員会が組織される。大運動会は現在、花園スポーツクラブ（総合型地域スポーツクラブ）に委託して実施している。

　各部会の活動の様子は次の通りである。青少年育成部会は、小中学生の主張発表大会、防犯パトロール、愛のパトロール、サマーフォレストスクール、家庭教育講演会など、福祉部会は、リサイクルくる交流会、福祉講座、健康講座、福祉施設見学、世代交流会「よっといでん若園」など、環境・安全部会は、環境総点検（遊具の安全点検、公園のペンキ塗り等）、藤前干潟見学、若園グリーンマップづくり、防災研修会、世代交流会など、レクふれあい部会は、リサイクルくる交流会、若園グリーンマップづくり、若園スポーツまつり、そば作り体験、世代交流会など、広報部会は「わかぞの」の発行などである。「わかぞの」は隔月に発行され、4面のうち2面は交流館、2面は地区コミュニティ会議の紙面となっている。以前はスポーツ部会があったが、花園スポーツクラブとして独立した。また、交流館との共催事業や実行委員会の事業として、若園ふれあいまつり、若園地区大運動会、新成人を祝う会、逢妻男川植樹まつり、などを実施している。

　とても多彩で量的にも多い行事、活動を行っていることがわかるが、このような活動に委員として参加することによって、楽しかった、やりがいがあった、自分が成長できたと肯定的に評価する者もいるし、負担を感じる者もいるであろう。これだけ多くの事業を毎年行っていると、新たに事業を企画することが難しいということもある。部会の委員を自治区で推薦する場合には、引き受けてくれる人を探すのに苦労することもある。しかし、仕方なく委員を引き受けた人も、活動をする中で自覚的になっていくケースは少なくない。一方、新しく居住してきた住民、特に単身者は自治区に加入せず、したがって行事にも参加していない。ちなみに若園地区における自治区加入率は約8割である。

しかし、地区全体の雰囲気を見ると、自治区を基盤とし交流館と地区コミュニティ会議を拠り所とする活動や行事を通して、協力的な人間関係が築かれているように思われる。地域のソーシャル・キャピタルの醸成に交流館や地区コミュニティ会議が中核的な役割を果たしているのである。

交流館は地区コミュニティ会議の事務局を担っているため、その支援活動の機能は重要である。館長と主任主事が交流館の窓口となっており、主任主事が資料の作成や会計などの実務を担っている。また、各部会の活動や事業計画に関する相談を受けてアドバイスを行ったり、主事から部会に提案をすることもある。主事は交流館と地区コミュニティ会議をつなぐ要の位置にある。主任主事は、主事の時代に地域とのかかわりについて一定の経験を積んで学習し、それが主任主事として地区コミュニティ会議を支援するための力量につながっていく。それでも、これだけ多くの事業にかかわっていくのは、負担感がないわけではない。住民主体の活動と交流館からの支援と、そのバランスをどのように調整していくのか、持続的にたえず検討していく課題である。

交流館の活動と地区コミュニティ会議の活動との接点については、ふれあいまつりがある。交流館で活動するグループがふれあいまつりに参加し成果を発表して、それが地域文化の創造と地域交流の場になっている。また、リサイクルくる交流会や世代交流会などで、そうしたグループが学んでいる内容、たとえば絵手紙を教えたりして交流活動に参加している。そのほかに、多くのグループが地域でボランティア活動を行っている。

ところで、若園地区が所属している地域自治区には四つの地域会議があり、一つの支所が四つの事務局を担っている。地域会議のメンバーの主力は地区コミュニティ会議の役員であるが、公募委員も2人いる。地域会議と交流館は直接的にかかわることはないが、地区コミュニティ会議の活動が地域会議に反映されるので、間接的にかかわっていると言える。また、交流館が参加しているわくわく事業もあり、その点でのかかわりもある。

ちなみに二〇〇八年度に交付を受けた若園地区のわくわく事業は次の通りである。げんきっ子サークル、NPOグループころころ、花園ちゃちゃちゃ、花園ふれあいクラブ、花園自治区防犯隊、吉原なごみ会、吉原町ワールドサークル、吉原町自治区防犯・防災隊、橘会おどり連、若っ探、中曽根自治区防犯隊。二〇〇九年度のわくわく事業のうち、交流館が参加したのは、若園っ子わんぱく学び探検隊と「若園方言集」の作成事業である。

わくわく事業は、地区コミュニティ会議に参加していなくても有志で地域活動をしたいという住民グループにとっては大きな活動支援となり、コミュニティ活動の広がりをつくり出す。地区コミュニティ会議は伝統的な地域組織を基盤にして組織されているため、NPOは参加しにくいが、わくわく事業で活動することにより、地区コミュニティ会議とのつながりも形成される可能性がある。交流館はその両者をつなぐ役割を果たすことも期待される。

このように交流館は、正統的な社会教育活動を中心的に展開しながら、地区コミュニティ会議の事務局を担ってコミュニティ活動に積極的に関与している。社会教育活動とコミュニティ活動は地域の中でそれぞれ独自の機能を果たしつつ、交流館を媒介にしてつながっている。交流館の講座が直接的に住民の自治能力の形成を課題として編成されることはないが、地区コミュニティ会議が交流館という公民館を拠点にして活動を行うことによって、ノンフォーマル、インフォーマルな学習の要素がコミュニティ活動に結びつき、住民の自治能力の形成に作用を及ぼしている。それがどのような作用であるのかを解明することこそが重要であるが、本章はそこまで踏み込むことができなかった。

交流館は社会教育施設でありつつ地域住民自治組織の事務局を担っている。住民自治組織の自律性という点からみると、住民組織が交流館に依存してしまうという可能性がないわけではない。しかし、豊田市の場合、交流館の職員体制がある程度充実しており、地区コミュニティ会議をサポートする職員を独自に配置するという条件整備をしているため、矛盾はそれほど顕在化していない。

むしろ若園地区の場合は、コミュニティの事務局が交流館と地区コミュニティ会議をつなぎ、交流館の社会教育機能をふくらませる役割を担っているように思われる。このような教育・学習機能とコミュニティ活動支援機能が比較的調和がとれている背景には、自治区における自治活動がそれなりに自律的に運営されているという事情があるようだ。自治区と地区コミュニティ会議と交流館がどのような関係構造を形成しているのか、今後の課題としたいところである。

若園地区の場合、交流館と住民の中で自由に議論できる雰囲気が形成されている点も重要な要因として指摘することができる。そのためには地域の中で、風通しのよい情報流通が必要であるが、若園交流館からの情報公開は行き届いている。隔月の広報紙の発行だけでなく、ウェブサイトが非常に充実しており、交流館や地区コミュニティ会議の活動の様子や地域情報が映像も含めて詳細に提供されている。これは職員と住民ボランティアが協力して作成しているものであり、地域での熟議の基盤の一部を形成しているのではないかと思われる。

おわりに

本章は、現在、自治体内分権に関する議論がほとんど制度論であるという状況の中で、地域自治を担う住民の自治意識、自治能力の形成にかかわる議論が必要であるという問題意識から、豊田市の若園地区の事例をもとに考察を行った。豊田市の都市内分権のシステムにおいては、地域自治区と地域会議の機能がクローズアップされているが、そのシステムが十全に機能し、地域自治区における住民自治の質が高まっていくことは、交流館と地区コミュニティ会議の活動の質に多く依存している。

若園地区は、地域における住民の関係性が比較的良好であり、交流館と地区コミュニティ会議の関係性も比較的調和がとれていると思われる地域であり、そのような地域での交流館における社会教育機能とコミュニティ機能の相互性と親和性が多少なりとも明らかになった。このような地域では、交流館と地区コミュニティ会議での活動の蓄積が都市内分権のシステムを支え、住民自治の質を高めていくことにつながっていくであろう。しかし、住民の自治的基盤が弱い地域では、交流館が地区コミュニティ会議や地域活動に必要以上に関与しなければならず、職員の負担が過重になり、教育・学習機能が弱くなる可能性がある。都市内分権のシステムも機能しにくいという悪循環に陥る可能性がないわけではない。地域におけるソーシャル・キャピタルの醸成がどのようになされていくのかが課題となるのである。

最後に、豊田市では生涯学習課が社会部に属しているが、そのことの持つ実態的な意味についての考察、また、指定管理者制度による交流館の運営と住民自治との関連についての考察は今後の課題としたい。

【注】

1　名和田是彦「現代コミュニティの制度論の視角」同編『コミュニティの自治』日本評論社　二〇〇九年　7頁
2　名和田是彦「近年の日本におけるコミュニティの制度化とその諸類型」同右書　27頁
3　松田武雄「自治体改革のもとでの社会教育ガバナンス」日本社会教育学会編『自治体改革と社会教育ガバナンス』東洋館出版社　二〇〇九年
4　牧野篤・上田孝典・松浦崇・古里貴士「生涯学習と都市内分権──交流型コミュニティの構想」『名古屋大学大学院教育発達科学研究科紀要（教育科学）』第53巻第1号　二〇〇六年。牧野篤・松浦崇・上田孝典・古里貴士・鈴木希望・水野真由美「自治体改革における分権型社会構築の課題・方向と生涯学習──豊田市『分権型社会における地域力向上調査』報告」『名古屋大学大学院教育発達科学研究科紀要（教育科学）』第53巻第2号　二〇〇七年。そのほかに牧野篤・佐藤智子・青山貴子・北川庄治・荻野亮吾・歌川光一『生活文化（ひとの暮らしぶり）に着目した過疎地域のあり方について──豊田市合併町村地区調査報告』東京大学大学院教育学研究科社会教育学研究室　二〇〇九年。牧野篤・松浦崇・奥川明子・黒澤ひとみ・林恭子・近藤みさき「自治体生涯学習行政・実践と市民の参画保障のあり方について──豊田市生涯学習センター『交流館』調査報告」『名古屋大学大学院教育発達科学研究科紀要（教育科学）』第50巻第2号　二〇〇四年。牧野篤・松浦崇・奥川明子・黒澤ひとみ・林恭子・近藤みさき『市民と行政の共同による生涯学習のために──豊田市生涯学習センター『交流館』調査報告』名古屋大学大学院教育発達科学研究科社会・生涯教育学研究室　二〇〇三年など
5　牧野篤・上田孝典・松浦崇・古里貴士「生涯学習と都市内分権──交流型コミュニティの構想」前掲　176頁
6　同右書　178〜179頁

第9章

社会教育再編下の教育機能とコミュニティ機能の関連
——福岡市の事例を通して

はじめに

本章は、「制度運用の実態について実証的に検証する」という立場から、社会教育の再編下における社会教育の現状分析と社会教育創造の課題について考えてみたい。現在の社会教育再編下における困難な社会教育の現状の中から、一体どのように社会教育創造の可能性を探究できるのか、その理論的な枠組みを構築することが求められているが、そのためにも現段階においては、再編成の実態の中に入り込んで、その実態を実証的に解明することを通じて理論的な探究を行うことが重要である。

とはいえ、実証的な検証を行うための方法論を設定する必要があり、本章での方法論的視点を次のように限定する。①「都市内分権」における社会教育（施設）の位置づけ、自治体内における社会教育行政とコミュニティ行政（教育機能とコミュニティ機能）との関連、ここでの社会教育施設職員の有り様に関する考察、②社会教育再編のもとで近隣社会（校区）を基盤とした社会教育創造のための諸要因の考察、「補完性原理」に基づく社会教育ガバナンスの可能性、である。現在、社会教育の再編に伴って否定的な諸問題が噴出しているが、本章では、その中にあって社会教育の創造の可能性をどのように探究できるのかという視点から、政令指定都市の中でも小学校区に公民館を設置してきた福岡市の事例を通して検討を行いたい。なお、具体的なデータは、調査時のものである。

1　公民館の教育機能とコミュニティ機能

福岡市では、二〇〇〇年に公民館条例を改正して、新たに公民館の役割として「地域コミュニティ支援」を位置づけた。そして、「生涯学習事業とコミュニティ支援事業を一体的に実施」するために、二〇〇四年度に公民館が教育委員会から区役所に移管され、区役所地域支援課が直接、公民館を管轄することになった。同時に小学校区（以下、校区）に自治協議会が組織されることになり、市民局コミュニティ支援課が公民館と自治協議会を所管する担当課となった。しかし、コミュニティ支援課だけでは、公民館とコミュニティ支援（自治協議会）を併せて所管することは困難であるため、二〇〇五年度にはコミュニティ支援課から独立して公民館支援課が新設された。こうして公民館に関する業務は、実質的に市民局公民館支援課が担い、直接的な窓口は区役所地域支援課となったのである。

「自治の基礎的な単位となる小学校区」（『福岡市新・基本計画』二〇〇三年）の地域コミュニティを活性化するために、公民館の人材育成機能とコミュニティ支援機能を統合して、より狭域の「住民自治・地域自治を推進」し、その活動に対してより広域的な区レベルでの「地域経営の要である区役所」（同右）が支援する、そして市民局のコミュニティ支援課と公民館支援課がこれらを総合的に支援するという「都市内分権」の構図の中に公民館が位置づけられた。したがって、公民館は社会教育施設であるとともに、それを越える機能を持たされることになったのである。

公民館の業務に関して、教育委員会による直接執行業務は、基幹的業務=条例・規則の所管、基本方針の策定、公民館長の任免等、および専門的業務＝社会教育にかかわる専門的・技術的事項に関する助言・指導であり、市長部局による補助執行業務は、管理運営業務＝施設の管理、各種事業の実施、地域コミュニティ支援等、および施設整備業務＝施設の改築や維持管理等である。公民館長は、区長と教育委員会から委嘱を受け、前者が本務、後者が兼務となった。公民館主事は区長からの委嘱となった。

公民館は、教育委員会が所管する公民館条例に基づいて設置されている社会教育施設であり、教育委員会の策定による基本方針に基づいて運営されているが、公民館にかかわる実質的な業務は市民局公民館支援課が担っている。歴史的に公民館は地域振興の機能を担っていたという事情からすると、このようなコミュニティ・ビジョンにおける公民館の位置づけは一概に不自然なこととは言えない。ただ、一九六〇年代以降の、教育施設としての公民館の確立に向けた理論的実践的な努力からすれば、教育委員会から市長部局への移管は教育施設としての公民館からの逸脱であると捉えられる。

社会教育と公民館の歴史的性格を踏まえるなら、公民館が単に教育施設としての意義を越えて、狭域的なコミュニティの自治の拠点施設として積極的に機能することは十分に意味のあることである。しかし、市長部局への移管に伴い、教育施設としての意義をどのように担保できるのかが課題となる。

その点で、第一に、教育委員会が所管する公民館条例に基づき設置され、教育委員会の策定による基本方針に基づいて運営されているという点が、教育施設としての公民館の運営をある程度保障している。第二に、教育委員会が兼務発令して各区に数名ずつ社会教育主事を配置し、毎年、九州大学で実施している社会教育主事講習に派遣して、社会教育専門職としての養成を教育委員会が責任を持って担っている点も重要である。第三に、市民局公民館支援課の課長以外の4人の職員のうち、係長と主査が社会教育主事経験者であることが、市民局における社会教育施設としての意義をかろうじて保持しているが、今後、それが継続されていくのかどうかは見通しがあるわけではない。

公民館が市長部局に移管されたといっても、そこに教育の論理が全く働かなくなるわけではなく、担当者は教育機能とコミュニティ機能の狭間で苦しみながら公民館支援業務を行っており、そうした現場の実態についてていねいに検証する必要がある。しかし、市行政全体における社会教育の位置づけは低く、公民館が社会教育施設であることの意味を理解する土壌が形成されているとは言いがたい。ということは、公民館は校区でコミュニティ活動を推進するコミュニティ施設というイメージとして、受け止められている側面もあることを意味している。とはいえ、地域の中に、単なるコミュニティ施設としてではなく、社会教育施設として公民館を理解している住民層が多く存在していることも事実であり、そのような公民館理解は行政にも反映されざるを得ない。

このような公民館イメージは、福岡市における公民館の歴史を通して人々の意識の中に埋め込まれたものである。[1]したがって、公民館の再編成問題は、ただ単に行政上の問題ではなく、歴史的に形成された人々の認識上の問題としても考える必要がある。とはいえ、公民館が現在、コミュニティ行政に位置づけられている現状の中で、教育・学習を通して住民が育つという社会教育の論理がその中にどのように位置づいていくのか、実態の考察を通して解明していくことが課題となっている。

2 校区コミュニティへの広域的（区）支援の動態
――三層構造（市―区―校区）における中間支援の問題と苦悩

各区の中央公民館としての役割を担っていた市民センターは、公民館よりも早く二〇〇一年四月に区役所に統合された。もとより市民センターは社会教育施設であるが、一方で、設立当初（一九七七年以降）より区レベルでのコミュニティ施設としての期待もあり、その駆け引きの歴史的経過を経て、区役所と一体化してコミュニティ支援を行う施設として行政的に位置づけられた。

二〇〇四年四月に区役所に地域支援課が新設され、自治協議会を中心とするコミュニティ支援と公民館支援を併せて地域支援課が担い、市民センターは主として人権教育を担うこととなった。市民センターの主催事業として人権教育の講座やイベントを開催するとともに、公民館や校区における人権教育への指導・助言を行うのが主たる業務である。人権教育は補助執行ができない教育委員会の専門的業務と位置づけられているのである。

そのほか区によっては、区レベルの広域的な事業、公民館ではできないようなモデル事業の開発、人材育成のための事業などを実施している。また、様々な団体やサークル等が活動する場の提供も重要な業務である。通常、市民センターには1～2名の社会教育主事が配置され、数人の嘱託職員とともに教育事業に携わっている。社会教育主事は区役所の職員であるが、教育委員会の兼務発令となっている。

市民センターが区役所に統合されたのは、区役所と一体的にコミュニティ支援を行うことが期待されたからであるが、実際にはこのように区役所地域支援課と市民センターは機能分化してしまった。その結果、かつては市民センターが公民館への指導・助言を行うという社会教育施設内で完結していたことが、分散化してしまったのである。

公民館支援という点では、地域支援課が校区のコミュニティ支援と公民館支援を行い、市民センターが人権教育を通した公民館支援を行うというように分化している。しかも、町世話人制度を廃止して各校区に自治協議会を創設するのに合わせて区役所に地域支援課を新設したため、地域支援課の業務はほとんど自治協議会の創設とその支援に忙殺されることになり、公民館支援については、地域支援課に配属された1名の社会教育主事が主として担当するという、地域支援課内においても機能分化が生ずることになった。

区役所地域支援課では、係長職が校区担当職員として、1人4校区ほどを担当してコミュニティ支援を担っている。そのうち社会教育主事1名は、公民館支援の業務を任されているため、担当校区は少ない。当初、地域支援課が全体として校区のコミュニティ支援と公民館支援を一体的に行うという理念があったが、自治協議会にかかわる業務で精一杯だったことと、社会教育主事以外の校区担当職員は公民館支援のノウハウをあまり有していないという事情により、そのような機能分化が生じてしまったのである。

このような公民館への区レベルでの支援体制の大きな変更の結果、公民館の現場では、行政の支援のあり方に対して不満の声が上がった。市民センターによる一元的な支援がなされていた時代に比して公民館への支援体制が弱くなった、窓口が二元化して混乱する、といった声である。

このような現場における問題提起もあり、「コミュニティ活動の拠点であり、かつ社会教育施設としての公民館に対する区の支援のあり方について」検討するために、二〇〇五年度に地域支援課長、市民センター館長等関係課長による「公民館に係る支援方策検討委員会」が設置された。この委員会が「公民館に対するアンケート調査結果を踏まえながら、区役所移管後の公民館の現状と課題を明らかにし、公民館に対する支援方策について検討し、一定の方向性をまとめ」た。さらに二〇〇六年度には、各区地域支援部長を中心に、教育委員会生涯学習部長、コミュニティ推進部長、教育委員会生涯学習課長、市民局区政推進課長、同和対策課長、コミュニティ推進課長、公民館支援課長の構成で、新たに検討委員会を設置し、公民館の現状や支援に関する課題整理や解決方策について検討を行った。[2]

このような検討を経て、公民館支援体制の一元化を図るため、市民センターの社会教育主事を区役所地域支援課に配置し、公民館支援の窓口を一本化するという方向性が出された。二〇〇八年度から実施している区もある。このような措置によって、公民館支援の窓口が市民センターではなく区役所に一元化されるわけであるが、公民館全体にかかわる支援を担当する社会教育主事と、人権教育に関する支援を担当する社会教育主事という、社会教育主事間の役割分担は存在しているし、区役所地域支援課内で、コミュニティ支援と公民館支援をどのように統合していくのかという大きな課題は依然として残されている。

一方、この措置によって、市民センターの空洞化が進むのではないかという懸念もある。すなわち区レベルでの独自な社会教育事業を展開する基盤が弱体化する、ということである。区は校区への支援とともに、区独自の社会教育事業の開発という課題もあり、それがひいては校区支援にもつながるという側面がある。

福岡市の場合、区によって特色があり、社会教育の体制も区によって独自である。ある程度、それぞれの区のスタンスで社会教育を実施することができるようになっている。とはいえ区が持つ権限はいまだ少ないため、それぞれの区の創意工夫を生かした公民館支援や区独自の事業開発には自ずと限界がある。

公民館が区役所に移管されてしばらくの間、区による公民館支援の機能は弱体化していた。そこで、市民局コミュニティ推進課が中心となって、校区担当職員の力量形成を図るため、ワークショップなどを通じて研修会を開催したり、担当係長会議を毎月1回開催して、校区の課題について意見交換を行っている。以前の担当係長会議では、自治協議会に関する話題が中心であったが、近年は公民館支援に関する話題の方が増えてきており、公民館が区役所に移管されて以降、ようやく区による公民館支援が担当職員の意識の中で必要課題に浮上しつつあるようだ。この会議には市民局公民館支援課からも参加している。さらに、区役所地域支援課、市民センター、公民館支援課、コミュニティ推進課、生涯学習課による課長会議も開催されており、議論がなされている。

「都市内分権」に社会教育を位置づけることにより、教育機能とコミュニティ機能との関連が問われることになると同時に、「補完性原理」に基づく市の三層構造におけるそれぞれの層の機能と補完関係が問題となるのである。特に最も住民に身近な校区における公民館とコミュニティ活動のあり方、それを支援する区行政のあり方が重要なテーマとなり、市民センターや公民館の区役所への統合以来、そのことが一貫して議論されてきた。

社会教育行政は今後、どのように推移していくのか不透明であるが、校区公民館を拠点とした社会教育活動とコミュニティ活動を統合して、住民に最も身近な校区における自治を進め、それを区が支援・補完するというコミュニティ・ビジョンの中に社会教育が位置づけられているのであり、そうした市の戦略との関連で社会教育がどのような現実的な意味を担っているのか、実証的に検証することが求められているのである。

3　「補完性原理」の要としての公民館主事の力量形成
――社会教育の再編下における社会教育の創造の現場

「補完性原理」に依拠すれば、校区単位において「多元的な公共性の実現を目指す」ことを一つの理念としている公民館に着目することは重要である。特にその中で、個人や地域の課題解決のために多様な事業を組織しつつ、「多様な主体間の調整や調停により、多元的な相互依存・相互補完・相互抑制の世界を創出」[3]しようとしている公民館主事は、「補完性原理」を参照する上で要に位置づくものと思われる。

福岡市の場合、公民館主事は専門職として位置づいておらず、嘱託職員として地域住民から選出されている。地域住民として同じ校区の中で生活空間を共有している点で有利に作用している面もあるが、採用時において社会教育やコミュニティ支援に関する知識やスキル等を持たないため、採用後、公民館主事としての力量形成をどのように図っていくのかは極めて重要な課題である。「都市内分権」を推進していくためにも、この課題は切実なものとなる。特に市民センターや公民館が区役所に移管された後に採用された公民館主事の場合、それ以前と比較して市民センターからの助言・指導が弱くなり、区役所の校区担当職員からの支援もほとんどないという状況の中で、主事としての力量形成を図っていくことを余儀なくされたため、実態はどうなのか実証的に検証する必要がある。

そこで最後に、社会教育における「都市内分権」を最も基底において担っている公民館主事の力量形成について、福岡市A公民館主事の事例に即して検証したい。この点は、社会教育の再編のもとで、最も住民に身近な社会教育の現場において、実践創造の可能性について考えることにかかわってくるものである。

A公民館の主事であるRさんが採用されたのは二〇〇五年であり、公民館が区役所に移管された翌年である。しかし、二〇〇〇年から公民館で補助要員として働いていたので、公民館主事の仕事は横で見ていた。とはいえ、二〇〇一年に市民センターが区役所に移管されたので、各区の市民センターが公民館を助言・指導するという制度的な枠組みが変更されてから公民館で働き始めたと言ってよい。実際、Rさんは、補助要員をしている時にも、主事に対する市民センターからの助言・指導はなかったようだ、と語っている。

公民館主事に採用されると、まず新任職員研修があり、3年目にはフォローアップ研修（再任公民館職員研修）がある。公民館支援課による研修である。また、区役所地域支援課が年に6～7回の研修会を企画して実施している。そのうち半分は人権教育に関する内容である。この研修会は、各区の社会教育主事の裁量に任されているため、区によってかなり多様である。A公民館が所属する区では、まず地域支援課が原案を作り、それを三者会（区役所職員と、館長・主事数名で構成されている）で協議、検討し、プログラムを作成している。講義、互いの実践を学び合うワークショップ、さらに公民館職員自らが調査研究するような研修もある。また、区単位の公民館連絡会は月に1回開かれている。

A公民館が所属している区では、「主事勉強会」をその区の主事全員が参加して自主的に始めた。新しく採用された公民館主事が増えたことにより、みんなで勉強しようということになり、自発的に始まったものである。毎月1日に区役所に集まり、日誌の書き方など事務的な内容から裁判員制度など現代的な課題の学習まで幅広く学んでおり、世話人を2人決めて運営している。また、積立を行って旅行に出かけ交流を深めている。

R主事は、このような制度的な研修と自主的な研修で学ぶほかに、様々なツールを用いて公民館主事としてのスキルアップを図っている。研究会に参加し、月刊誌に掲載された論文や実践報告を読み、他の機関が主催している講座に参加するなどして、公民館主事として必要な学習を行っている。

また、先進地視察研修として、市内の他区の公民館を視察して交流を図っている。福岡市では、区を越えて公民館どうしが交流する場がないからである。ほかにR主事は、個人的にホームページを通じて他館の事業の情報を得たり、電話で情報交換をしている。

区役所の校区担当職員は週に1～2回、来訪するが、ほとんど自治協議会の事務室（公民館の一室）を訪ねているので、自治協議会担当の職員というイメージだと言う。したがって、区レベルで公民館を日常的に支援する体制はないものと思われる。そこで、教育委員会生涯学習課が作成している『公民館運営の手引き』や公民館支援課が作成している「公民館主催事業方針」を参照しながら事業編成を考えている。特に相談したいことがあれば、地域支援課の社会教育主事を訪ねている。

R主事は、いま地域にとって何が必要なのか、誰にとって必要なのか、あるいは現代的な課題は何なのか、ということを考えながら事業編成をしていると言う。小学校と連携した環境問題の講座、「転勤族」の多い校区として新しく転入した住民を意識した講座、地域団体との連携事業等々を実施しているが、校区の特色を生かした事業展開をしている点が特徴的である。そのような事業を組織する主事としての力量は、実践を積み重ね住民とかかわる中で形成されたと思われるが、上記のような学習を通じて培われたものでもある。

このように公民館が区役所に移管され公民館への支援体制が弱体化する中、主事集団として結束して自ら学習を組織するとともに、主事個人として様々なツールを用いて学習を行っている様子を、R主事を通して見ることができる。小さくて古い建物ではあるが明るいオープンなA公民館の雰囲気、そこで生き生きと仕事をしているR主事の様子は、社会教育が再編され縮小されていく中にあっても、今までとは異なる工夫をしながら、現場から新たな社会教育の実践を創造していく可能性があることを示している。

とはいえ、A公民館の場合、公民館と自治協議会がそれぞれ独自に活動を行っており、公民館職員が自治協議会の事務を一切請け負っていないので、主事は公民館事業に専念できるという環境に置かれていることは付記しておく必要がある。そうではない公民館も存在しているからである。一方で、公民館と自治協議会が独立して活動を行うことによるデメリットも存在するであろう。

おわりに

社会教育施設が教育委員会から首長部局に移管されるという事態が全国的に広がっているが、それはコミュニティ行政に社会教育行政が組み込まれていくことを意味している。かつて内務省の自治行政から社会教育行政が離れて独立した歴史的経過からすると、それは歴史の逆戻りのように見える。それは事実であるが、社会教育そのものに地域振興の機能が含まれていたことも歴史的事実であり、そのような社会教育の持つ教育としてのあいまい性が現在の事態を生じさせている大きな要因である。しかし、そのあいまい性を直視し、社会教育を教育の論理のみから捉えるのではなく、コミュニティの論理との相互作用において捉えることによって、現在の事態に対応する新たな方向性を見出すことができるかもしれない。

本章では、福岡市を事例に社会教育を「都市内分権」に位置づけて、教育の論理とコミュニティの論理の関連の動態を検証するとともに、「補完性原理」に依拠し、三層構造における、住民に最も身近な校区の公民館とそれを支援する区に特に注目して、その動態と現場からの実践創造の可能性について考察した。その際、「補完性原理」が十分に作用しない中で、公民館主事がどのように力量形成をしていきながら校区の事業を創造していくのか、という点に着目して、１人の主事のインタビューを通して考察した。

【注】

1　松田武雄「福岡市公民館の歴史的性格と時期区分」『社会教育思想研究』第２号　九州大学大学院社会教育思想論研

究室　二〇〇三年

2　福岡市・区政推進会議資料　二〇〇七、二〇〇八年

3　「補完性原理」については、多くの文献で論じられているが、特に次のような捉え方を参照した。「補完性原理は、多様な主体による公共的問題解決への寄与や利害調整にあたり、その多様な主体間の調整や調停を促す『参照原理』であり、個人の尊厳を基準として、より規模においても影響力においても小さい、個人に近いレベルにおいて問題の解決が可能となるように支援することを求めるものである。多様な主体間の調整や調停により、多元的な相互依存・相互補完・相互抑制の世界を補完性は創出するという意味では、画一性ではなく多元的な公共性の実現を目指すものとしては『公私』『官民』二元論からの脱却として捉えることができる」（宮崎文彦「公共哲学としての『補完性原理』『公共研究』第4巻第1号　千葉大学　二〇〇七年　78頁）

第10章

公民館への指定管理者制度の導入
――大分県日田市の事例を通して

はじめに

二〇〇三年九月に導入された指定管理者制度は、この間、様々な議論が興り、おびただしい文献が出版されている。社会教育施設についても、図書館や博物館を中心に議論がなされてきた。そうした議論をみると、問題点の指摘と成果や可能性の指摘が並列的になされており、全体としてどのように評価するのか、今後、どのような制度設計を考えていくのか、いまだ手さぐり状態の段階であると言える。

社会教育施設への指定管理者制度の導入について、その成果や可能性として、住民サービスの向上、職員の「専門職化」の推進とインセンティブの高まり、経費の削減、民間のノウハウや創意工夫の導入など、が指摘されている。一方、問題点として指摘されてきたのは、住民参加の後退、事業の長期的見通しや継続性の困難、事業の公共性担保への疑問、職員の労働条件・身分保障・専門性の後退、団体間の競争による協働関係の希薄化、などである。指定管理者制度の理念として、行政と民間とのパートナーシップが語られるが、行政が団体を指定するという制度のもとで、民間団体が行政の下請け化されていくという指摘もなされている。

さらに、二〇〇八年六月の社会教育法改訂の際の附帯決議に記されているように、「指定管理者制度の導入に伴う弊害」に対する懸念が共有されるようになり、社会教育施設への指定管理者制度の導入については「十分配慮し、検討すること」が要請されている。

社会教育施設の中でも地域に密着した公民館については、一層、そのような配慮が求められるところである。公民館への指定管理者制度の導入は、一部の自治体で行われているが、いまだ、その実態調査や本格的な研究はあまりない。その中にあって、上田幸夫は、公民館への指定管理者制度の導入について、次のような四つの問題点を指摘している。

①行政の責任があいまいになる、②受託団体と行政とが協力・パートナーシップを築くことは困難である、③労働条件の悪化は必至である、④自治体の教育財産が特定の民間団体の営利目的に利用されるのは容認されない[1]。

このように問題点が多く語られているが、現に指定管理者制度が導入されている公民館では、どのような運用がなされているのか、調査分析はいまだ不十分である。そこで本章は、公民館への指定管理者制度を導入している自治体における制度運用の実態について実証的に検証し、その現状と課題について考察することを目的としている。九州地区で公民館に指定管理者制度を最初に導入したのは大分県日田市である。そこで、他の自治体に先駆けて公民館に指定管理者制度を導入した日田市に着目し、制度運用の実態について実証的に検証するとともに、今後の課題について考察したい。なお、本章は、調査当時の現状と課題を明らかにしたものであり、現在は多少変化していることを付け加えておきたい。

1　公民館への指定管理者制度の導入

日田市は、二〇〇五年に2町3村（大山町、天瀬町、前津江村、中津江村、上津江村）を編入合併して新日田市となった。旧日田市には、中央公民館のほかに14館の地区公民館が設置されていたが、合併後は、2町3村の各公民館がそれぞれ地区公民館となり、二〇〇七年度には、中部公民館が2館に分離して、20館の地区公民館が存在している。

旧日田市では、地区公民館に嘱託館長と市の正規職員である公民館主事が配置されていたが、合併前の二〇〇四年に、各地区に公民館運営協議会を新たに設置し、そこに公民館の運営を委託することとなった。併せて、市の正規職員を引き上げ、公民館主事を公民館運営協議会が雇用することとなった。

この制度変更を行うに際して、教育委員会は半年間をかけて各地域に何回か出向き、説明と話し合いを行った。最初の頃は公民館の民営化に対して疑問の声があり、地域からの同意は得られなかったが、最終的に、「住民参加の公民館運営」「特色ある公民館づくり」ができるという趣旨のもとで、13公民館の地区が同意し、1地区が保留したまま民営化が実施された。二〇〇五年度には、1地区も同意してすべての地区公民館が公民館運営協議会に委託されることとなった。

公民館運営協議会は、自治会長、学校長、団体代表者、公民館利用者代表、市議会議員、公民館長・主事等から構成され、発足とともに公民館運営審議会は廃止された。運営審議会委員がほぼ運営協議会委員に移行したと考えてよい。

館長は従来通り教育委員会任命の嘱託職員であったが、公民館主事については公募が行われ、２０３名が受験した。その中から、論文と面接の試験により、14名が公民館主事として採用された。

公民館を民営化するに際して、事業費としての委託料を１５０万円とし、各公民館の裁量で自由に使用できることが条件とされた。それまで約50万円の事業費であったのに比較して潤沢な予算となり、また、それぞれの公民館の独自の運営方針のもとで予算が執行できることとなったため、地域の特性を生かした公民館運営がしやすくなったという声もある。

合併後、二〇〇六年度から公民館に指定管理者制度を導入し、公募せず行政指定により公民館運営協議会を指定管理者とした。これに伴い、館長も公民館運営協議会が雇用することとなった。公民館の施設・設備の維持・管理や労務管理は引き続き行政が行い、職員の雇用、公民館事業、施設の利用許可、備品等の管理、成人式など市の事業への協力等が指定管理者の業務とされた。したがって、館長が公民館運営協議会の雇用となったこと以外は、それ以前とほとんど変わっていないというのが、職員や住民の実感である。

合併後の移行措置として、旧2町3村の地区公民館は現状維持とされたが、二〇〇八年度に旧日田市と同様、5名の公民館主事が公民館運営協議会に採用された。受験者は73名と、最初の採用時と変わらず多かった。

各地区の公民館運営協議会は、「相互の連絡調整を図」ることを目的として連合会を設置したが、特に重要な事務は公民館職員の人事に関することである。館長は地元の運営協議会が選任して雇用するが、公民館主事については公募し、連合会会長・副会長、教育次長、教育総務課長等で構成された人事委員会で選考している。採用候補者の選考は、公民館運営協議会連合会が参加する人事委員会でなされているが、雇用の決定は各地区公民館運営協議会で行っている。

公民館主事は「3年から5年を目途に他地区公民館へ異動する」という規程があるため、異動のたびに退職し、異動する地区の公民館運営協議会に新たに雇用されるという手続きをとらなければならない。それを解消するために、連合会が公民館主事を雇用するという制度に変更することが検討された。

2 指定管理者制度のもとでの公民館主事

公民館主事の応募資格は30歳から55歳までであり、調査当時、30代が14名（うち女性2名）、40代が5名（全員男性）、50代が1名（女性）という年齢構成となっている。給料は行政職俸給表（二）が適用され、初任給は20万6００円である。ただし、社会教育主事の単位履修者は20万6３００円である。この俸給表は事務職ではなく「守衛・運転手・用務員」のものであり、最も長い5年目の主事の給料でも約22万円と、昇給額は低い。

時間外手当と期末手当（六月、一二月に各1カ月分）は当初からあったが、通勤手当と扶養手当は、公民館職員労働組合からの要求もあり新設された。社会保険、労働保険には加入しており、退職金については、中退金共済に加入して、勤続25年で３４２万８００円と計算されている。

教育委員会の方針により、公民館主事は全員、毎年九州大学で開催される社会教育主事講習を受講することが保障されている。１人につき10万円を市が助成し、それを越える出費は自己負担となる。二〇〇六年度に1名を派遣し、翌年度以降は3名ずつ派遣している。予算は3名分しか確保されないので、ほぼ年齢順に毎年3名ずつ社会教育主事講習を受講している。講習を受講すると、2号級の昇給となる。

当初、九州大学の社会教育主事講習受講者のうち公民館主事として受講していたのは、日田市の公民館主事だけであり、受講者の中では異色であった。しかし、公民館の現場感覚を持って講習内容を積極的に吸収しようという意欲に満ちた彼らの学ぶ姿勢は目を引く。指定管理者制度を導入するにあたって、教育委員会がこのような研修の保障制度を設けたのは卓見である。

ほかに研修制度としては、新任職員研修、大分県主催の職員研修会への派遣等があり、後に新規採用された職員は、三月に事前研修が行われて、勤務予定の地区公民館で実際の業務に従事した。

公民館主事会が組織され、毎月2回、主事会が開催されている。主事会では主として自主研修を行っており、人権教育、男女共同参画、社会教育主事受講者の発表会、キャンプ研修、スポーツ・レクリエーション研修などを実施している。また、二〇〇七年度には研究グループをつくり、人権教育、環境教育、家庭教育、地域教育、少年教育、社会教育施設ネットワークというテーマごとに主事が3人ずつグループをつくり、共同学習を行った。個人的な努力により、関心を持った社会教育関係の講座に自主的に参加して、自己研修している主事もいる。

教育委員会には3名の社会教育主事が配置されており、各地区公民館への支援を行うことになっているが、現実にはなかなか難しいようである。中央公民館は地区公民館とは全く独自に運営されており、両者の連携・協力関係はない。採用された公民館主事は、前職がほとんど民間企業であり、社会教育の経験はほとんどないため、公民館主事会での月2回の研修会が貴重な学習の場となっている。主事達は主事会に結束して、支え合い学び合いながら、公民館の仕事にやりがいを持って取り組んでいるのである。

主事達の公民館実践への意欲は高く、主事集団としてのまとまりがそうした意欲を支えている。しかし、低い賃金など労働条件の問題は彼らの意欲を下支えするものとなっていない。1年を経過した頃から、将来に対する生活不安や現状への不満が主事の間から出されるようになった。ある飲み会の場で、組合をつくって自分達の立場を守っていくしかないという意見が出され、話し合いを重ねて、二〇〇五年七月に運営協議会雇用の公民館主事全員が集まって組合を結成することを合意した。こうして同年一二月に日田市公民館職員労働組合を結成した。採用1年目の主事（採用当初は1年契約のため）1人を除いて全員が参加した。今年度採用の職員は、採用1年目ではあるが、全員が組合に加入した。上部団体は日田市職員労働組合であり、組合の結成とその後の活動の支援を行っている。

組合として最初に取り組んだのは、社会教育主事講習への派遣、賃金引き上げ、通勤・住居・扶養手当の新設、時間外手当の実費支給、期末・退職手当の改善などである。二〇〇七年一二月に公民館運営協議会連合会会長・副会長、教育次長、生涯学習課長が出席して最初の団体交渉が行われ、協議の結果、労使間で協定書を結んだ。その内容は、(1)子と配偶者への扶養手当、(2)主事講習には10万円の助成を行い、旅費別途の出張扱いとする、(3)育休者の昇給延伸に対する復元措置は国の制度に準じて定める、というものである。

そのほか、既述のように主事の異動に伴い、公民館運営協議会を退職し、新たに異動先の運営協議会に採用されるという問題を解消するために、連合会雇用という体制への移行を提案している。異動に際しては、異動希望調査を行い、希望を尊重するよう組合が要求を出し、人事委員会もそれを認めている。

なお、公民館職員労働組合として、日田市公民館運営協議会連合会人事委員会あてに初めて提出した要求書は次のような内容であった。

「日田市の社会教育事業の発展に日々活躍されている貴職に対し、心から敬意を表します。私たち日田市公民館主事も日田市の社会教育事業の普及発展に微力ながら努めています。日田市の地区公民館の民営化も4年目となり、利用者の方にはこれまで以上に利用しやすく、地域に密着した『公民館』となることを目的に事業を進めていかなければなりません。その為には私たち公民館主事は、日々研修を重ね公民館運営・社会教育事業を推進していくことのできる人材とならなければなりません。私たちは、社会教育法の目的を実現し、住民の皆さんの豊かな暮らしを実現するためのサポート役である私たち公民館主事が、安心して働くことのできる職場の確保、実質的な生活の向上となるように次の事項を要求します」

社会教育法の目的を実現すべく公民館主事としての専門的な力量の向上と、労働者として安心して働くことができる労働条件の改善とを結びつけた要求書となっている。

3 公民館主事へのアンケート結果より

二〇〇八年一〇月に、20名の公民館主事に対してアンケート調査を実施した。年齢は、30～34歳が4人（女性1人）、35～39歳が10人（女性1人）、40～44歳が2人（男性）、45～49歳が3人（男性）、50～54歳が1人（女性）という構成になっている。学歴は、高校卒業が2人、大学中退が2人、大学卒業が13人、大学院修了が3人である。自宅から通勤しているため住居費が必要ないのは11人、ローンないし家賃を毎月払っているのが8人で、その額は4～7万円である（その他が1人）。前職は、14人が民間企業、3人が学校あるいは塾の講師、1人が市役所、1人が教育委員会（無回答が1人）である。前職の給料が現在の給料を上回っていたのは7人であったが、全員が、現在の給料で家族を養うのは難しい、あるいは無理だと回答している。

応募理由としては、自宅から通勤できる、やりがいがありそうだ、公務員に準じると記されていた、人に勧められた、という理由が多かった。単身赴任や多忙な企業のために家族と接する時間がなく、地元に帰って家族と暮らしたい、という気持ちから応募した人達もいる。

社会教育や公民館についての知識を持たずに応募し採用された人達が大半を占めているが、実際に仕事をしていく中で公民館主事としてのやりがいを発見していった主事が多く存在する。懇親会の席での自己紹介の際に、地域の人達とかかわって考え方が変わった、公民館主事の仕事は自分の成長につながる、地域の人達に楽しんでもらえるのが嬉しい、公民館主事は一生続けていける仕事だ、地域の人達のおかげで精神的に助けられた、などの言葉が語られた。

そのため、主事としての力量を高めるための研修や学習への意欲は高い。社会教育主事講習に参加した主事は、講習で学ぶ中で、社会教育に関する考えが随分変わったと話している。

それだけに、指定管理者制度のもとにある現在の仕事の環境には不満や不安がある。次のような主事達の率直な声がアンケートに寄せられている。

「公設民営化・指定管理者制度となってから、公民館は教育委員会から切り離されて考えられているような気がする。確かに組織としては別のものになっているが、市民（地区住民）に対して社会教育の場を提供するという点では共通するものがあるので、もっと連携・協力してもらいたい」

「日田市の公民館は民営化していますが、私は公務を行っていると思っています。当然その仕事内容から給与の改善はしてもらいたい」

「私達も公民館に勤める上で市の職員同様、『市民全体の奉仕者』という自覚の上で働かせていただいております。市民の税金から私達の給与が支払われていますので当然のことだと思います。ただ、同年代の市職員の所得と比べると大きな差があり生涯賃金にも影響します。……私達の身分は非常にあいまいです。4月の異動の際にはいったん退職し、新しい公民館に採用される形をとっています。……指定管理者制度につきましても、いつ契約が破棄されるかという不安が常につきまといます」

アンケート結果を通じて、地元で60歳定年まで働き続けることができ、地域の人達とかかわりながら、社会教育というやりがいのある仕事ができるという思いで、意欲的に公民館の仕事に携わっている主事達の様子を見ることができる。公民館主事としての業務にかかわる悩みや矛盾は、主事会という集団の中での支え合いによって少しずつ解決していくことができるとしても、彼らの生活基盤の脆弱性は、現代日本の社会構造と連関しており、すぐに解決することは困難であろう。しかし、主事全員が参加して労働組合を結成し、待遇改善への活動に取り組んでいる様は、将来を照らす一条の光となっている。

4　指定管理者制度のもとでの苦悩と可能性の契機

日田市では、公民館に指定管理者制度を導入したといっても、公募はせずに公民館運営協議会を指定するということが当事者間では合意されており、運営協議会に雇用された公民館主事も定年退職まで働くことが予定されている。また、公民館の施設・設備の維持・管理と労務管理は教育委員会が行っており、公民館運営協議会は基本的に公民館の運営に関する業務に専念することができる。とはいっても、指定期間は3年間であり、再び指定されるという絶対的な保障はないので、長期的な見通しの中で公民館活動を継続・発展させていくという点で不安は残る。

行財政改革のもとで、市の正規職員を引き上げ、新たに設立された公民館運営協議会が公民館主事を雇用するという制度変更によって、人件費が大幅に削減されるという市としての財政効果は現れている。しかし、逆に、当然のことながら協議会雇用の公民館主事の待遇は、彼らの将来設計を考えた場合、かなり厳しいものがある。この状況を改善するために主事達は労働組合を結成し、扶養手当の新設など待遇の改善に向けて一歩を踏み出している。

人件費を削減した分、公民館事業費は大幅に増額された。予算の執行は、各地区公民館の館長決済で行うことができるので、それぞれの地区公民館の裁量の余地が広がった。公民館の事業計画は、主事が中心となって公民館運営協議会で協議して作成するが、指定管理者として指定されていることにより、運営審議会の時以上に住民主体で事業を行う責任意識が高まったようである。公民館運営協議会連合会、公民館館長会、公民館主事会、教育委員会生涯学習課いずれのヒアリングにおいても、新しい制度のもとで、以前に比して地域に即した事業を企画・実施することができるようになったという点が、成果として語られている。

制度的には、公民館運営審議会があり、市の正規職員である公民館主事が配置されていたことにより、地域に根ざした公民館活動が展開される保障がなされていたと推測されるが、実際のところ、現行の制度において、そのことがより実現されているというのは皮肉なことであるかもしれない。その要因として、一つには、地域に公民館運営が任されたことにより、公民館運営協議会が中心となって住民の参画意識が高まったこと、もう一つには、公民館主事として独自に採用されたことにより、通常の人事異動に組み込まれた市職員としての公民館主事に比して、彼らが専門職としての意識を形成しつつあること、等が挙げられるだろう。

実際、公民館主事は社会教育主事講習の受講が保障されているとともに、公民館主事会で自己研修を重ねており、前述した組合の要求書に見るように、公民館主事としての専門性を高めることを何よりも求めている。筆者達のヒアリングに際しても、1日目の夜の懇親会と2日目の午後、夕方までの間に、主事全員が参加し、一人一人から公民館という仕事への思いを聞くことができた。特に社会教育のプロとして公民館の仕事を続けたいという言葉が印象的であった。ヒアリング会場に行くと、公民館主事会の役職者だけでなく主事全員が集まっていたことに驚いたが、厳しい労働条件に置かれている分、職員集団としての支え合いの関係性が築かれているように感じた。

しかし、現行の賃金体系では将来の生活設計を見通すことは難しいし、主事としてのモチベーションにも影響を及ぼすかもしれない。その点で、主事全員が参加して労働組合を結成したことは重要な意義がある。とはいえ行財政改革のもとで、教育委員会としても組合の要求にそのまま応ずることはできず、両者ともに苦しい状況に置かれている中での指定管理者制度の現状である。

日田市の調査を通じて、公民館に指定管理者制度が導入された現状をある程度実証的に明らかにすることができた。日田市における制度上の問題点や課題は、従来指摘されていたことと重なる点が多い。一方で、その制度運用の中で、社会教育施設としての公民館の可能性を育てる契機が存在していることも見ることができた。その矛盾の只中で公民館主事は日々、地域の社会教育活動に邁進している。

今後、公民館主事会として、あるいは公民館職員労働組合として、社会教育の専門性を開発しつつ労働条件を改善していくための、集団的、互酬的な関係づくりをどのように構築していくことができるのかが、日田市における指定管理者制度のもとでの公民館活動を発展させる中心的な要素となるであろう。とともに、行財政改革のもとで、自治体として、特に教育委員会として、民営化された地域社会教育の活動を支援していくシステムづくりを探究していくことが、もう一つの重要な課題である。そのためにも、指定管理者として公民館活動を担っている公民館運営協議会と公民館職員、そして行政の間の継続的な対話と討議＝熟議を意識的に追求することが重要となる。すなわち、それぞれの立場の違いを踏まえた上で、熟慮し議論しながら、新しい共通理解を形成していく[2]筋道を作り上げていくことである。その際の価値づけは、地域の社会教育の発展にとって少しでもより善いシステムとはどのようなものであるのか、という点にある。

【注】

1　上田幸夫「『公民館』再編がすすむなかで、住民の学習権保障が課題」『議会と自治体』二〇〇八年二月　57頁

2　田村哲樹『熟議の理由——民主主義の政治理論』勁草書房　二〇〇八年

第Ⅳ部　スウェーデンの社会教育学とコミュニティ・ガバナンス

第11章

スウェーデンにおける Socialpedagogik（社会教育学）の動向

はじめに

筆者はかつて日本の社会教育概念が成立するにあたって、ドイツのSozialpädagogikとの関連性に着目し[1]、ドイツのSozialpädagogikが日本の社会教育の概念形成に及ぼした理論的な影響について論じたことがある[2]。社会教育という概念は日本独自なものであるという有力な考え方が存在していたが、この研究を通じて筆者は、それが誤っていること、そして日本とドイツの社会教育学の近似性について明らかにした。

一方、大串隆吉は、ドイツ研究の立場から、「社会と教育を結びつけた言葉、社会教育は、日本独特のものではない」と指摘し、ドイツのSozialpädagogikと日本の社会教育学との共通性について論じている。そして、社会教育学という用語は、北欧、バルト三国、東欧でも用いられていることを指摘している[3]。実際、筆者がこれまで訪問したスウェーデン、デンマーク、ロシア、スロベニアの大学では、成人教育とは別に社会教育学の研究室が存在し、主として青少年支援や社会的排除にかかわる問題の研究を行っている。

本章では、特に福祉国家として最も注目されてきたスウェーデンにおけるSocialpedagogik（以下、社会教育学と訳す）の最新の研究動向とSocialpedagog（以下、社会教育者と訳す）の養成課程、さらに社会教育学の現場での実際の活動についてインタビューを行い、スウェーデンにおける社会教育学の総体的な現状と当面する課題について考察することを目的としている。

スウェーデンでは（他の北欧諸国やドイツでも同様だが）、社会教育学は青少年を対象にしてきた伝統がある。つまり青少年を社会に統合していくことが社会教育学の主要な目的であり、主として個人に焦点化した支援であった。しかし、リンシェーピン大学のリスベット・エリクソンによれば、近年、社会教育学は、家族全体や社会的ネットワークに向けられるようになってきたと言う。[4] つまり年齢にかかわりなく、周辺化された集団や問題を抱えた人々、一方では、通常の学校や民衆大学（Folkhögskola）などでも社会教育者が仕事をするようになってきたのである。

ストックホルム大学「社会活動（Social Arbete）学部」の Socialpedagogik コースのリーフレットによれば、一九五三年に孤児院監督者のための教育課程が創設され、それが一九五九年に Socialpedagogik の名称となり、Socialpedagogik 課程の始まりとなったとされている。そして一九八〇年代の初めには、青少年だけでなく大人も活動対象として教育課程に位置づけられるとともに、施設内だけの活動ではなく施設外の社会における活動も射程に入れるようになった。このリーフレットによれば、社会教育学は「心理社会的に不利な状況にある個人や集団、また同時にかれらを支援するプロセスのための条件に関する学問」と定義されているが、実際のところ社会教育学に関する定義はやっかいであり、多様である。理論的にも多様であるが、社会教育者が働く現場も多様である。

本章では、スウェーデンの社会教育学について、最新の研究動向と職員養成課程を概観するとともに、社会教育者が働いている現場を訪ねてインタビューを行い、福祉国家において教育と福祉を融合したような社会教育学がどのような役割、機能を果たしているのか、その現状と課題を明らかにすることを目的としている。この研究は、日本においても「社会教育福祉学」という新たな領域が成り立たないかどうか、比較検証するという意味も込めて行うものである。

1 スウェーデンの社会教育学の研究動向——エリクソンを中心に

スウェーデンの社会教育学の源流は一九〇八年にさかのぼるとされている。社会的に問題や困難を抱えた人達（犯罪者や精神的障がい者など）を施設に収容し、そこで治療、ケアすることが社会教育であるとされた。ここでは、対象者を社会化することが目的とされたのである。しかし、治療、ケアに従事する人達は専門的な教育を受けていなかったため、収容された人達は症状が悪化することも見られた。そのため、ここで働く職員のための教育が始まることになる。一九三〇年代以降になると、貧困問題に目が向けられ、社会教育と社会政策との関連が注目され、社会福祉の思想が生まれてきた。このような歴史的な流れの中で、社会教育学は社会福祉の一部という理解が生じてきた。そのため、社会教育学よりも社会福祉の方に重点が置かれ、社会福祉の中の教育的要素は軽視されてきた。

しかし、ストックホルム大学のクリステル・セデルルンドは、社会教育学は、教育学と社会活動の中間に位置していると語る。[5] 彼によると、社会教育学の七つの定義の7番目が、「社会活動と教育活動は近接している」というものであり、当事者とともに参加しながら、どう生きていくのかをともに考えていく、当事者と教育者との相互作用を通して当事者のアイデンティティを形成していく点に教育学としての要素があると言う。スウェーデンでは、伝統的なソーシャルワークはデスクワークであり、当事者に直接働きかけ、相互作用を通して彼らのアイデンティティを強化していく点に社会教育学の独自な意味があるとされるのである。したがって、社会教育者には高いコンピテンスが要求されるのである。

スウェーデンにおいて社会教育学の理論研究を主として行ってきた代表的研究者としてエリクソンを挙げることができる。彼女は、最近の著作の中で「社会教育学の一定の定義はない」と言い切っている。そして、「社会教育学の言説は複合的であり、多様な側面を含んでいる。社会教育学の核心をどのように定義するのかという努力が行われてきたが、それを確立することは不可能である」と述べている。[6] しかし、この用語を分解すれば、「社会的」と「教育学」という二つの用語から構成され、ここから社会教育学は、「ある仕方で社会的な教育学」あるいは「教育の要素を持ったソーシャルサービス」のいずれかを意味しているということになる。[7] 彼女は社会教育学の概念の原点はこの点にあると考えている。

エリクソンは、スウェーデンにおける社会教育学の歴史的な源流として三つを挙げている。一つは大陸的な伝統であり、特にナトルプを取り上げている。この理論的な伝統においては、個人の社会への統合に向けた社会化と再社会化が課題とされた。二番目はアメリカの潮流であり、アメリカのソーシャルワーカーの伝統に根ざしたものである。ここでは、治療的アプローチが特徴的である。アメリカの治療的方法は広まってはいるが、エリクソンはそれに対して批判的である。つまりそこには、社会教育学に関する省察が見られないからである。三番目の柱は、ジョン・デューイ（John Dewey）やパウロ・フレイレ（Paulo Freire）の理論である。デューイの思想は二〇世紀半ば以降のスウェーデンの教育理論に大きな影響を与えた。また、フレイレの理論は、スウェーデンの社会教育学におけるエンパワーメント、解放、社会的組織化などの思想の基礎になっている。たとえばアルフ・ロンビィ（Alf Rombby）は、社会教育学は、人々が彼らの状況を変革し、それによって、そのプロセスを通じて彼ら自身が発達していくことを鼓舞すべきであると述べており、[8] フレイレの理論的影響が見られる。エリクソンは、スウェーデンにおける社会教育学の概念を理解する上で、まずこのような歴史的なルーツを知ることが重要であると考えるのである。[9]

表1　エリクソンによる三つの社会教育学モデル

	適応モデル	編成・組織化モデル	民主的モデル
ツール	関係	行動	対話
方法	個人に対する援助・治療	社会に対する構造的方法	グループの活性化
姿勢	個人主義的	集団的、変革	実践知
概念	コミュニティ	解放、エンパワーメント	陶冶、市民性

エリクソンは、社会教育学の三つのモデルを提示している。適応モデル、編成・組織化（mobilization）モデル、民主的モデルの三つである。これらのモデルは、実践データから導き出したものであり、社会教育実践に関する理論的仮説を含んでいる。それぞれのモデルの特徴は表1の通りである。

適応モデルでは、主要な目標は社会への統合あるいは適応であり、良き社会が存在するという前提がある。もし個人が社会的に排除されていたなら、社会教育学の援助・治療を通して良きコミュニティに戻り参加することができるようになるであろうとされる。社会教育の仕事は、専門職とクライアントとの間の良好な関係に基づいており、目標に到達するために異なった援助・治療方法が用いられる。このモデルは、社会ではなく個人を援助・治療するという個人主義的なスタンスを反映したものである。

編成・組織化モデルの目標は、クライアントの解放である。この社会教育学の解釈はラディカルなものである。クライアントは彼／彼女自身の状況を認識するようになり、結果として解放される。行動はこのモデルにおいては重要である。社会構造が個人の問題を引き起こしていると考えるため、用いられる方法は社会の変革に向けられている。

民主的モデルは、ヒューマニズムと民主主義の思想に基づいている。個人は、社会教育学の援助を通して「市民性の陶冶」がなされる。編成・組織化のアプローチを持ってはいるが、2番目のモデルよりラディカルではない。このモデルでは対話が本質的なものであり、直感を含んでおり、社会教育者は実践知を持っているという仮定がある。活性化という方法は、地域社会でのグループ活動のための民衆教育として述べられるが、このモデルの方法もそれに似たものである。グループが彼ら自身の状況に立ち向かうために援助を行うのである。このような方法は、フレイレの思想に類似している。

このような社会教育学の特徴づけはエリクソン以外にも、マドセン（Madsen, B. 2005, Socialpedagogik）など他の研究者も行っているが、エリクソンは、スウェーデンでは社会教育学が一つの学問領域として確立していないと考えている。それは、大学において社会教育学の課程を有しているのは1大学だけであり、ほとんどのスウェーデンの大学では、ソシオノム（Socionom　ソーシャルワークのような領域　socio の語源は social である）の一分野として扱われているということにも現れている。

ソーシャルワークの分野や社会では、一つのコンピテンスとして社会教育学に対する関心が増大している。しかし同時に、大学は社会教育学をソシオノムの領域に組み入れている。現在では、社会教育学の視点と方法はソシオノムのコースの内容になっている。したがって、社会教育学はカリキュラム上、不明瞭になってきている。学問的に自律的なステイタスから遠ざかっているのである。さらに、いくつかの大学では、社会教育学は特別な訓練としてソシオノムの選択コースになってしまっている。それにもかかわらず、逆説的であるが、教師教育（特に困難を抱えた子どもの教育）の分野では社会教育学への関心が高まっている。ソシオノムと教師の訓練・教育の中間的な領域にかかわる理論的実践的な関心が増大しているのである[10]。

エリクソンは、もともと民衆大学の研究をしていたこともあり、社会教育学と民衆教育、成人教育との関連、あるいは地域開発・地域づくり（Community development）との関連についても関心を寄せている。社会教育学とは何か、というテーマを考える上でも一つの重要なアプローチになると思われるので、この点についてのエリクソンの言説を考察してみたい。

これまでスウェーデンのコミュニティには、社会教育学、民衆成人教育、地域づくりの活動が関与してきた。

エリクソンは社会教育学を、ナトルプの思想の延長上に、コミュニティをめぐる理論と見なしている。そして社会教育学は、スウェーデンにおける地域開発・地域づくりに合致する伝統を持っていると述べる。とはいえ、社会教育学は主としてドイツや北欧の伝統であり、地域開発・地域づくりはアングロ・サクソンの伝統である。

地域開発・地域づくりは時に教育分野に位置づくものと述べられているが、社会教育学は、少なくともスウェーデンの伝統的な理解ではソーシャルワークと考えられてきた。一方、民衆成人教育は、社会的問題を抱えた人々はめったに参加せず、文化的に向上しようとするエリートのためのものであった。その結果、社会教育学に包摂される集団は、成人教育に参加する集団とは完全に切り離されていた。

しかし、一九七〇年代初期に、成人教育、特に民衆成人教育の領域に劇的な変化が生じた。社会的問題を抱えた多くの人々が、民衆大学のような民衆成人教育に参加し始めたのである。失業者、薬物依存症者、犯罪者などが自発的に教育プログラムに参加し始めるとともに、彼らはまた多かれ少なかれ様々な公共機関によって参加するように強いられた。この結果、社会教育学と成人教育の境界があいまいになり、社会的な分野でのみ見いだされるものとして社会教育学を説明することが、もはや説得力をなくしてきた。

地域開発・地域づくりは教育学的な側面を言明しているのに対して、社会教育学はソーシャルワークの伝統に属している。しかし、今日のスウェーデンにおける議論では、社会教育学の明確な教育学的な理解が増大している。教育学的な要素は、社会教育学の教育においても研究においても強調されている。北欧外の国々には、個人に対する支援・治療という理解で社会教育学が広がりつつあるのだが、スウェーデンでは社会教育学は長く民衆成人教育の要素となってきた。民衆成人教育と社会教育学の間の境界は拡散しており、線引きをするのは難しい。たとえば民衆大学のクラスにおいて、社会的側面と教育学との間の境界を引くことは不可能であり、妥当ではないのである。[11]

エリクソンは、社会教育学が成人教育と重なりつつあり、したがって、地域開発・地域づくりとも関連を深めつつあると考えている。しかし、それらがどのような関連構造になっているのか、という点にまで踏み込んで理論化しているわけではない。筆者のインタビュー（二〇一〇年八月一七日）においても、その点について納得のいく説明は得られなかった。理論よりも実践が先行して多様化しており、多様な実践をどのように理論化していくのかは今後の課題となるであろう。

一方で、大学のカリキュラムにおいては社会教育学の位置づけが弱まっており、社会教育学の社会的な需要からすると矛盾であるが、それは社会教育学の学問的アイデンティティ、つまりソーシャルワークなのか教育学なのか、という問いかけとも関連している。社会教育学における教育学的な要素は高まっているが、教育学としての社会教育学として学問的アイデンティティを確立することは困難である。ここに学問的なディレンマがあり、エリクソンもそれに対して回答を出すことはできないでいると思われるのである。

2　大学における社会教育者の養成

かつて社会福祉の領域では、ソシオノムと社会教育学という二つの異なった教育が行われていた。ソシオノムは大学で養成され、社会教育者は単科大学で養成されていた。両者の教育の最も顕著な違いは、社会教育学がソシオノムとして必要な法律の教育がなされていなかったことである。他方で、社会教育者はグループ・トレーニングや教育学のコースを受けていた。しかし、一九九〇年代になると、社会教育者の教育は大学の教育システムに組み入れられ、その後、ソシオノムの教育の一部となった。今日では、ほとんどのスウェーデンの大学は、社会教育者やソシオノムのための一般的な共通教育の課程を持っている。社会教育学は現在では、ソシオノムの一課程として位置づけられ、それぞれの大学は、異なった内容のカリキュラムの中に、多かれ少なかれ社会教育学を含んでいる。しかし、単科大学、高等学校、民衆大学には、まだ社会教育学の課程がいくらか残っている。そうした学校の課程は、少なからず短いものであり、数週間から数学期までである。これらの学校を卒業した学生は、ソシオノムのアシスタントとして働くことも少なくない。

このように社会教育学の教育システムと教育内容は、この10年間に大きく変化した。したがって、現在のソーシャルワーカーと社会教育者は、いつ、どこで教育を受けたのかによって異なった教育を受けているのである。たとえば教育の期間やカリキュラムが違っているし、内容も変化した。

トロルヘッタン市（Trollhättan）にあるウェスト単科大学（Högskolan Väst）はスウェーデンで唯一、社会教育学の独自の専攻課程を今も持っている。「社会教育学・社会学部」にあり、3年間の課程である。この専攻を卒業すると、ソシオノムではなく社会教育学の学位が得られる。スウェーデンで唯一、この大学でしか得られない学位である。卒業した学生は主として福祉の現場で教育的な役割を果たす仕事に従事するという。[12] 3年間なので、6学期であるが、それぞれの学期のコース名は次の通りである。

1学期　人々、社会、日常生活、生活状況に対する社会的、教育学的なパースペクティブ
コース1　人間の発達、社会、学習
コース2　日常生活と生活状態
2学期　福祉国家の制度的な枠組みとソーシャルワークに関する法律

コース3　福祉国家の政策――価値と機関
コース4　社会的法律
3学期　社会教育学、周辺化、福祉における変化の過程
コース5　パワー、ジェンダー、エスニシティ、多様性
コース6　調査法
コース7　日常生活と参加行動の方法
4学期　社会教育学と学習を統合した仕事
コース8　社会調査、ケースの処理、文書化の方法
コース9　社会教育学分野の実習
5学期　組織化とターゲット・グループに関する教育学的パースペクティブ
コース10　組織化とターゲット・グループに関する教育学的パースペクティブ
コース11　実習とソーシャルワークの応用
コース12　社会的に傷つきやすい子どもに対する社会教育学的な仕事
若者に対する社会教育学的な仕事
高齢者に対する社会教育学的な仕事
知的障がい者に対する社会教育学的な仕事
薬物依存と他の依存症の問題を抱えた人々に対する社会教育学的な仕事
6学期　科学と行動としての社会教育学
コース13　多様性と社会的カテゴライズ化

コース14　ソーシャルワークと社会教育学の調査法

コース15　まとめ

これを見ると、教育学とソーシャルワークを統合したようなカリキュラム構成になっていることがわかる。福祉的な領域で教育学的アプローチを通して、問題や困難を抱えた個人を支援しつつ社会問題を解決していくというスタンスである。

一方、ストックホルム大学では、社会活動（Social Arbete）学部にソシオノムの課程があり、社会教育学はその中に位置づけられている。３年半の課程であり、社会教育学のコースには5人のスタッフがいる。かつては単科大学であったが、一九九八年にストックホルム大学に統合された。毎年、１５０～１６０人の学生が入学し、約30人ずつに分かれて、三つがソシオノム、一つが社会教育学、もう一つは障がい者・高齢者のコースとなる。1年目（Ⅰ、Ⅱ学期）は社会科学や法律など基礎理論を学び、３～５学期に社会活動など共通科目を学びつつ、5学期以降に専門科目を学ぶ。社会活動の科目にはⅠ、Ⅱ、Ⅲとあり、Ⅰは基礎理論、Ⅱは現場実習、Ⅲ（6学期）で卒業論文の作成を行う。かつては実習の時間が多かったが、しだいに実習は減り、理論が重視されるようになってきた。修士課程は1学期だけだが、もっと研究したい学生は1年半を加えて修士の学位を取得することができる。博士課程まであり博士の学位も取得できる。7学期を終えると、社会教育学専攻のソシオノムという資格が得られる。国家資格ではなく、ソシオノム協会で認定される資格である。卒業した学生の主な就職先は、福祉事務所、学校、治療施設などである[13]。

民衆大学（Folkhögskola）では、ストックホルム市内の四つの学校に社会教育学のコースがある。その中で、一九九九年にトッラレ民衆大学（Tollare Folkhögskola）が最初に社会教育学のコースを設置した。もともとアルコール依存症者の更生施設が母体となって設立された学校であり、その経緯より校内（寮も含めて）での飲酒は禁止されている。

学校のリーフレットには、社会教育学のコースについて次のような趣旨が記されている。

「このコースは、健康状態にリスクのある若者を予防したり、支援・治療する仕事に就きたい人のためのものです。ここでは、若者の薬物乱用や犯罪性のある行為に関する知識を学びます。どのようにして破滅的な方向に向かう者を何らか前向きな方向に向けるのか、実験や成功した方法を参考にして学びます。

このようなことを実践するグループのメンバーとコンタクトをとります。活動的な実践家や現場でのカウンセラー、福祉の仕事に従事する人から学んだり、長期間の実習を行います」

3学期制で1年半の課程であり、カリキュラムとしては、おおよそ次のような内容である。

「若者の状況」――発達心理学、知覚学習心理学、ドラッグ依存状態、識字、神経症・精神障がいの診断、家族問題

「社会」――調査方法、社会政策・社会奉仕、法律、オープンカウンセラーとその制度、非営利組織、保険制度、性の問題

「社会教育学」――社会教育学、教育学の方法、実習と事前指導など

「その他」――社会計画、職業の役割と倫理学など

社会教育学のコースに応募できるのは、高校を卒業し22歳以上であり、社会で働いた経験、特に青少年問題にかかわる仕事に従事した人が望ましいと記されている。試験はないが、面接をして意欲があるかどうかを見極めながら入学を許可するかどうか判断する。現在、社会教育学コースに在籍している学生の平均年齢は30歳であり、移民が多いと聞いた。働く職場では様々な民族の人達がいるので、多民族で構成されているクラスは重要であるという。家族や仕事から離れられず通学できない人達のために遠隔教育も行われている[14]。

民衆大学では教育期間が短いということもあり、ウェスト大学のような社会教育学専門の課程に比べると教育内容を厳選しなければならず、トッラレ民衆大学では、薬物依存、アルコール依存、それに伴い犯罪へと向かう若者をもっぱら対象としたカリキュラムとなっている。しかし、後述するように、卒業して実際に働く職場はその分野に限られるものではない。

3　社会教育者の仕事

一九六〇年代初期から一九九〇年代にかけて社会教育者は、社会的・精神的・心理的な問題を抱えた青少年の施設で働いていたが、社会の変化と青少年ケアに関する考え方の変化によって、居住施設での配置が少なくなっていった。この結果、社会教育者の働く場はしだいに、就学前学校やホリデイ・キャンプのようにもっとオープンな場所へと変化した。一九九〇年代には、社会教育者は新しい職場で仕事を始め、青少年だけでなく他の年齢のグループや以前とは異なる問題に対応しようとした。さらに今日では、社会教育者は広い範囲の職場で働いており、すべての年齢にわたる、身体的精神的な健康、子どもの福祉、アルコール・薬物依存症の治療、社会福祉サービス・プログラムの仕事に携わっている。彼らの仕事は、個人、家族、小グループ、組織、コミュニティへの支援全体にわたっている。また、スウェーデンで社会教育学がかかわる新しい領域として、刑務所や保護観察、基礎学校がある。

このような仕事は社会教育者だけが行っているわけではなく、社会教育学的なアプローチが用いられる場所であると言うことができる。社会教育者の仕事の領域が拡大している要因は様々であるが、明確なことは、社会教育学は価値があり効果的であると見られており、したがって、いくつかの領域で適用すべきであると考えられていることである。もう一つの要因は、働く領域の拡張が社会教育者にとって働く機会の拡張につながっているということである。労働市場において社会教育者は、以前に比して需要が高まっている。特に学校は、特別なコンピテンスとして社会教育者を採用することに関心を持ち始め、社会教育学の教育を受け、そのコンピテンスを持った専門家を求めるという求人広告を出している。

社会教育者は職場や個人に応じて多様な方法を用いている。それは折衷的なアプローチを有しているという点で共通しており、異なった方法を個人的に組み合わせて実践している。エリクソンは、四つの異なったフィールドで方法がカテゴライズされると論じている。支援・介入、アウトリーチによるソーシャルワーク、治療、管理の四つである。さらに、社会教育学を特徴づける他の方法もあり、一つは創造的方法である。スウェーデンの社会教育実践における創造的な要素は広がっている。創造的方法とは、たとえばハンディクラフト、アート、ダンス、ドラマ、コミュニケーション、音楽といったものであり、オーラル・スピーチが用いられていた方法に代わるものである。何らかの理由で自分自身の状況や問題について話すことができない、あるいは話したがらない人にとって、音楽や絵画のような方法を用いることにより、彼らの感情や思考を安心して表現することができるようになる。

社会教育学にとって固有であるとみなされている他の方法は、地域活動あるいは地域開発・地域づくりである。地域開発・地域づくりはスウェーデンでは、政治的でラディカルな観点と関連づけて見られている。初期の研究では、社会教育学と地域開発・地域づくりとのつながりは、大変強く指摘されていた。しかし、この方法は、今日ではめったに用いられなくなり、社会教育学の多くの教師はそのことを残念に思っている。地域開発・地域づくりの方法によって仕事をすることは、社会教育者がクライアントのエンパワーメントと編成・組織化のために努めることを意味している。その方法のもっとラディカルな意図は、社会における力関係を変革することである。それにもかかわらず、こうした方法は社会教育学の教育や実践においてそれほど共通なものになっていないが、社会教育学の理解において最も重要な要素の一つとなっている。

エリクソンは、このような構造的な方法の不在は、個人的な関心に向かう社会の一般的な傾向の結果であると見ている。全体としてスウェーデンの社会福祉の仕事においては、構造的な支援・介入から個人的なものへと傾向が移っているようである。したがって、社会教育学の方法も、諸個人、個人主義的な解釈と支援・介入に向けたものになってきているのである。[15]

さて、大学等で社会教育学を学んだ者が、卒業後、どのような職場でどのような仕事をしているのであろうか、筆者は実際に幾人かの職場を訪ねてインタビューを行った。その内容を紹介して若干の考察をしたい。

(1) 基礎学校で働く社会教育者

Aさん（男性）は、Kvickenstorpという、ストックホルム市にある基礎学校（9年制）で働く社会教育者である。21歳の時に基礎学校に就職したが資格はなく、補助教員として働いた。その中で、学習が困難な子ども達に関心を持ち、なぜ困難なのだろうと考えながら仕事をしていた。30歳の時に現在の学校に移ったが、教員の資格はとるつもりはなかった。というのも、教科を教えることに興味がなかったからである。

そこで、32歳の時に、先に紹介したトッラレ民衆大学の社会教育学コースに入学し、学校に在職しつつ2年間学んだ。修了後、この学校で社会教育者として取り組んだのは、学習が困難な子ども達のためにサポートするクラスをつくったことである。ＡＤＨＤ、アスペルガー症候群、自閉症の子ども達、あるいは家族が崩壊していたり、親が精神障がいや薬物依存の患者であったりする子ども達が、そのクラスに10人いる。彼以外に、2人のソシオノム、2人の教科担当の教師が配置されている。子どもを中心にしたクラスをつくっていきたいと言う。

彼の役割は、子どものケア、支援であり、「蜘蛛の巣の真ん中」の役割を担っているという。つまり、子どもとの会話、両親との連絡、行政との連絡など、子どもをめぐって「蜘蛛の巣の真ん中」にいるような存在なのだという。たとえば、学年の教育目標には到達していなくても、子ども自身にとっては学習目標を達成しており、高校にも進学できるという希望を持たせることが大事である。朝、子どもが不機嫌に登校してきた時にも、そうした子どもの気持ちをきちんと受け止める必要がある。親には、家庭訪問をしたりして、負い目を持たせないようにする、親と学校が協力することが大事である。彼はこのようなことを語っている。

この学校には、社会教育者はもう1人いて別の仕事をしている。ソシオノムは3人いて、ほぼAさんと同じ仕事をしている。ほかにキュレイターが配置されていて、子どもの問題に対して支援をしているが、Aさんが担当している症状の重い子ども達以外の子どもである。（二〇一〇年八月一九日にヒアリングを実施）

(2) ストックホルム市 Nova Center で働く社会教育者

このセンターは5年前に設立され、18~30歳の精神的神経的に疾患があったり、機能が低下している青年に対する学習と就職のサポートをしている。1日の生活のリズムをつくったり、作業所で工芸作業などを行いつつ仕事に就くためのサポートを行っている。30歳で区切っているのは、社会保険事務所からの補助金と学校に通うための定期代が支払われるのが30歳までだからである。30歳以下であれば教育手当てが支給されるが、30歳を越えると傷病手当てになる。統合失調症、パニック症候群、対人恐怖症、ＡＤＨＤ、アスペルガー症候群などで判定を受けた青年が、このセンターに通うことができる。最近は薬物依存症者が増えてきたと言う。

社会教育者は3人いて、ストックホルム大学を卒業したためソシオノムの資格を持っている。2人にインタビューをしたが、2人ともセデルルンド教授のもとで社会教育学を学んだ。スタッフは、技師や調理師なども含めて15人いる。

設立当初は参加者が1~2人程度であった。青年達はこのセンターに来るのが億劫だったり、恐れていたのである。そこで、まず医療機関と連携をとることから始め、センターでの今後の活動について説明した。そして青年達と会う機会をつくり、お茶を飲んだり、映画に行ったり、話し合ったりして、ニーズを聞いた。体を動かす活動をするためにロックの演奏活動などもした。

そこから、「ポペーグ」(途上にある、という意味)という青年を活動的にするためのコースを作り上げた。12回のコースであり、毎回違うテーマで実施した。社会保険事務所、生活相談所のスタッフ、進路相談員の話を聞いたり、公共交通機関の乗り方を教え、就職相談所やストックホルム大学を訪問したりした。コースの目標は、社会にいくつもの選択肢があることを教え、学校退学者やひきこもりの青年に生きる自信を与え、都心部のセンターに通うことにより普通の青年と同じような生活を送ることである。社会から隔離して作業所で仕事をするのではなく、社会に参加することが目標である。

青年に対するケアは行わないが、活動をすることによって支援がなされていく。既にこのコースは3回実施し、参加した青年は学校に通い始めたり、就職したりし始めている。スタディサポートを行っており、学校と連絡をとりながら、コンピュータを使って学習の支援をする。この取り組みを通じて3人が大学に進学し、8人が高校に進学した。また、雇用サポートもしている。労働市場が厳しくなっているが、7人が就職している。住宅サポートでは、いっしょに散歩をしたり、お茶を飲んで話したり、バスの乗り方を教えたり、日常生活のルールを教えていく。

ここでは個々人に合わせたサポートを行っている。たとえば、学校に通えず6年間引きこもりの青年が来週から家具・木工のコースに通うことになっている。学校教師と会って話し、自立した生活ができるように補助具を申請して準備している。ＡＤＨＤの青年は朝起きるのがつらいので、作業療法士を通して起きやすくなるような補助具を申請している。つまり、それぞれの青年に応じて、何が困難なのか、長い時間をかけて見極め、ニーズに合わせたサポートをするのである。長い期間にわたってかかわる中で青年のニーズがわかるのであり、急いではいけない。

センターに通うすべての青年に実行プランを作成させている。何を到達目標とするのか、資格取得、経験、将来の可能性や希望など、ソシオノムが本人といっしょにプランを作成する。半年間そのプランを実行して評価する。目標を達成するためにどれだけ努力したのか、本人が自覚するようにする。青年自身が自らの発達を自らの責任で行えるように支援するのである。青年自身の生き方にかかわってくる。

週に1時間だけ来てもよいし、毎日来てもよい、その青年に合ったプランをつくる。最初は週に1回から始める。本人と相談して、どれだけ通うのかを決める。活動の内容も個人に応じて変わってくる。週に1時間だけでも効果があるという。青年にとって自信が出てくるのである。

しかし、最終的に青年が自立して社会参加することが目標であるため、このセンターでの居心地が良くなり、ここに残ってしまうのは問題がある。センター外でスタディサポートが行われれば、もっと教育学的な意義があると考えている。

このようなセンターでの活動はストックホルム市の中で大きな業務となっており、他のコミューンにはないものである。したがって、他のコミューンにもこのコースを提供しており、その対価を得ている。青年期後期にあたる困難を抱えた青年に対するこのような支援は、スウェーデンでも新しい試みであり、ここでも社会教育者が活躍している。ここで取り組まれている活動の内容は、まさに日本でいうところの社会教育に近いものである。

（二〇一〇年八月二〇日にヒアリングを実施）

(3) 難民の子どものためのグループホーム（Linngården）で働く社会教育者

ここは、ストックホルム市の社会福祉・労働市場管理部が管轄している、難民の子ども（14〜18歳）を対象としたグループホームであり、市に5カ所設置されている。移民局で審査して難民として認定され滞在許可を持っている子ども達を受け入れている。現在は、アフガニスタンやアフリカから来た子どもが多い。ここでは、12人の子どもを収容することができる。スタッフは7人で、2人が社会教育者であり、スタッフとして採用される条件はソシオノムか社会教育者であるということである。子どもが多民族のため、スタッフも多民族の人達で構成されている。

アフガニスタン、イラク、ソマリアなどから、親が戦乱から子どもを守るために1人でスウェーデンに密入国させるケースがある。仲介者としてブローカーが入り、親はブローカーに金銭を渡して子どもを密入国させる。

ブローカーは、入国させたら子どもを移民局の前に放置する。移民局が子どもを保護し、最初はトランジットの宿舎に仮住まいさせる。そこには2人のコンタクトパーソンが配置され、難民として認定するかどうか3カ月ほどかけて審査し、認定されればコミューンで受け入れて、ストックホルム市ではこのグループホームに入居する。難民として認定された子ども達は、健康診断をした上で、このホームに滞在しながら学校に通う。スウェーデン語がわからないので、移民・難民の子ども達のための学校に通うことになる。スウェーデン語を学びながらスウェーデン社会に適応するための教育を受ける。また、料理など自立生活を促す教育もなされる。18歳を越えたら、難民の住居に移る。逆に14歳未満の子どもは、家族ホーム、いわゆる里親の制度を使って、一般の家庭が申請して受け入れている。

社会教育者はグループホームで、子どもと話して将来計画を立てる。どのようなニーズを持ち、何を学びたいのか、を話し合う。スウェーデン語など必ず習得しなければならない科目もあるし、子ども自身の課題もある。何かに興味を持つように支援していく。そして、関係の架け橋をつくる。友達との関係づくり、コミュニケーションや対応の仕方などを話し合う。必要であれば、医師やカウンセラーとも連絡をとって対応する。また、行政と連絡をとる手助けもする。学校になじめない子どもは、別の実習のプログラムに参加させる。

ここでは狭義の教育は行わず、銀行や郵便局の機能、お金の使い方、衣服の買い方など、日常生活に必要なトレーニングを行う。移民局から毎月700クローナ（約1万1000円）が支給されるので、それで衣服などを買うことができる。食事はこのホームでとり、自分達で料理する。

社会教育者は、親から引き離された異国での難民の子ども達の心に寄り添い、将来にわたってスウェーデン社会で働き生活するための自立への支援を行っているのである。移民・難民を受け入れているスウェーデンならではの施設であり、ここでも社会教育者が働いているのである。（二〇一〇年八月一八日にヒアリングを実施）

(4) 福祉企業で働く社会教育者

アテンド（Attendo）はスウェーデンで最大規模の福祉の企業である。スウェーデンだけでなく、デンマーク、ノルウェー、フィンランドにも展開している。社員は、スウェーデンで８０００人、北欧全体で1万１０００人を擁している。高齢者福祉、障がい者福祉、個人・家族の福祉という部門に分かれており、筆者が訪ねたのは個人・家族の福祉部門である。この部門の従業員は少なく５００人である。北欧では福祉サービスは無料であるため、個人からサービスの代価を支払ってもらうことはできず、コミューンがすべて支払っている。つまりこの企業の顧客はコミューンであり、コミューンにサービスを売ることで経営が成り立っている。この部門にいる社会教育者は４人だけであり、ソシオノムは50人いる。スウェーデンにこのような企業は70社ほどあるが、大半は小企業であり、大きな企業は４～5社であるという。

福祉全般にわたる多様な仕事を展開しているが、社会教育者のBさん（男性）はもっぱらファミリーホームの仕事に従事している。いわゆる里親制度である。様々な理由で親といっしょに暮らすことができない、あるいは難民の子どもを受け入れてくれる里親を広告で募集し、最終的に子ども達を受け入れてもらうという制度である。まず申し出た家族の調査を慎重に時間をかけて行う。社会福祉事務所の登録も調べる。夫婦それぞれに分けて、4時間かけてヒアリングを行う。そのヒアリング結果を心理学者に見せ、長所、短所などを明らかにする。そのことを応募してきた家族に話す。さらに、その家族の知人などにも話を聞く。そうやって信頼できる家族であると認定されれば登録され、現在、18～20家族が登録されている。

コミューンからファミリーホームの必要な子どもがいるという連絡があれば、その子どもに最も適していると思われる家族を決め、里親として成立することになる。子どもがその家族のもとで暮らし始めると、Bさんは隔週にその家族を訪ね、どのような様子であるのか、話し合う。さらに、その子どもを取り巻く環境とのネットワークづくりにもかかわる。子どもを受け入れた家族には、1日に202クローナ（約3200円）が支払われる。特に力量のある家族には、その倍の額が支払われる。

Bさんはひたすらこの仕事に従事しており、ほとんど事務所にはおらず、国内を車で駆け回っている。彼は二〇〇〇年にウメオ大学の最後の社会教育学課程を卒業しており、翌年度から社会教育学はソシオノムの課程に吸収されている。したがって、ソシオノムの資格を持っていない社会教育者である。彼が言うには、ソシオノムは事務的な仕事が多く、それに対して社会教育者は直接人とかかわる仕事なので、社会教育学に共感を抱いている。

もう1人、同席してくれた社会教育者のCさん（女性）は、ストックホルム大学を一九八九年に卒業した。彼女の仕事は、17歳以上の青年が親といっしょに住めない場合に、トレーニングアパートで生活できるように支援することである。家庭での虐待、薬物依存、親との関係が悪い、親の役割を放棄している、といった状況に置かれた青年を対象とし、コミューンから連絡があれば、その青年と親といっしょに会って話し合う。そして、トレーニングアパートに住めるかどうかを判断する。というのは、トレーニングアパートに住む場合、自己管理できなければならず、料理も自分でつくらなければならないからである。17歳の青年は親の同意が必要である。そして、その青年に適したコンタクトパーソンを選び、週に1～3回、訪問して様子を聞き、18歳未満の場合は親とも連絡して会う。（二〇一〇年八月一八日にヒアリングを実施）

アテンドに働く4人の社会教育者のうち2人に会ってインタビューしたが、いずれも福祉の領域で仕事をしているものの、事務的な仕事ではなく、直接人と会い深くかかわりながら、問題を抱えた青少年を支援している点で共通している。セデルルンドは、ソーシャルワークは心理学、精神医学、法律学、社会政治学などに理論的な基礎があり教育学的な視点が欠けている、その点で社会教育学は教育学の視点を強調したい、教育学の視点の一つとしてクライアントとの相互作用がいかに行われるか、相手とのかかわりの中でどのような結果を出すことができるのか、という点がある、と語っている。ソーシャルワークの仕事は、クライアントに職場に来てもらって調査することが主体であるのに対して、社会教育学では、個人に何か問題があれば、家族といっしょにその問題を分析する点に違いがある、と言う[16]。

この2人の社会教育者の仕事も、その点で納得できるものである。

(5) 起業した社会教育者

ストックホルム大学を5年前に卒業した社会教育者のDさん（女性）は、最初、コミューンに就職したが、行政の枠内で仕事をするのに限界を感じ、退職して、二〇〇六年に1人で会社を設立した。自分自身のイニシアティブで社会を変革できるような社会教育の仕事がしたかったからである。

基礎学校が顧客であり、子どもが「人生の智恵」を身につけるのを支援する仕事を起こした。

SET（Social Emotional Training）と称するもので、子どもに何か葛藤が生じた時に子どもはどうすればよいのか、ロールプレイを用いて、勇気を出したり、言語化したり、感情をコントロールするトレーニングをするための講習を教師に行っている。テキストを出版して、それを販売し、そのテキストを用いて行う。人生を豊かに生きる人達を育てる、よりよい環境を育てることを目標にしている。

移民の多い学校では、社会への統合を重視したロールプレイを行っている。中流階級の学校、アルコール依存症者のいる学校など、それぞれの学校に応じたトレーニングを行っている。

心理学者やソーシャルワーカーといっしょに仕事をすることもあるし、学生時代の仲間を誘ったこともある。

現在は2年半の育児休暇をとっており、仕事は一時中断しているが、将来的には地域活動にかかわる仕事もしたいし、青少年だけでなく大人に向けた仕事もしたいと考えている。たとえば、ある企業が再編成を迫られているとする。そうなると、社員は異動して新たな葛藤が生じたり、新しい職場になじむことができない、という問題が生じたりする。そこで、講習を開き、どのように対応するのかを支援するという仕事である。あるいは職場での人間関係（特に上司との）をどのように改善するのか、という支援もすることができると考えている。また、ホームレスや薬物依存症者を支援しているスタッフに対する講習の開催も考えている。そのようなスタッフはボランティアが多く、専門的な知識を持っていないため、講習を開くことにより、スタッフと当事者とをより結びつけることができると考えている。

Dさんもセデルルンド教授の指導のもとで社会教育学を学んだが、彼女のアイディアはその影響もあるようである。セデルルンドは社会教育学の視点からホームレスの調査を行い、考察しているが、この論文の中で彼は、「今や社会教育学は大人や家庭や近隣社会まで包含している」と述べている。特にコンピテンスとクォリーフィケイションをキーワードとして着目し、社会的に排除された人達がコミュニティに参加することに社会教育学の一つの方向性を見ているのである。[17]

おわりに

エリクソンは、スウェーデンで社会教育学は決して「大きな」論点にはなってこなかったと述べている。社会教育者として教育されているのは少数の人達である。彼らによって実践されている仕事もまた低いステイタスであり、サラリーも低いと見なされている。大学からの社会教育学への関心も低い。伝統的に社会教育者は単科大学と高等学校で教育されてきたからである。教育システムにおいては、社会教育学ははっきりしないものになっている。それは、ソーシャルワークの中へと消えていくかもしれないし、ソーシャルワークの教育学的な側面として残るかもしれない。

したがって、今なぜ社会教育学への社会的な関心が増大しているのかを理解するのは難しい。この関心は、労働市場においても研究においても言えることである。また、社会教育学は学問分野としてのステイタスを持っていないにもかかわらず、スウェーデン研究審議会からファンドを得て、現在、三つのプロジェクトが進行している点も注目すべきことである。実践的な分野で社会教育学は拡張しているため、社会教育者として雇用される機会は増え、多様な領域で社会教育学的なアプローチを用いることが増えている。こうした事実は、社会教育学の活気に満ちた未来を示しているように見える。社会教育学的な問題は、常に実際的であるし、一つの学問分野の範囲内で定義づけることはできないように思われる。社会教育学は、一つの学問分野以上に関わっており、多分野による定義が必要である。そして、ソーシャルワークにおける教育学的な側面と、教育学における社会的な側面は、研究においても実践においても論争的である。

スウェーデンの社会教育学は、転換期を経て、今まさに発展途上にあり、これからの学問分野として形成されていく可能性を持っていると言える。しかし、実践的にも学問的にも教育と福祉の間で矛盾を抱えつつ揺れ動いており、それが大学のカリキュラムにも反映している。

日本の社会教育は、歴史的に社会事業（社会福祉）と密接な関係をもって成立してきたが、ヨーロッパとは異なり、福祉的要素が削ぎ落とされ、教育に特化する方向で発展してきた。かつて小川利夫は、「福祉は教育の母胎であり、教育は福祉の結晶である」「社会教育は教育と福祉、福祉と教育を結ぶものである」と語っていた。こうした小川の言葉を改めて噛みしめながら、筆者は福祉国家スウェーデンの社会教育の現場を訪ねた。

小川は「社会教育福祉」という言葉を用いたことがあったが、それについての説明は一切なかった。スウェーデンの社会教育学は、日本ではさしずめ「社会教育福祉学」と名づけられるかもしれない。川本宇之介の「教育の社会化と社会の教育化」というアイディアは、ドイツの社会教育学に依拠しているが、この言葉で意味している内容は、ドイツ、北欧の社会教育学に近いものである。

筆者はかつて「社会教育と福祉は入れ子状の発展過程をたどってきた[18]」と論じたことがある。正確には、社会教育の成立過程において教育と福祉が入れ子状になっていたと言った方がよいであろう。第二次世界大戦後、それがしだいに失われてきたが、現代社会が抱える深刻な諸問題に社会教育がどう関与していけるのかを考えた時、「社会教育福祉学」の構築は有効なアプローチになるものと思われる。その際に、たとえばスウェーデンの社会教育学の理論と実践は、何がしかの示唆を与えてくれるのではないかと考える。本章は、スウェーデンの社会教育学とその実践の現状と課題を提示するにとどまったが、今後、日本で「社会教育福祉学」の構築を探求しようとする際、両者を比較検討する意味はあるだろう。少なくとも同じ社会教育という用語を歴史的に用い、社会と教育との接点を絶えず探求し、社会問題を教育的に解決しながら良き社会をつくり上げていこうとする点で両者は共通している一方で、その方法論上の違いや、教育と福祉との関係性の違いなど相違する点も多い。しかし、学問分野としてのアイデンティティを確立するのに苦しんでいるという点では類似しており、これらのことを含めて、今後も検討していきたい。

【注】

1　松田武雄『近代日本社会教育の成立』九州大学出版会　二〇〇四年
2　松田武雄『現代社会教育の課題と可能性』九州大学出版会　二〇〇七年

3 大串隆吉『社会教育入門』有信堂高文社　二〇〇八年

4 Lisbeth Eriksson & Ann-Marie Markstrom, 'Social Pedagogy in a Swedish Context', Yacob Kornbeck & Niels Rosendal Jensen, *"The Diversity of Social Pedagogy in Europe"*, Europäischer Hochschulverlag, 2009, pp.48-49.

5 Christer Cederlund　ヒアリング（二〇一〇年八月一六日）による。

6 Lisbeth Eriksson & Ann-Marie Markstrom, 2009, pp.46-47.

7 Lisbeth Eriksson & Ann-Marie Markstrom, 'Interpreting the Concept of Social Pedagogy', Anders Gustavsson, Hans-Eric Hermansson & Juha Hämäläinen, *"Perspectives and Theory in Social Pedagogy"*, Bokförlaget Daidalos AB, 2003, p.46.

8 Alf Ronnby, *"Socialarbetes Förklaringsmodeller"*, Liber, 1983.

9 Lisbeth Eriksson & Ann-Marie Markstrom, 2003.

10 Lisbeth Eriksson & Ann-Marie Markstrom, 2009.

11 Lisbeth Eriksson, 'Community development and social pedagogy: traditions for understanding mobilization for collective self-development', *"Community Development Journal"*, 2010.

12 Marie Westerlind（Högskolan Väst）　ヒアリング（二〇一〇年八月一七日）による。

13 Christer Cederlund　ヒアリング（二〇〇八年三月二七日）による。

14 Eva Önnesjö（Tollare Folkhögskola 校長、当時）、ヒアリング（二〇〇八年三月二七日）による。

15 Lisbeth Eriksson & Ann-Marie Markstrom, 2009, pp.51-53.

16 Christer Cederlund　ヒアリング（二〇〇八年三月二七日）による。

17 Christer Cederlund　ヒアリング（二〇一〇年八月一六日）による。

18　松田武雄「社会教育福祉としての公民館研究の意義」『沖縄の字公民館における地域福祉・社会教育の推進と青年の自立支援に関する研究』（科学研究費補助金研究成果報告書　研究代表者・松田武雄）二〇〇八年

【付記】スウェーデン語資料は松田弥花《やか》が翻訳した。
クローナは二〇一四年一月の為替で日本円に換算した。第12、13章も同様である。

第12章

スウェーデンにおける社会教育者の養成と職務

はじめに

筆者は第11章において、スウェーデンにおけるSocialpedagogik（以下、社会教育学とする）の最新の研究動向を概観した上で、Socialpedagog（以下、社会教育者とする）としての職員養成課程、さらに社会教育者の現場での実際の活動についてインタビューを行い、スウェーデンにおける社会教育学の総体的な現状と当面する課題について考察した。その上で本章は、特に社会教育者の養成課程とその職務の一端について、民衆教育との関連性も踏まえて、教師と学生および社会教育者へのインタビューをもとに検討することを目的としている。

第11章で明らかにしたように、スウェーデンでは社会教育学の学問的なディシプリンが確立していないと考えられている。それは、ドイツの大学の社会教育学の課程と比べても明らかである。ドイツでは、多くの大学に社会教育学の課程が独立して位置づけられているのに対し、スウェーデンではほとんど位置づけられていない。近年、ソシオノム（Socionom　ソーシャルワーカーのような領域）の課程に社会教育学が包摂されてしまう傾向が強まっている。ストックホルム大学では、社会活動学部（Social Arbete）の中にソシオノムの課程があり、そのうちの一分野として社会教育学のコースが置かれている。スウェーデンの大学で唯一、社会教育学の課程が独立して設置されているのは、ウェスト単科大学（Högskolan Väst）だけであり、他の大学ではすべてソシオノムの課程の一分野とされている。この点に象徴されるようにスウェーデンでは、社会教育学は一つの学問領域としていまだ認知されていないように思われる。

一方、民衆大学（Folkhögskola）では、ボランティア活動などを体験した成人が、社会教育者の仕事に就きたいという目的を持って、社会教育学のコースに入学してくる。ただ、民衆大学でも社会教育学のコースを有しているのは少ない。ストックホルム市にあるトッラレ民衆大学（Tollare Folkhögskola）とハーガベリィス民衆大学（Hagaberg Folkhögskola）、ゴットランド島（Gotland）にあるゴットランド民衆大学（Gotlands Folkhögskola）、ノルボッテン（Norrbotten）にあるカリックス民衆大学（Kalix Folkhögskola　通信教育）、およびスコーネ県（Skåne）にあるオンネスタッド民衆大学（Önnestads Folkhögskola）の5校である。なお、ハーガベリィス民衆大学はエシュタ・ションダル単科大学（Ersta Sköndal Högskola）と提携してコースを開設している（正確には社会教育学のコースではなく社会教育学的リーダー教育コース）。また、ゴットランド民衆大学はゴットランド単科大学と共同して社会教育学のコースを設けており、したがって、ゴットランド単科大学にも社会教育学の課程が設置されている。

このように社会教育者の養成課程は少ないにもかかわらず、教育現場などでは社会教育者の需要は高い。たとえば基礎学校（日本の小中学校）では、学習が困難な子ども達の指導を社会教育者に託しているため求人が多い。社会教育学のコースを修了すれば働く場は多いのである。また、社会教育学のコースへの入学希望者も多い。ウエスト単科大学でもトッラレ民衆大学でも定員に対して5倍ほどの応募がある。ハーガベリィス民衆大学では、10倍の競争率である。学問としてのディシプリンの未確立と、実践現場での需要の高さとのギャップをどのように理解すればよいのだろうか。

この点を検討する手がかりとして、本章では第一に、民衆大学等での社会教育者養成の課程について調査し、教師と学生へのインタビューを通じて、社会教育学としてのディシプリンと社会的な要請との関連性について考察する。具体的には、トッラレ民衆大学の社会教育学コースやハーガベリィス民衆大学の社会教育学的リーダー教育のコース、職業専門学校（Yrkeshögskola）の治療教育学（Behandlingspedagogik　社会教育学に近い領域）の課程、および前章でも紹介したウェスト単科大学における職員養成について、教師と学生のインタビューを行い、社会教育学の社会的な位置づけについて考察する。

第二に、ストックホルム市の地区委員会のもとにある地区管理部（stadsdelsförvaltning）で働く社会教育者にインタビューを行い、公務労働の中での社会教育者の位置づけについて検討する。このことによって、現場での社会教育者の需要の実際を考察する。

また、社会教育学と民衆教育との関連性に着目し、少数民族であるロマ族のための民衆大学で社会教育学的な視点から教育を行っている事例について検討し、民衆教育における社会教育学的な意味についても考えたい。

1 社会教育者の養成課程

(1)トッラレ民衆大学

トッラレ民衆大学では、一九五二年から一九九二年までリーダーの教育が行われていたが、その職種に変化があり、かわって社会教育学のコースを始めることになった。一応、高齢者も対象としているが、特に10代に焦点化した教育を行っている。もともとはＩＯＧＴ（禁酒同盟）が母体となり、トッラレ法人が経営しているが、学校運営については理事会が決定権を持っている。予算は、2分の1が国からの補助金である。半分は学校自身で収益をあげなければならない。学生が食費を払う、会議室・宿泊室を貸す、教員が学外で教える、特別のセミナーを開く、などによる収益である。

① 教育課程

前章でも紹介したが、トッラレ民衆大学は、スウェーデンの民衆大学の社会教育学コースでは最も充実したカリキュラムを持っていると思われるので、まずそのカリキュラムの概要について学校案内の冊子から紹介したい。

若者を対象とした社会教育学コース
～社会教育学のための教育～

このコースは、健康状態にリスクがある若者を予防したり、支援、治療する仕事に就きたい人のためのものです。ここでは、若者の薬物乱用や犯罪性のある行為に関する知識を身に付けます。どのようにして破壊的な方向に向かう者を何らか前向きな方向に向けるのか、実習や成功した方法を参考に学びます。このようなことを実践するグループのメンバーとコンタクトをとります。活動的な実践家や現場でのカウンセラー、福祉の仕事に従事する人から学んだり、長期間の実習を行います。

カリキュラム

「若者の状況」
発達心理学、知覚学習心理学、ドラッグ依存状態、識字、神経症・精神障がい、ネットワーク

「社会」
調査方法、社会政策・社会奉仕、法律、オープンカウンセラーと制度、非営利組織、リスクと保護要因、性と多様性のパースペクティブ、出来事の概念

「社会教育学」

教育学の方法、治療モデル（例：ＡＲＴ）、実習と聴診、方法週間

「その他」

社会的プロジェクト、職業の役割と倫理学、自身のテーマ学習

「学校の共同のアクティビティ」

教育目標

・オープンカウンセラーや学校、自由時間など、協会で示された若者と働くための知識を得ること。
・治療方法の知識を得ること。
・若者に関する仕事について、別の方法で情報を得ること。
・考察することや、反省する機会を得ること。

応募資格

22歳以上で、３年間の高校を卒業しているか、それに相当していなければなりません。何年か社会に出て働いた経験がなければなりません。社会関係の仕事に就いていたか、社会的な活動を活発に行っていた方が望ましいです。

トッラレ民衆大学では、特に薬物依存症やアルコール依存症で苦しんでいる若者を対象とした社会教育学を中心に構成しているため、まずは若者をめぐる状況について学び、次に若者を取り巻く社会について学ぶ。それか

ら、実際に困難を抱えた若者を支援するための社会教育学的な方法について学ぶのである。

インタビューした2人の社会教育学の教師[1]のうちブリット（Britt Abrahamsson）女史は、コミューン（基礎自治体）で15年間、ソシオノムとして子どもの調査などの仕事に従事した後、社会教育者として働き、さらにカウンセラーの仕事にも携わった。その後、7年間、トッラレ民衆大学で教えている。彼女はリンシェーピン（Linköping）大学行動科学部で民衆大学や教育学、心理学など、特に民衆教育とは何かについて学び、民衆大学の教師の資格を取得した後、民衆大学で教師をしている。

もう1人の教師、オッレ（Olle Rockst）氏は、罪を犯したり、薬物依存、暴力をふるう青少年を対象とした国の施設で仕事をしてきた。さらに国民運動のリーダー教育の仕事もしてきた。彼もブリット女史と同じようにリンシェーピン大学で学んだ。そして20年間、トッラレ民衆大学で教えている。この間、数年間の休暇をとり、ベトナムで同じような仕事をしていた。

2人とも社会教育学とは何か、という問いに悩みながら教えている。前章では、スウェーデンの社会教育学研究の第一人者であるエリクソンも、社会教育学の定義はあいまいであると述べていることを紹介したが、したがって、教育の現場で社会教育学を教えている教師にとってはなおさら、その定義があいまいなまま教えざるを得ないのである。しかし、今、重視しているのは、問題を抱えた青少年の認知的な発達を促していく認知行動療法である。たとえば何もする意欲がなく寝ている人に、外に出て太陽にあたってみようと働きかける、実際に外出してみるとクライアントは少し気分が変わり、変化の兆しが生まれるかもしれない、その方法が有効でないなら他の方法を試してみる、というような教育をしていると言う。

学生は多様な人々から構成されている。平均年齢は28～30歳であるが、23歳から49歳までの学生が在籍している。22名の募集に対して約１００名の応募者がいる。応募者はまず自分についてのレポートを書き、面接を受ける。さらに自分をよく知っている人を提示して、学校がその人に応募者についてのインタビューを行う。こうして入学者を決める。

特に青少年や高齢者などを対象としたボランティア活動をしてきた人、サッカーなどのトレーナー、柔道・空手などの指導者、キャンプ活動などをしてきた人々を学生として受け入れるようにしている。そこでの経験をさらに発展させたいと思っている人達である。また、大学を中退してここに入学してくる学生もいる。彼らは、アカデミックな関心よりも人とかかわる実践的な関心が強くなり、ここを希望するのである。たとえば教員養成大学を中退して、困難を抱えた子ども達のサポートをしたいという理由でここに入学してくる学生もいる。

学生の中には、自分自身に問題を抱えている人達がいる。かつて薬物依存やアルコール依存になった人や罪を犯した人などは、それを克服して2年間経過しないと入学できない。しかし、その経験が社会教育者としての仕事に活かされていく。とはいえ、学生自身が自分の問題を克服しているかどうかは教師が判定するのであり、まず自分の問題を克服してから他者の問題にかかわることができるのである。

履修期間は2年間であり、4学期、72週間の授業が行われる。夏休みには、多くの学生が施設などで仕事をする。第2学期に10週間の実習があり、2年後期にも10週間の実習がある。この学校が様々なネットワークを持っているため、実習先は学校が斡旋し、基礎学校や団体、コミューンなどで実習を行う。一方で、今までにない分野であれば学生自身が実習先を探す。実習の選定に際しては、二つの観点から行う。第一の実習先は将来仕事をしたくない場所を選び、第二の実習先は将来仕事をしたいと思う場所を選ぶ。学生自身の可能性を見つけるためにそのようにしている。どの分野が適しているのかを自分で感じることによって、頭で考えていること以外のことが生まれる可能性があるのである。実習の最中に一度学校に来て報告をし、それに対して課題が与えられる。教師は現場を訪問し、学生と指導者に会って実習の様子について聞く。教師はそこで学生が成長しているのを見ることができる。また、実習先で学生が夏休みの仕事を見つける場合もある。

通信教育のコースもあるが、このコースに入学するためには、青少年を対象とした仕事をしている正規職員でなければいけない。期間は1年間で、6週間に2日間、学校に来て、8時から20時まで授業を受ける。自分で実習を行い、インターネットを使って学習をする。50％は学校で学び、残りの50％は学校が与えた課題を職場で実習する。社会教育者を学校が雇用したりするが、通信教育を修了すると給料が上がるし、より良い仕事ができることがメリットである。

修了した学生はほとんど就職している。元の仕事に戻る人もいる。学生の平均年齢はかなり高いため、家族がいると働く地域が限定されるが、独身者はどこにでも就職することができる。トッラレの場合、主に2カ所で仕事をすることになる。一つは、重度の障がい者や、罪を犯した青少年の施設であり、もう一つは、普通の学校で授業についていけない子ども達や、授業に集中できない子どもなど問題を抱えた子ども達のサポートである。後者の場合、小さなグループをつくって指導をする。その際、子ども1人にコンタクトパーソンをつけて、学校にいっしょに行ってサポートしたり、サッカーのクラブにいっしょに行ったりする。コンタクトパーソンは、1週間に20時間というようにコミューンから非常勤で雇用される。アテンドのような福祉企業に採用されて、コミューンに派遣されることもある。このようなコンタクトパーソンとして働く学生もいる。

このコースを修了後、修了証明書を受け取るが、医師のような国家資格はない。資格については不透明なところがあり、今、国が調査をしているところである。

このようにトッラレ民衆大学の社会教育学コースでは、大学での理論重視とは異なり、現場での実習を重視した教育課程となっている。そのため、学生も社会教育的な現場での経験を経た人に限定して入学を受け入れている。教師の立場からすると、社会教育学のディシプリンはあいまいであるが、この学校では、何らかの問題を抱えた青少年に限定した領域を対象とすることにより、そうした青少年の問題状況やその現場での取り組み、支援の方法など、教育内容を焦点化して教えることができる。あえて言えば、社会教育学の理論はそれほど明確化しなくても、現場での要請に具体的に応えられる教育を行っていると言うことができるであろう。

② 学生のインタビュー

Aさん[2]（男性）は、一九四六年にスウェーデンに入国したポーランド人の父親とドイツ人の母親のもとで、一九六五年にウメオ市で生まれた。インタビューの時点で（二〇一一年三月）、社会教育学コースの1年生である。Aさんの過去の人生にとって大きな重荷となっているのは、青年の頃から27年間、薬物依存の状態にあったことである。薬物依存から脱するため、バスタという保護施設に入所して、9カ月間、家具を作って働いていた。ようやく薬物依存から離れたが、昔の友人に出会ってから、今度はアルコール依存症に陥ってしまった。それまでの人間関係を断ち切って、依存症から脱するためにストックホルム市から離れてウメオ市に行くことにした。そして7年前に自力で克服することができた。18歳からタクシーやトラックの運転手として働いていたが、依存症を克服してから6年間、トラック運転手として働いた。

彼は、運転手をしながら、ウメオ市で子どもを対象としたボランティア活動を始めた。ユニス（Junis）という子どもの団体の活動である。最初、友人の紹介でユニスに参加していた男性と出会い、その勧めでユニスに参加することになった。子ども達が主催して5月に劇場祭りが行われ、ボランティアとして参加した。アルコール依存など親に問題のある子ども達を連れて行ったり、子ども達をスキーに連れて行ったりした。活動費は、国や団体から補助金を得たり、ペットボトルを集めてスーパーに持っていき換金したり、劇場祭りや音楽祭の入場料などで賄った。子どもと遊ぶのがとても楽しくなり、あいさつの仕方とか環境問題などについて、子ども達といっしょに考えた。

こうしてユニスでの活動が評価され、そのリーダーであり社会民主党の議員でもあった人が推薦してくれて、トッラレ民衆大学に入学することになった。実はこの人もかつてトッラレに通っていた。運転手はやめたので給料はなくなったが、ウメオ市が補助金を支給してくれる制度があり、それによって生活費は賄うことができる。これは、返還義務のないものである。

長い間、教育の場から離れていたので、勉学は厳しい。しかし、教師がそのような学生のために放課後、特別のコースを開いて、ノートの取り方やプレゼンテーションの仕方など学び方を教えてくれる。今、心理学に興味があり、人はどのように罪を犯してしまうのか、それをどのように改善していくことができるのか、ということに関心がある。実習ではストックホルム市の治療施設でアシスタントをした。問題を抱えた子どもをサポートする仕事である。また、地域内の学校の見回りをしたりする。Aさんは、トッラレに入学して、人間として成長したと思っているし、多くの知識を学び、学校生活に大いに満足している。

卒業したら、自分の経験を生かして、薬物依存になっている若者を支援するような仕事をしたいと考えている。そのために、ウメオ市に戻って保護施設で働くことを望んでいる。

Bさん[3]（女性）は一九八七年生まれで、社会教育学コースの中で最も若い。同様に1年生である。高校を卒業後、学校の助手として移民の子どもにスウェーデン語を教えてきた。ストックホルム教育大学に入学したが、知識を学ぶだけの教育になじめなくて、大学を中退してトッラレに入学した。この学校を選択したのは、焦点が子どもや若者にあてられており、ストックホルム市にあって環境も良いし、就職率も高いという理由である。今は充実しており満足している。いずれ教師になりたいと思えば、また教育大学に再入学すればよいと考えている。スウェーデンは、多様な選択が可能な社会であると言える。

実習では、親に問題がある青少年のケアをしている。親と話したり、問題を解決すべく当事者と話したりする。あるいは、当事者をソシオノムに仲介することもある。この活動を行っているのは非営利団体で、社会局から補助金を得ている。

実は彼女の親自身も問題を抱えており、自分自身にかかわる問題なので、この団体で活動するのは彼女にとっては自然なことであった。ソシオノムはデスクワークが中心なので、そのような仕事ではなく、青少年に直接会ってかかわりながら仕事がしたい。ドラッグ、リストカットなど、学校で問題を抱えた生徒達と話してサポートするような仕事をしたいと考えている。スウェーデンではドラッグが簡単に入手できるので、ドラッグにはまる青少年は少なくない。

生活については、奨学金でぎりぎりの生活を送っている。返還義務のない奨学金が2000クローナ（約3万2000円）、返還義務のある奨学金が6000クローナ（約9万6000円）ほどで、奨学金だけでは生活できないが、何とかやり繰りしている。

以上、背景の異なる2人の学生にインタビューしたが、2人とも自分自身の悩みや困難を通して、今まさに困難を抱えている子どもや若者をサポートしたいという意思に基づいて、この社会教育学コースで学んでいるところに共通点を見ることができる。Bさんに比べるとAさんはかなり深刻な人生を歩み、自らの力で克服してきた歴史があるという背景のもとで、問題を抱えた青少年を精いっぱい支援したいという気持ちはより一層強いであろう。社会教育学コースには、この2人以外にも、年齢や人種・民族、宗教、個人的な歴史的背景などの異なる多様な学生が在籍しており、このコース自体が社会教育学的であると言えるのかもしれない。トッラレ民衆大学は民衆教育の場であるが、社会教育学の実践の場でもあると言えるのではないだろうか。

(2) ハーガベリィス民衆大学[4]

ハーガベリィス民衆大学は、二〇一一年、創立100年を迎えた歴史のある民衆大学である。最初は聖書学校として始まったが、現在は幅広い分野の教育を行っている。エヴァンゲリオン協会が設立の母体となっている。職業教育のコースは三つあり、スウェーデン協会のコース、健康教育コース、社会教育学的リーダー教育コースである。社会教育学的リーダー教育コースは2年間の課程で、最も長いコースである。そのほかに一般教育課程があり、高校レベルまでの教育を受けることができる。移民のためのスウェーデン語教育も行っており、学生はイランやイラクからの移民が多い。戦争で精神的に追い詰められたポスト・トラウマ症候群の人達のための教育もここで行われている。そのほかにいくつかのコースがあるが、大きなコースとしては、まず精神的な病を持った人達が社会復帰する前にリハビリを行うコースで、アートのクラスと文章を書くクラスがある。もう一つは、視覚障がいの高齢者の生活支援をするコースで、参加している高齢者の平均年齢は86歳である。このように多様な人達がこの学校に学生として在籍していることが、社会教育学を学ぶ学生達にとっては重要なことである。

① 教育課程

社会教育学的リーダー教育コースは、もともと学童保育など余暇活動のリーダー育成を行うもので、こうしたコースは民衆大学にのみ設置されており、全国で18校がこのコースを設置している。このコースには共通の規則があるが、それぞれの学校でアレンジすることができる。ハーガベリィス民衆大学では、エシュタ・ションダル単科大学（Ersta Sköndal Högskola）と共同してカリキュラムを独自にアレンジした。したがって、余暇活動のリーダー育成コースがベースになっている。そして、大学との共同によって正規の大学の30単位が認められ、その授業は3学期目にエシュタ・ションダル単科大学から教員が来て履修する。これは、ソーシャルワークに関する科目であり、ソシオノムの資格取得のための単位に換算することができるというメリットがある。

学生数は、1年生は19人（男性３人）、２年生は24人（男性４人）である。学生の年齢は18～46歳で、平均年齢は30歳くらいである（二〇一一年八月）。高校を卒業して直ぐに入学する学生は、高校で児童福祉を学んでいる場合が多い。年齢の高い人の場合、職業を変えたいと思って入学してきたり、自分自身が困難な問題を抱えてきたという経験から人とかかわる仕事がしたいと思ってきたり、あるいは、これまでに教育を十分に受けていなくて年齢的に最後のチャンスだと考えて入学してきた人達がいる。60人から90人くらいの応募者があり、高校の成績、職歴、面接によって合格者を決める。

このコースは学校、余暇活動、教会、ケアという四つの方向性を持っており、卒業後、この四つの領域で就職することができる。トッラレ民衆大学では治療的な方向性を持っており、その点に違いがある。したがって、ハーガベリィス民衆大学のコースでは、困難や問題を抱えた人達だけでなく、すべての人を対象としたリーダーの育成を目的としており、個人、グループ、社会とのかかわりの中で活動することを目指している。障がいがあろうとなかろうとすべての人とかかわり、その人の内面を見て、もし何らかの障がいや問題があれば、それをどう理解するのか、自分達の役割は何か、どのような法律がかかわってくるのか、ということを考える。最初から薬物依存症者とか障がいのある人を対象として活動するのではないが、視点としては社会から疎外された人々の立場から社会構造を考えることを重視している。働く現場ではそういう場面に直面することがあるし、卒業生の中には治療的な職場に就職した者もいる。

カリキュラムについては、心理学、教育学、社会学、社会教育学、余暇活動、グループ活動、文化、芸術、野外活動、リーダー教育、社会活動、民衆運動、政治学、経営学、労働権など、社会的なリーダーとして必要な、かなり幅広い分野を学習する内容となっている。実習は非常に重視しており、毎年、６週間ずつ実施される。１

年生は学校など子どもと出会う場所で実習し、2年生は福祉事務所、治療ホームなど福祉的な場所で実習する。教師は学生達の実習先を訪問し、担当者と会って学生達の実習の様子について話し合い学生達をサポートしている。このコースの教師は4人いるが、全員が非常勤である。

就職分野は幅広く就職状況もかなり良いが、多くは普通の青少年を対象とした仕事に就いている。学童保育、青少年センター、文化センターなどの職場であったり、若者達と音楽や演劇などをいっしょに行う場所を運営したりしている。学校に就職する場合には、子どものアシスタント、学校内の学童保育や社会教育者としての仕事に従事する。ある卒業生の場合、自ら基礎学校に申し出て社会教育者として学校に採用され、多くの子どもや親や教師とかかわりながら子ども達の様々な問題を発見して解決する仕事をしている。さらに、障がい児のサポート、治療ホーム、デイケアセンター、ADHDやアスペルガー症候群の人達のグループホーム、教会などのスタッフとして働いている。

②学生のインタビュー

3人の2年生にインタビューした。Aさん（一九八六年生まれ、男性）、Bさん（一九八七年生まれ、女性）、Cさん（一九八八年生まれ、女性）である。入学前の前職は、企業、警備員、高齢者住宅への勤務である。入学の動機は、青少年関係の職種に就きたい、子どものスリに出会った経験から予防的な仕事をしたいと思った、このコースの教育の幅広さに惹かれた、というものであった。

実習は、Aさんは2カ所の余暇活動の青少年センターで、13～17歳の青少年とビリヤード、スポーツ、トランプをしたり会話をして余暇活動をサポートした。Bさんは、薬物依存や家庭に問題があったりして、学校に普通に通えなかった14～20歳の青少年達が通う特別学校で、アシスタントとして実習した。Cさんは、Aさんと同様、余暇活動の青少年センターで実習した。ただ、このセンターでは9～12歳の子ども達が放課後に参加し、夜は13～19歳の青年が通ってきていた。夜は喫茶室を手伝ったり、余暇活動をサポートした。

1年間学んで、ほとんどの授業が興味深く満足している、実習も指導担当者や学校の教師がとてもよく指導してくれてよかった、実習先のスタッフとの情報交換も学ぶことが多かった、学生達自身でキャンプやパーティーなどを企画するプロジェクト学習がよかった、という感想が述べられ、学生達は履修内容に大いに満足している。奨学金は、3人とも返還義務のないものと返還義務のあるものの両方を申請し、それで何とか生活している。生活は厳しいので、AさんとBさんはアルバイトを少ししている。Aさんは実習に通った青少年センターで週に数時間働いている。卒業後は、まだ明確に決めているわけではないが、学童保育、学校、障がい者のケアなどの仕事を考えている。

ところで、社会教育学について学生達はどのように理解しているのだろうか。彼らは、社会教育学は広い意味での包括的な教育であり、子どもも親も大人も相互作用を通して働く教育である、特に薬物依存症者のような問題を抱えた人達のみを対象とするのではなく、包括的に誰にでもかかわってくるような学問である、と理解しているようである。

トッラレ民衆大学では、薬物依存など問題を抱えた青少年のケアという目的をしぼった教育を行っているのに対し、ハーガベリィス民衆大学では、特定の人を対象とするのではなくすべての人が健康に豊かな生活を送ることができるよう、教育的に支援するための教育を行っており、トッラレに比べて幅広い社会教育学のコースである。その分、トッラレのように問題に対して集中的にケアしていくための知識と技術を身につけるような深い教育は行われない。したがって卒業後、学童保育や青少年センターなど日本の学校外教育と同じような領域で働く場合が多い。しかし、中には、困難を抱えた青少年や成人に対するサポート、あるいは学校内の社会教育者として働く卒業生もあり、就職先も幅広い。

社会教育学は、主として薬物依存やアスペルガー症候群など何らかの問題や困難を抱えていたり、ホームレスやマイノリティなど社会的に排除されがちな青少年や成人に対する教育福祉的な支援として理解される傾向が強いが、ハーガベリィス民衆大学では、社会教育学の概念を広げて教育活動を行っている。インタビューした学生は全員若かったということもあるが、トッラレに比べて、個人的につらい経験を経て入学してきたという学生ではなく、職業選択の一つとしてこのコースに入学した青年達であった。しかし、人と直接かかわる仕事をしたいという問題意識を持っている点では共通していると言える。

(3) 職業専門学校における治療教育学課程

キリスト教系のスタッズミッショネン（Stadsmissionen）という協会が経営している職業専門学校（Yrkeshög-skola）では、治療教育学（Behandlingspedagogik）という新しい課程が二〇一〇年に設置された。治療教育学は、新しく開発された、社会教育学と近接した領域であり、治療教育者（Behandlingspedagog）は、薬物依存などを克服するためのサポートを行う施設等で働く特定の職種である。社会教育者の働く職場が非常に多様で定まっていないのに対し、治療教育者は特定の職場に限定されて仕事を行うという違いはあるが、その理論的なコンセプトは共通している。リンネ大学（Linné Universitetet）の教育課程によれば、治療教育学は次のように定義づけられている。

治療教育学——依存症ケアと変容活動の基礎としての教育学

治療教育学とは、困難にある若者や依存症を抱える人々を助けるための一つの方法である。この科目は大学における研究分野であるとともに、明らかな実践的活動である。治療教育学ではコミュニケーションや人間関係を取り扱い、そして心理学、社会活動、社会教育学、心理セラピーとの接点も多い。

治療教育学という科目は、若者や依存症を抱える人々という特定の分野を通した教育学的実践であり、どのように知識や価値が変わり、人々が変容、成長するのかということへの関心を持っている。そして、質の良い面談、つまり治療教育の核心のために、どのようにして私達がその前提をつくり上げるのかということにかかわっている。この教育学的面談の中では、新たな考え方や生き方の戦略を成長させるため、人々は人生における様々な困難な状況により良く対処し、変えることができるのである。治療教育学は質の良い教育学的でプロフェッショナルな面談について学び、研究する関係的教育学である。一つの面談は、人々がともに知識や模範、価値を発展させる時に成り立つ。治療教育学はヴェクショ大学（Växjö Universitetet）のIKM（若者や依存症のケアにおける知識と方法の発展のための研究所）で開発した（以下省略）。

このように治療教育学は、社会教育学のうち、薬物依存症などの若者をケアするという領域に限定した分野であり、その理論は社会教育学に依拠し、教育学的方法についても同様である。しかし、領域が明確であり、職種としても確定されているため、就職しやすいという利点があるようである。以前は、アシスタントという名称で働いていたが、アシスタントでは位置づけが弱いため、社会教育学的な基礎に基づいた専門職として治療教育者という名称が、7~8年くらい前から確立されていったらしい。

①治療教育学の教育課程

ストックホルム市にあるスタッズミッショネンの経営する学校は、民衆大学、移民のためのスウェーデン語コース、学力に困難を抱えた高校生の個人プログラム、コミューンから委託された成人学校（Komvux）を持っており、さらに二〇一〇年から職業専門学校の治療教育学の課程が新たに設置された。もともと民衆大学には社会コースがあり、それだけでは不十分であるということでこの課程が設置されたということである。現在、ほかに三つの職業課程を設置すべく国に申請中である。職業専門学校は、大学とは異なり、最近新設された職業高等教育庁（Yrkeshögskolemyndigheten）の所管であり、ここで認可を受けなければならない。スタッズミッショネンは非営利団体であり、男女平等、統合、反差別という理念を掲げている。ホームレス支援、被害にあった女性の救済、個人の代理人、若者の自律的な訓練をするための住居の提供など様々な社会事業を行っているが、学校の設立はその事業の一環である。学校卒業後、スタッズミッショネンで働く学生もいる。

治療教育学の課程は2年制であり、現在の2年生が最初の学生である。定員は24名で、2年生は24名だが、1年生は27名が入学した。入学資格は高等学校を卒業していることである。今年は２２４人の応募者があったが、職業経験のある人だけ80～90人にしぼった。職業経験のない若者は雇用したくないという採用側の意向を考慮したためである。試験では、あるケースに関する考察、論理力テスト、職歴を審査する。

学生は圧倒的に女性が多く、2年生は4人、1年生は2人しか男性がいない。応募者も女性が多く、２２４人のうち１７１人が女性であった。スウェーデンでは、ケアや看護は女性の仕事と見られており、給料も低い。この仕事に従事している女性は高学歴だが、男性は低学歴だと言う。学生の年齢は24歳から49歳までで、平均年齢は、2年生が37歳である（1年生はまだ統計を出していない）。

60～70％の学生は、入学前に治療教育学に関連する仕事を経験した学生である。また、治療施設において非正規雇用で働いている人が正規雇用として働くために本校に入学してくるケースもある。学生の中には、トッラレと同様、自分自身や家族に問題を抱えた人達がいる。子どもがアスペルガー症候群であったり、家族に依存症者がいたりして、ケアの仕事をしたいと入学してくる学生達である。

教師は、主任が1名で、1年生担任が1名、ほかにパートタイムの教師が1名と少ない。専任は少ないので、民衆大学から2~3名の教師が来て教えており、またストックホルム大学などから非常勤講師として教えに来ている。2年生は職場での実習が多くなり、学校での授業が少なくなるため担任はいない。主任はあまり授業を担当せず、学校運営、授業計画、所管庁との連絡などの仕事をしている。スタッズミッショネンの学校全体としては60名以上の教師がいる。

主任のルーティェル（Rutger Zachau）[5]氏は、ストックホルム大学に統合される前の社会教育学インスティチュートで社会教育学を学び、主として社会事業のチーフとして仕事をしてきた。社会教育学の教師としての教育も受けている。以前、キルギスタンで社会教育学を教えたこともある。この学校には、スタッズミッショネンの学校から派遣されて来ている。

ルーティェル氏は、この学校に若者から年齢の高い大人まで多様な学生がいて、互いに出会い、交流すること自体が社会教育であると考えている。つまり、学校の環境自体が社会教育の場となっているのである。

彼は、社会教育学と治療教育学とはとても共通する部分が多いと考えている。したがって、この学校で社会教育学を教えているが、治療教育学との違和感はない。ルーティェル氏によれば、治療教育者は、クライアントの置かれている環境を変えることによってクライアントが変わることができる、という考えのもとに働いている。疎外されている人や薬物依存症のグループに接して、彼らのこれまでの人生や彼らのニーズを知り、心理学的な方法も用いて、彼らを支援することができると考えている。したがって、デスクワークをしているソシオノムとは異なり、実際に当事者とかかわり、今までとは違う人生を歩むことができるように手助けをする仕事である。当事者をあるがままに受け入れることが治療教育学で最初に大事なことである。Behandlingという用語は、治療という意味だが、治療教育学では、人間の生活方法や態度を変えるという意味で用いている。

教育課程では、まず基礎的な価値観や人間の見方を学び、その上に社会教育学や心理学などの理論学習を行い、それから認知行動療法などのメソッドを学び、実習を通じて技術を習得するという教育が行われる。土台になる価値観がなければ技術も間違ったものになると考えられている。授業のうち三分の一が実習であり、そこではLearning in practice が重視されている。また、看護系のエシュタ・ショングダル単科大学と提携しており、11コースのうち四つはこの大学で単位を取得する。1年生の11月までは本校で学び、その後、5週間は教育学やソーシャルワークなどの科目をエシュタ・ションダル単科大学で履修する。職業専門学校は民衆大学よりも教育のレベルは高く、民衆大学では単位取得の可否だけが問われるが、職業専門学校では、A、B、Cという三段階の評価がなされる。

学校の予算は、まず職業高等教育庁から、学生1人あたり5万5000クローナ（約88万円）の補助金が支給される。1年生は27名いるが、補助金は定員の24名分しか出されない。しかし、それだけでは不足するので、不足分はスタッズミッショネンが補填している。授業料は無料である。理事会は11人から構成され、学校代表者（ルーティエル氏）のほかにエシュタ・ションダル単科大学、ストックホルム市、職場（治療ホーム）の代表者が参加している。特に職場からの意見を出してもらうことを大事にしている。

②学生のインタビュー

この学校では、2年生の3人の学生にインタビューを行った。[6] Aさん（一九七四年生まれ、女性）、Bさん（一九六八年生まれ、女性、ケニア出身）、Cさん（一九八五年生まれ、男性）である。この課程に応募した動機は、ソシオノムの課程は入学が難しいのでこの課程を選んだ、ソシオノムのようなデスクワークではなく人と直接かかわって治療的な仕事をしたいと思った、この課程の科目に興味を持って受験した、スタッズミッショネンの理念に共感した、2年間という短期間の職業教育を受けることができる、というものであった。

入学前の職歴は多様である。Aさんは若い頃、何をしたいのかがわからなかったが、人と接する仕事をしたくて、夢は心理学者になることであった。仕事は、レストラン、旅行会社の添乗員、基礎学校の教師（教育大学で学んで小学校高学年を担当）、ホテルやレストランのコック（コックの学校で学んだ後）、テレビ局、電気店、再びレストランと、様々な職種に挑戦したが、基礎学校で教えたことが最も思い出深いと言う。その基礎学校は、親がアルコール依存であったり、社会的な問題を多く抱えていた地域であった。結局、人とかかわり、いっしょに問題を克服していく過程を共有したいという気持ちから、この学校に通うことになった。

Bさんは、キャビン・アテンダントとして10年間働き、その後、1人で入国してくる難民の子ども達を難民として認定するかどうか審査する間に入所する施設で、その子ども達をサポートする仕事に従事していた。キャビン・アテンダントになる前に、高校で治療アシスタントの資格を取得するコースで学んでおり、そのような仕事に携わる必然性はあった。現在の課程は、その内容を深め、キャリアアップになるものである。

Cさんは、動物の世話をする高校のコースで学んだ。しかし、就職したのは、ボルボやサーブの下請け会社であった。5年前にストックホルム市に来て、1年間、宗教学を学び、その後、アーランダ空港（ストックホルムの空港）のガードマンとして働いた。ストックホルム大学の半年間のコースで社会学を学び、教育学を学んでいる途中でこの学校に入学した。もともと人と接する仕事をしたかったが、出身地の学校にはそのようなコースはなく、この学校の治療教育学のコースを見つけて応募した。

この1年間で学んだ科目は、心理学、教育学、社会学、社会心理学、人権問題、精神的疾患、青少年の病気などである。社会教育学は2年生後期に、連携校であるエシュタ・ションダル単科大学で履修する。最後の学期はすべて大学に通って学ぶ。エシュタ・ションダル単科大学で修得した単位は積み重ねて、たとえばソシオノムの資格を取得する単位の一部とすることができる。

彼らは既に毎週30時間の実習を9週間行っている。Aさんは、ストックホルム市のサポート住宅で実習を行った。18歳以上の薬物依存症の患者が住んでいるが、依存症の故に罪を犯した者が社会復帰する前に住む場所でもあり、一つのアパートにいっしょに住んでいる。ここで4週間の実習を行った。薬物が禁止されているので住民の尿検査をしたり、動機づけのための面談を行った。また、ミネソタモデルによる12段階のメソッドに基づいてケアを行ったり、依存症の問題を抱えた女性達が参加するコースに同行した。残りの5週間は、10～23歳の青少年が自由に通う青少年センターで実習を行い、ADHDやアスペルガー症候群など何らかの精神的な問題を抱えた青少年のケアにかかわった。

Bさんは、スタッズミッショネンが経営する青少年の訓練住宅で実習を行った。この住宅には、スウェーデンの永住ビザを取得した若者達や、治療施設を退所して社会復帰する前の若者達が住んでいる。コミューンから委託を受けて、スタッズミッショネンがストックホルム市内でいくつか借りているアパートに、19～23歳の14人の青年達が住んでいる。そこで、事務的な書類の作成を手伝ったり、買い物など日常生活のサポートを行ったりした。親と別れて難民として入国してきた青年に対しては、励ますなど精神的なサポートを行った。

Cさんは、依存症患者の矯正施設でケアの仕事に携わった。夏期休暇には、職員として雇用されて9週間働いた。担当者の勤務時間に合わせて3～6日間、実習に従事した。とても興味深い体験だったし、挑戦すべき課題も多くあったと語っている。

彼らが1年間学んで特に印象深いことは、理論と実践が直結している、つまり理論で学んだことを実習で活かすことができる、逆に実習で学んだことを理論で確かめることができたことである。また、一つの事柄について多面的に見ること、人を決めつけて見ないことを学んだ。さらに、実際に薬物依存症者のケアに取り組む中で、依存症を本人自身がいかに克服するのかという動機づけをしていくことが困難な仕事であることも実感したと言う。エシュタ・ションダル単科大学に5週間通って学んだことも、多様な見方や考え方を学ぶことができ充実していたようである。

卒業後は、まずAさんは、薬物依存の問題を抱えた人達といっしょに働くつもりである。Bさんは、自分自身がケニアから来たという個人的な事情もあり人権問題に関心を持っているが、特に移民の青少年や女性をサポートする仕事をしたいと思っている。Cさんは、動物と触れ合うことによってADHDやアスペルガー症候群などの青少年をケアする仕事に就きたいと考えている。学生の適性にもよるが、卒業後の就職は容易にできると3人は予想している。

今までと同様、学生の生活費は基本的に奨学金で賄われている。3人とも返還義務のない奨学金は支給されているが、返還義務のある奨学金については、Aさんは6000クローナ（約9万6000円）、Cさんは6600クローナ（約10万5000円）であり、Aさんはそれでは足りないのでアルバイトをしているが、Cさんは奨学金だけでぎりぎり生活している。Bさんは夫と2人の子どもと暮らしているが、2000クローナ（約3万2000円）だけ受け取っている。夫が働いているからである。

スタッズミッショネン職業専門学校では、社会教育学の中で、特に薬物依存やその他の依存症などの問題を抱えた青少年のケアを主とする治療教育学という新しい分野の教育を始めた。スウェーデンでは薬物依存やアルコール依存症が社会的な問題になっており、その点では、現代社会の要請に応える教育課程である。現場からの需要も高く、この仕事に興味を持って入学したいと思う人達も多く存在する。トッラレ民衆大学でもそうであったが、同じ社会教育学的な仕事でも、ソシオノムではなく人と直接かかわって、その人が抱えている困難を解決するためのサポートをしたいという関係的な志向が広がりつつあるのではないかと思われた。スウェーデンは自律社会であり，個人の自律性と責任が強く求められる社会であるが，そのような社会から排除されてしまう人達は福祉国家といえども少なからず存在している。この学校に入学してくる学生達は，そのような人達に寄り添ってともに生きていきたいと考えているようであった。困難を抱えた人達を支援するシステムの隙のない整備は，福祉国家としてのスウェーデンの核心をなしているが，そうした制度を担う人々の思いがなければ充実した制度も機能しないであろう。学生達のインタビューを通して，困難を抱えた人達を伴走して支え，ともに生きていきたいという思いを感じた。

(4) ウェスト単科大学とロマ族への社会教育学的支援

先述したように，ヨーテボリ市の近郊に位置するウェスト単科大学は，スウェーデンで唯一，社会教育学の課程を持っており，3年間の課程である。さらに学びたい人は進学してマギステル（学士と修士の中間）の学位を取得できるが，修士の学位はここでは取得できない。現在は，社会教育学に関する修了証明しか取得できないが，将来的にはソシオノムの資格も取得できるように準備している。ヨーテボリ大学にはソシオノムの課程があるため，連携してソシオノムの課程を新設することを計画している。ソシオノムの資格を取得すると給料が上がるという現実的なメリットもある。

主任教授はハンス・エリック・ヘルマンソン（Hans-Eric Hermansson）であり，ロシアの研究者とも共同研究していた（現在は故人）。ヘルマンソンによれば，社会教育学は社会科学であり行動科学ではないという。社会教育学を社会科学とみるのか行動科学とみるのかは，スウェーデンでも意見が分かれるところであるが，彼は，社会システムの構造を重視して社会教育学的問題を社会科学としての分析対象としている。社会教育者の仕事はクライアントと直接向き合って彼／彼女を教育学的にサポートするのであり治療するのではない、治療は専門家に任せる、という言明にもそれは表れている。

社会教育学課程の学生定員は120人であり、そのうち80％は高校の成績で選抜し、20％は作文と面接で選抜する。その場合、まず応募者は作文を書いて提出し、大学はその中から面接する応募者を選び、面接する。面接では、大学教員と現在働いている社会教育者がいっしょに面接者となる。面接の際には、社会教育学に関する小論を書いてもらい、その小論と面接を総合して合格者を決める。彼らは職業経験を持っているため、入学への動機はとても強いようだ。子育てが一段落して入学してくる人もいる。また、遠隔地の人のために通信教育の制度もある。

ヨーテボリ大学にはソシオノムのコースがあるが、ソシオノムはデスクワークが多いので、ウェスト単科大学に応募してくる受験生は、現場で人々に直接関わる仕事に関心を持っている。大学に進学する若者は中産階層が多いが、社会教育学課程は労働者層の家庭出身者が多い。

カリキュラムは既に紹介したが、3年間の課程なので6学期制であり、最初の1～3学期は社会科学的あるいは社会学的な視野を獲得するような教育内容となっている。4学期に調査と実習があり、5学期に子ども、若者、高齢者、知的障がい者、薬物依存症者という具体的な対象者への社会教育学的な仕事について学ぶ。ここでは、対象者を2グループ選ぶことができるが、若者への関心が高く、高齢者への関心は低いと言う。最後の6学期に社会教育学としてのまとめを行い、卒業論文を提出する。提出した卒業論文は、学生どうしで討論することになっている。

就職率は100％である。様々な職場に就職するが、最近は基礎学校に就職する学生が増えている。高齢者施設の指導者として働く場合は、主として職員の研修や施設経営の指導を行い、高齢者自身に直接かかわることは少ないようだ。

ヘルマンソンは少数民族の問題に関心を持ち、ヨーテボリ市でロマ族のための民衆大学を設立する取り組みを支援してきた。ロマ族はスウェーデンに4万人から5万人いるが、社会から疎外され差別されてきた歴史を持っている。基礎教育は一九六五年まで法的に保障されていなかったため、ロマ族の成人の非識字者は多い。法的に保障されても実際には学校に通わない子どもが多く、少し古いデータであるが一九九六年のストックホルム市での調査では、ロマ族の子どもの1％しか基礎学校を完全に終えていない。しかし、スウェーデンでは、ロマ族の組織は10団体に分かれているため、一つにまとまって国家に要求することができないでいた。それぞれ言語も宗教も違うし、文化的背景が異なるため、まとまることは難しいと言う。ヘルマンソンは、政府が適切な政策を実施してこなかったことと、ロマ族自身が自ら努力してこなかったことが、このような現状をもたらしていると述べている。そこで、社会教育学的な支援が必要であると考えたのである。ロマ族は、一九九九年一二月にようやく少数民族として政府から認められ、現在はロマ族の白書も作成されている。

キース・パルムルス（Keith Palmruth）さんがロマ族として初めてウェスト単科大学の社会教育学課程に入学した。彼は、社会教育学のマギステルの学位を取得し、ロマ語研究所を設立した。全国から研究者等が集まったが、そこで、ロマ族のための学校が必要ではないかという意見が出された。そこで、政府に働きかけ、住民との話し合いを行いながら、民衆大学設立の準備を始めた。しかし、ロマ族だけの学校をつくればロマ族がさらに隔離されるのではないかという懸念が生じた。結局、まずロマ族としてのアイデンティティを確立し統合に向かうという戦略をとることにし、パルムルスさんが学校長となって設立に至った。生徒達は、社会から隔離されないように、この学校をプラットホームにしてエンパワーし社会に出ていくという支援を行っている。

アグネスベリィ民衆大学（Agnesberg Folkfögskola）という名称で二〇〇七年に発足し、ヴィクトリア王女も設立式に出席して、政治家等とともに、これまでのロマ族に対する処遇に対して謝罪をしたと言う。現在は一般コース（5教科の授業）のみだが、将来は職業訓練コースも新設したいと考えている。高校レベルが二つあり、初級コースと上級コースである。1クラスは12人で構成されている。生徒数は100人、98％がロマ族であるが、原則としてすべての市民に開かれている。現状は、70～80％が非識字の生徒である。最も若い生徒は14歳であり、他の学校で差別を受けいじめられていたため、この学校で預かることにした。また、どこから来たのかもわからず、言語も文化も失ってしまった若者もいるし、全く意欲のない若者もいる。彼らを社会教育学的に支援し、回復するように働きかけている。パルムルス校長は、毎朝、学校に来たら、生徒に話しかけ、校長室で学校や生徒自身のことなど何でも話し合うようにしている。これまでに、3人が大学に進学し、16人が就職しており、十分な成果をあげている。子どもを持つ親も入学してくるので、託児所を近く開設する予定であり、ロマ族以外にも開放することにしている。

教師はロマ族が半数を占め、ロマ語とスウェーデン語に通じており、男女の割合を均等にしている。生徒数18人に対し通常の学校では教師が1・5人に対し、この学校は2・5人と多い。スウェーデン語がわからない生徒がいるため、教科を教える教師のほかに文化通訳というアシスタントがつくのである。次年度には、この高校を卒業した2人の生徒が文化通訳のアシスタントとして働くことになっている。パートタイムで50％だけ仕事をし、大学で2年間、教育学を学ぶ。大学修了後、フルタイムの職員として採用されることになっている。社会教育者は校長を含めて3人おり、問題を抱えた生徒をサポートしている。

ヘルマンソンは少数民族への社会教育学的支援について関心を持っていたが、パルムルスさんがロマ族として初めて大学に入学してきたことにより、ロマ族のための民衆大学設立に向けて共同して取り組んできた。これは、後述するように、エリクソンによるコミュニティ開発的な社会教育学の取り組みとして位置づけることができるのではないかと思う。最終的には、教育を普及することによりロマ族のコミュニティを改善し、社会的に排除された集団としてのロマ族の社会的な地位を向上させることが目的である。社会教育学の方法を用いてコミュニティ開発を行おうとするものであり、その舞台が民衆大学である。ここでは、民衆大学が民衆教育の場であるとともに社会教育の場にもなっており、民衆教育と社会教育が重なり融合している典型的な事例であると言うことができる。

2 コミューンにおける社会教育者の職務

スウェーデンでは、社会サービスはコミューンが担当している。ストックホルム市は100万人の大都市コミューンであるため、都市内分権制度に基づく地区委員会制度を導入し、14地区に分かれている。この制度は、数万人単位の地区ごとに地区委員会を設置し、福祉や教育など住民にとって身近な行政事項については、地区委員会ごとに審議し、地区単位で予算を執行するという制度である。地区委員会は12～14人の委員から構成されているが、委員は選挙ではなく、市議会における各党派の占める割合に基づいて各党の政治家が配分される。この点が制度上の大きな問題点の一つとして指摘されている。[7] たとえば、ある地区で社会民主労働党に多く票が集まったとしても、現在の市議会は穏健党が多数を占めているので、その地区においても穏健党系の委員が多くなってしまうのである。ただ、地区委員会の政治家は当該地区の住民でなければならないという制約がある。そして、地区委員会の計画に基づいて地区管理部の職員（公務員）が業務を執行するのである。

(1) ブローマ（Bromma）地区

ブローマ地区は、人口が6万5000人ほどの比較的大きな地区である。この地区の地区管理部（stadsdelsförvaltning）には1500人ほどの職員が働いている。事務所には100人ほどの職員がいるが、多くの職員は福祉や教育等の現場の施設で働いている。その中で社会教育者が配属されているのは、社会サービス・余暇・成人部門である。20人の職員がおり、部門長（女性）のほかに、調査担当者が10人、調査に基づいて個人を直接支援する職員が7人いる。事務員は1人で、治療アシスタント（Behandlingsassistant）が2人、それ以外は全員がソシオノムである。

また、担当するテーマによって、精神的な問題、成人の問題、住宅問題と三つの分野に分かれている。現場で支援する職員のうち2人が社会教育者として採用されている（いずれも女性）。2人ともストックホルム大学のソシオノムの課程を修了したのでソシオノムの資格も持っている。

この部門で行っている仕事は、成人の薬物依存症者や精神的な障がい者のケア、アパートに住む住民へのサポートなどである。そのためにMI（Motivational Interviewing　動機づけ面接。対人援助において用いられるカウンセリング技法）グループ（後述）に参加させたり、自宅でのサポートなどを行っている。地区管理部でアパートを借りて依存症者を住まわせ、そこで立ち直る訓練もしている。

社会教育者のうち1人は4年間、ここで働いており、主としてホームレスに住宅のサポートをする仕事に従事している。もう1人は大学を卒業後、採用されたばかりで、特に虐待された女性を保護しサポートする仕事、たとえば転居の手続きをしたり、女性と面談したりしてサポートする仕事に従事することになっている。

薬物やアルコール依存症の人達へのサポートとして、5～8人で構成されるMIグループをつくっている。1カ月に1グループをつくり、週に2回、グループ活動を行う。1年間に4～5グループになる。基本的に男女別だが、内面に深く立ち入らないテーマであれば男女混合のグループにすることもある。最初からテーマを決めるのではなく、集まってからテーマを決めて話し合う。彼らは、ただ依存症の問題を抱えているだけではなく、仕事がない、住居がないという問題も抱えている。このグループ活動の目標は、彼らが自分自身で自分の生活や人生を変えたいという意欲を持つことである。

また、住宅のためのコースも開催する。このコースでは、賃貸の規則、近所づきあいの仕方など、基本的な事柄をテーマとして行われる。

ホームレスは、統計上、ストックホルム市に3000人いると言われている。ブローマ地区ではそれほど問題にはなっていないが、ホームレスにならないように予防的な活動を行っている。

女性支援に関して、二〇一一年四月に「家族の平和」というプロジェクトが発足した。このプロジェクトには3人の職員が配置され、被害を受けた女性、暴力をふるう男性、子どもをそれぞれ担当している。特に子どもについては特別のメソッドがあり、ケアを行っている。また、従来の解決方法としては、女性を転居させるのが一般的であったが、このプロジェクトでは、男性を転居させるということも考えている。

新しく採用された社会教育者の募集に際しては、その職種は治療アシスタントとして広告を出したが、資格を持っていない人達も多く応募し、90名が受験した。今までの職業経験も含めて審査した結果、社会教育者1名、治療アシスタント1名が採用された。社会教育者として採用された女性は新卒であるが、在学中に市の福祉の仕事に携わっており、先述したスタッズミッショネンや「女性の家」で働いた経験もあったため、この点も評価されたようだ。この応募状況に見るように社会教育的仕事は、今、スウェーデンでは魅力的な職場とみなされているようだ。

コミューンが対象とするのは、コミュニティであり、そこに住む住民である。エリクソンは、コミュニティ開発と社会教育学との関連性を問うている。エリクソンによれば、スウェーデンではコミュニティの概念は明確ではないが、コミュニティ開発に相当する伝統はたぶん社会教育学であろうと言う。しかし、スウェーデンにおける社会教育学は、子どもや若者の社会的ケアや治療に関連したアプローチや思考であるというのが一般的な見方であるとも言う。そして、コミュニティ開発と社会教育学の違いと類似点について論じている。[8] エリクソンとしては、社会教育学をコミュニティと関連づけたいという志向を有しているものの、現状としては個人に対する支援が社会教育学の主たる内実となっている。エリクソンは、この両側面を理論的にリンクさせているが、現場で働く社会教育者にとっては、コミュニティ開発という意識はあまりないと言わざるを得ない。しかし、コミューン、特に住民に身近な地区委員会で働く社会教育者の仕事内容は、個人を対象とするものの、その背景には家族とコミュニティがあり、コミュニティの視点を棚上げにして専ら個人のみを対象とすることはできないし、長期的には有効な戦略ではない。今回、インタビューした社会教育者の1人も、個人とコミュニティの両者を対象とした社会教育は可能であると語っていたが、スウェーデンにおける社会教育学も、エリクソンが論じているように、いずれコミュニティとの関連が現実的な課題となる日が来ると思われる。

(2) スカルプネク（Skarpnäck）地区[9]

この地区の人口は約4万5000人である。地区委員会の予算は1億クローナ（約10億6000万円）であり、職員は約900人いる。地区管理部の事業は、1～5歳の保育園、高齢者福祉、経済、ＩＯＦ（個人・家族の福祉）などであり、ＩＯＦ部門が精神的な問題を抱えた人達のサポートをしている。この部門には四つの部署があり、①最初の部署では、子どもが家族の中で危険にさらされた時に助け出したり、家族がサポートを求めてきた時に調査して、そのニーズに合わせた支援を行っている。そのほかに、②0～20歳の子どもを対象とする青少年部、③20歳以上の成人を対象とする成人部、④社会手当部がある。これら四つの部署では、調査してどう措置するのかを決定する。

社会教育者が所属している子ども・青少年リソース・ユニット（Resursenheten Barn och Ungdom）は、この決定に基づいて様々な活動を行っている。このユニットには40人のスタッフがおり、その中で社会教育者は6人、ソシオノムは11人である。予算は２２００万クローナ（約3億５０００万円）である。以前は、家庭、余暇活動・学童保育、青少年センターなどに分かれていたが、10年前にこれらを一つにまとめて1人の責任者を置くことにした。こうすることによって、早く判定し住民へのサポートができるというメリットがある。現在のチーフは、ソシオノムと家族セラピストの資格を持っている。

リソース・ユニットでは、0～20歳の子どもがいるすべての家族を対象としている。管轄しているのは以下のような施設・事業である。①オープン就学前教育施設：2人のスタッフがいて0～2歳の子どもと親が参加する。②3カ所の公園遊び場：6人のスタッフがいて、放課後に行く場所のない子ども達が参加し、創造的な遊びを教えたり両親と話し合ったりする。③3カ所の余暇活動青少年センター：16人のスタッフがいて、13～18歳の困難を抱えた青少年のための社会教育活動をしていたが、現在はすべての青少年を対象とした活動にしたいと取り組んでいる。④青少年窓口：県から派遣された2人の助産師がいて、望まない妊娠の相談をしたり性教育等を行う。⑤リソース・グループ：ソシオノムや社会教育者、セラピストなど15人のスタッフがいて家族のケアをしており、子どもや親のあらゆる悩み事の相談を受けている。また、アパートを15部屋持っていて、そこには親が薬物依存であったり精神的な障がいがあったりする青少年や、治療ホームを退所して社会復帰するまでの青少年が住んでいて、彼らをサポートしている。

Aさんはリソース・グループに所属しており、ソシオノムと家族セラピストの資格を持っている。家族と青少年のケアの仕事に従事しており、アパートに住んでいる住民のコンタクトパーソンも務めている。社会教育のように広い関係性をつくりながら問題を解決していくというのではなく、相談室で個人に対するセラピーを行うという仕事である。社会教育が対象とする人達と比べて、より深刻な問題を抱えた人達の治療を行うという点に社会教育者との違いがある。言い換えれば、社会教育者は予防的な活動をし、セラピストは既に問題を抱えている人達の治療を行うということである。両者に違いはあるが、青少年にどう接するのか、彼らをどう理解しているのか、という点では共通している。セラピストとしてクライアントを理解し、過去にとどまるのではなく、次の一歩を踏み出せるような治療を目指したいと考えている。

Bさんは社会教育者であり、ゴットランド単科大学の社会教育学課程を修了した後、二〇〇九年一一月にスカルプネク地区管理部に採用され、現在は余暇活動青少年センターの責任者を務めている。事業計画を立て、職員に周知して、地区委員（政治家）から指示された目標を達成しているかどうかをチェックしている。ほかにも職務はいろいろあるが、たとえば学校が休暇に入ると青少年が騒ぎ出すので、親や団体、警察などと連絡を取り合って、夜の見回りなどもしたりしている。センターでは、ダンス、スポーツ、創作、卓球、ビリヤードなどの活動をしたり、カフェで出会い話し合ったり、運転免許をとるコースもある。これまで問題のある青少年が普通の青少年を追い払ってしまうということがあったが、そうした状態を変えたいと考えている。そのためには魅力的な活動を行ったり、彼ら自身が主体となるような活動をしていくことが大事である。Bさんが青少年にいつも語っていることは、「君達がしたいことをいっしょにやろうよ」ということである。

このように話すことで、彼らに動機づけをし、彼らに自信を持たせることができる。実際に何らかのプロジェクトをいっしょに行うこともある。一つのプロジェクトを実施したら、彼らと話し合ってその反省を行う。そして、彼らが次のステップに進むことができるように、何らかの団体に参加したり、今まで怠っていた学校の勉学ができるように支援する。また、青少年が持っている偏見とも向き合い、一つの考えが正しいわけではないことを話す。

ほとんどの青少年は地域のクラブ活動等に参加しており、余暇活動青少年センターには来ない。この地区には13～18歳の青少年が3000人ほどいるが、センターを利用しているのは300～400人ほどである。毎晩の平均的な参加者は40～65人である。センターが好きであったり、スタッフと仲良くなったりして来る子ども達がほとんどであるが、中には問題を持っていてサポートが必要な子ども達も来る。

センターを利用している子ども達には親に向けて書かれたペーパーを渡す。そこには、「あなたの子どもはセンターの会員となっていますが承認してくれますか」ということが書かれている。親からの返事には連絡先が書かれているので、スタッフが連絡して親にセンターの活動の見学を呼びかけたりする。また、子どもに何か問題が生じた時に親に連絡して来てもらい、スタッフと親と子どもが話し合って、当事者が自ら考えて解決していくように支援する。青少年が社会的なルールを身につけるように指導している。

おわりに

地区管理部に所属する社会教育者の活動について、ブローマ地区とスカルプネク地区の取材を行ったが、ストックホルム市の同じ職の公務員でありながら、役所の中の部署も位置づけも大きく異なっている。ストックホルム市では都市内分権制度に基づき、それぞれの地区がかなり大きな権限と予算を有しており、それぞれの地区の特性や、それぞれの地区委員会と地区管理部の発想あるいは考え方により、組織の在り方と事業の仕方は異なっている。そのことが、社会教育者の仕事にも現れている。

ブローマ地区では、社会教育者は主に成人の精神的なサポートやホームレス支援、あるいは女性の人権問題への取り組みなどをしており、対象者は主に成人である。それに対してスカルプネク地区では、社会教育者は主として青少年にかかわっている。通常、青少年にかかわる社会教育者は、薬物依存や精神的な疾患など何らかの困難を抱えた青少年をサポートする仕事を行っている。スカルプネク地区でも、問題を抱えた青少年を社会教育者が支援しているが、それだけでなく、すべての青少年に向けた活動を行おうと努めている。同地区のBさんの余暇活動青少年センターでの仕事ぶりは、日本の社会教育とかなり共通する部分がある。日本における青少年教育に加えて、福祉施設で青少年を精神的にサポートする仕事を両立して行っているようなイメージである。

このように両地区での社会教育者の仕事内容は大きく異なるが、スウェーデンにおける社会教育学の範疇が、青少年に対するソーシャルワークのみでなく、女性の人権問題など成人教育とも関連し、さらに、日本の学校外教育に相当する領域も含んでいるということが確認されるのである。学問的に社会教育学の範疇を明確にすることは困難だとしても、社会教育者の仕事の実際は多様であり、エリクソンが示唆しているように、社会教育学は民衆教育や地域開発と接点を持ちながら発展途上にあるように思われる。

スウェーデンでは、高い税金と引き換えに手厚い社会保障がなされている。個人の生活が制度によって守られているがために、他の人々とそれほどかかわらなくとも生きていくことができる。また、社会も個人の自律性を求めている。しかし、社会教育者養成課程への入学志望の倍率の高さが示しているように、人とかかわって困難を抱えた人を支援したいという人々は多い。ソシオノムという資格の確立されたステイタスの高い仕事よりも、現場で人と直接かかわる社会教育者という仕事を選択する人々も少なくない。そして、実際に公務労働として社会教育の仕事に携わっている人にインタビューすると、情熱を傾けて仕事をしている様子がわかった。

社会教育学としてのディシプリンは、いまだ開発途上であるが、人と人との関係を通して救われている人達が存在し、そのプロセスに社会教育者が関与している現状を見ると、最初に提示した、「学問としてのディシプリンの未確立と実践現場での需要の高さとのギャップをどのように理解すればよいのだろうか」という問いに対する答えが、少し見えてくるような気がする。とはいえ、この課題は引き続き調査研究すべき課題であることは依然として確かである。

【注】

1 Britt Abrahamsson, Olle Rockst　二〇一一年三月一八日にヒアリングを実施した。
2 二〇一一年三月一八日、二三日にヒアリングを実施した。
3 二〇一一年三月一八日にヒアリングを実施した。
4 Mariann Heikki（社会教育学の教師）および3人の学生に、二〇一一年八月二五日にヒアリングを実施した。
5 Rutger Zachau　二〇一一年八月二二日にヒアリングを実施した。
6 二〇一一年八月二五日にヒアリングを実施した。
7 スカルプネク地区管理部でのヒアリング（二〇一一年八月二六日）と、伊藤和良『スウェーデンの分権社会』（新評論　二〇〇〇年）を参照した。
8 Lizbeth Eriksson, 'Community Development and Social Pedagogy: Traditions for Understanding Mobilization for Collective Self-development', *Community Development Journal*, 2010.
9 二〇一一年八月二六日にヒアリングを実施した。

【付記】スウェーデン語資料は松田弥花が翻訳した。

第13章

スウェーデンにおける地区委員会制度と社会教育
――ストックホルム市の場合

本章は、地域における住民自治と都市内分権制度の課題と問題点、可能性を考えるために、一つの参考事例としてスウェーデンを取り上げ、その首都であるストックホルム市の地区委員会制度の現状、成果、問題点について検証することを目的としている。合わせて、地区委員会制度と社会教育（Socialpedagogik）[1]との関連性についても若干の考察を行う。

1 自治体改革と地区委員会の設置

スウェーデンでは、公的な福祉サービスの拡充に伴い、小規模コミューンにおいては財源確保が困難となり、一九五二年にコミューン改革が実行された。住民2000名をコミューンを構成する最低人数とし、これによって、コミューン数は2281から816へと減少した。これ以降、コミューンの業務領域はさらに拡大し、それに対応するために、コミューンの規模は8000人を最低人数とすることとされた。当初は任意合併であったが、強制合併に切り替わり、一九七四年までにコミューン数は278へと激減した。この結果、合併したコミューン内に矛盾が生じたりしたため、若干の修正がなされていく。しかし、日本の自治体合併とは異なり、本来、福祉サービス等の充実を目的とした合併であったため、合併により全体の公務員数は倍増していると言う。

とはいえ、コミューンが大規模化することにより、コミューンと住民との接点が弱くなるというのは当然の帰結であり、とりわけ大都市コミューンにおいては重要な問題となった。一九七七年には、統一地方自治法が成立し、コミューンに地域組織を設置する権限が与えられた。そして、一九七九年の特別法により、地区委員会

（Kommundelsnämnder）制度が創出された。地区委員会制度は、従来の分野別の委員会組織とは異なり、「いくつかの行政分野にまたがる業務を総合的に引き受けて実行する機能を有する一種の地方自治体」[2]とされている。さらに一九九二年には、新地方自治法が施行され、委員会編成の自由化が確認された。こうして一九八〇年代には地区委員会制度の導入が進んだが、数年で廃止されるコミューンも見られ、大都市では一九九〇年代に地区委員会が導入されるようになった。ストックホルム市は一九九七年に地区委員会制度を導入し、24地区に設置した。社会民主党が与党の時代に導入されたものであった。その後、二〇〇七年に地区委員会は14地区に減少し、現在に至っている。

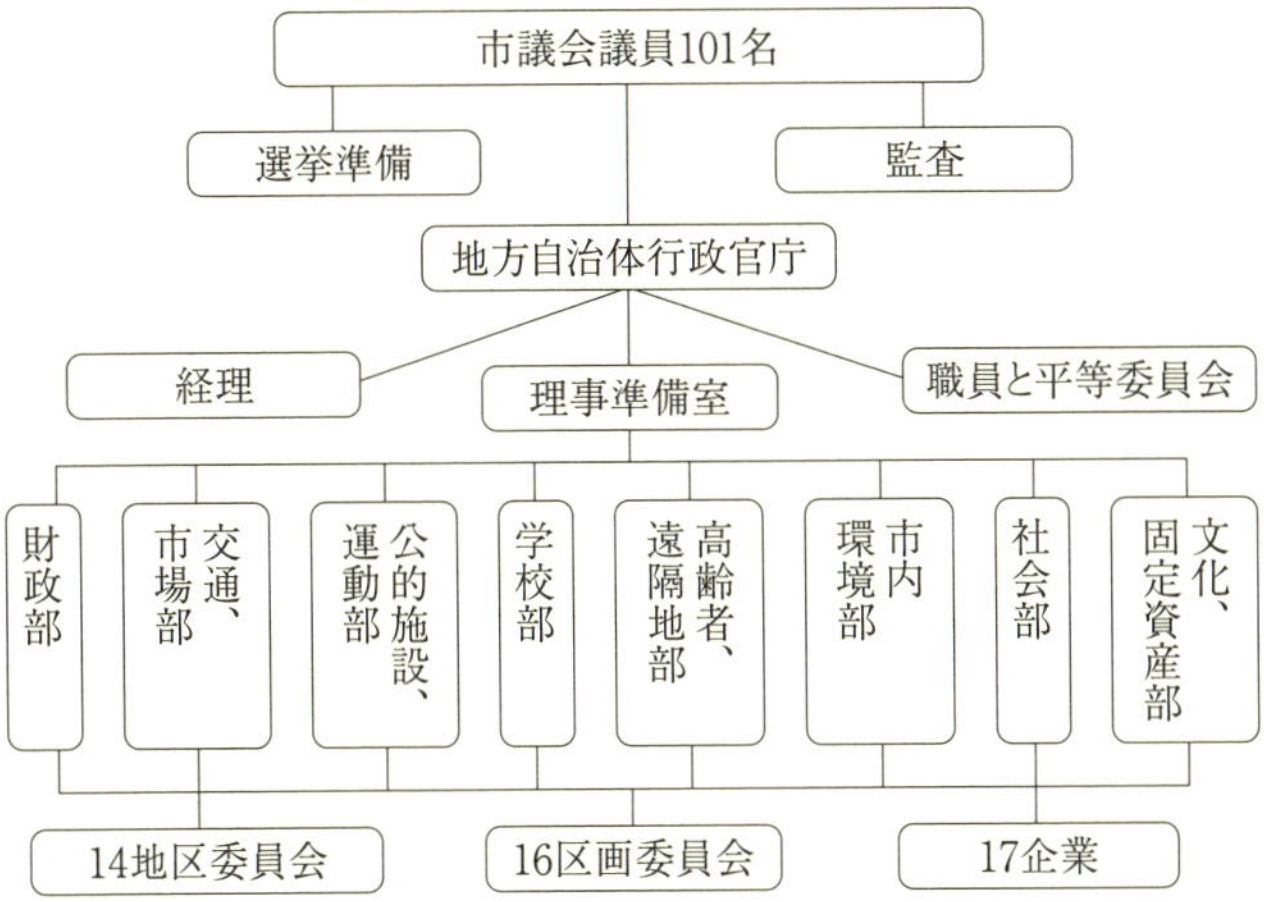

図5　ストックホルム市の行政組織図
（出所）ストックホルム市作成資料

ストックホルム市の地区委員会は、市議会と密接に関連している。市議会での政党の議員数に応じて、各地区委員会の委員数も決められるからである。地区委員会の委員は、基本的にその地区在住の政治家（政党に所属している市民）によって構成され、その配分数は市議会における政党の議員占有率によって決められるのである。したがって、ある地区では、社会民主党への得票が多いにもかかわらず、地区委員は穏健党が多いという矛盾が生ずることになる。

市議会は、4年ごとに選挙が実施され、現在（二〇一三年六月）は穏健党、自由党、中央党、キリスト教民主党が与党を形成している。議員は101人で、与党は52人、野党（社会民主党、環境党、左党）は49人と僅差である。市議会は毎月1回開催され、市民の傍聴は自由である。テレビやラジオでもライブで視聴することができる。与党から市長と7人の副市長、野党から4人の副市長を出している。この12人だけがフルタイムの議員であり、他の議員は本職に従事しながら議員活動をしており、報酬は月に3300クローナ（約5万3000円）である。そして、与党の副市長が各分野の委員会（部局）の長となる。ストックホルム市の行政組織図は図5の通りである。

2 ストックホルム市の地区委員会

ストックホルム市条例第2条において地区委員会の目的は次のように定められている[3]。

①地区における地域民主主義および協働を高める
②市の事務事業に対する補完業務
③市の事務事業の効率化

目的の第一に、地域民主主義と協働が掲げられており、地区委員会が市行政と協働しながら地域の住民自治を実現していく場であると規定されている。別途、「地区委員会に関する規定」（章末［参考資料］）が定められている。地区委員会は、市から財源、権限、地区職員の人事権を移譲され、市議会の決定した方針に基づき地区の住民ニーズに合わせた事業を遂行する、地区行政組織の形態もそれぞれが決定する、という都市内分権制度である。

地区委員会の組織は、２万７０００人以下の地区の場合、11人の委員と代理委員11人、２万７０００人を越える地区はそれぞれ13人の委員によって構成されている。地区委員は、市議会での各党派の比率に応じて配分され、各党が地区住民の党員から選出する。報酬は、委員長が月1万３０００クローナ（約21万円）、委員が１６００クローナ＋４００クローナ（会議手当）（約3万２０００円）であり、本職に従事しながら委員会活動を行うボランティア的な位置づけである。

毎月1回、平日夜に開催し、最初は市民との対話にあてられ、その後、委員会で審議を行う。地区によっては、会議の様子をリアルタイムの動画で配信している。多くの傍聴者が参加し、市民との対話の時間には市民は積極的に発言する。また、夕食時から始まるため、サンドイッチと飲み物などが用意されている。

(1) ノルマルム（Norrmalm）地区委員会

ノルマルム地区は、ストックホルム中央駅を含むストックホルム市の中心街を形成しており、商店街や観光地となっている。人口は約6万３０００人である。筆者は、二〇一二年三月二二日にノルマルム地区の地区委員会を見学したが、その会議次第は次の通りである。

午後7～8時　市民も交えて、ストックホルム市の重要課題となっているテーマについて、市の担当職員から説明が行われ、討論が行われた。

【テーマ】高齢者のケアにおける特性――ＬＯＶ（選択自由法）あるいはＬＯＵ（公的購入法）か？

○エッレン・ハウセル・ヘルダール氏（委員会事務局の公文書管理議長）が最初の30分間、説明する。
○後半の30分間、市民からの質問と委員からの発言がなされる。
いったん休憩し、午後8時30分頃に再開して、委員会での審議が行われた結果、この日の決定事項は次の通りとなった。
○私有地における就学前学校の設立
○認知症の高齢者の住居への人員増
○二〇一一年度の余暇活動の組織への支援
○オンブズマンの解雇と採用
○二〇一二年度社会委員会委員の選出

次に、あらかじめ住民から提出された以下の質問について回答がなされた。

○ホームサービスの保障に対する見解
○ダイオキシンのための環境事業基準を整備するための手順とPM10 in Stockholm
○Stockholm2030 の将来的戦略
○むく鳥18のための詳細計画

引き続き、市民からの下記の案件について審議がなされた。
○地区委員会の定年退職者に関する協議の議事録
○障がい者問題に関するノルマルム地区の協議の議事録
○ストックホルム市における依存症者の公文書の公開

○二〇一二年度予算を二月に決定すること
○委託・補償に関する書類
○委員会による決定の承認
○その他の質問

最後に、市民は退場して、委員会だけで会議が行われ終了した。

委員会に参加した市民は30名ほどであり、最初の市民との対話の時間には、市民から積極的に質問や意見が出された。また、あらかじめ市民から質問や要望事項が提出され、地区委員会で審議が行われている。

委員会の議題を見ると、主として社会福祉と環境問題にかかわる事項について審議していることがわかる。「地区委員会に関する規定」においても、地区委員会の任務として主に規定されているのは、社会福祉、就学前教育、児童・青少年のための余暇・文化活動、地域の文化活動、環境問題などである。社会教育（Socialpedagogik）や民衆教育（Folkbildning）は、直接的に管轄事項として記されていないが、これらの事項に関連している領域であると言える。実際、社会教育関連の予算も地区委員会において決定されている。

(2) エルブシェー（Älvsjö）地区委員会

エルブシェー地区はストックホルム市の南部に位置し、人口は約2万5500人、ストックホルム市で最も人口が少ない地区である。ちなみに、人口が最も多い地区は約11万2000人となっている。エルブシェー地区の失業率は2・6％で、高卒後の進学率は45・8％である。

地区の予算は5億クローナ（約80億円）で、地区管理部の職員は70人、施設職員も含めると約600人の職員

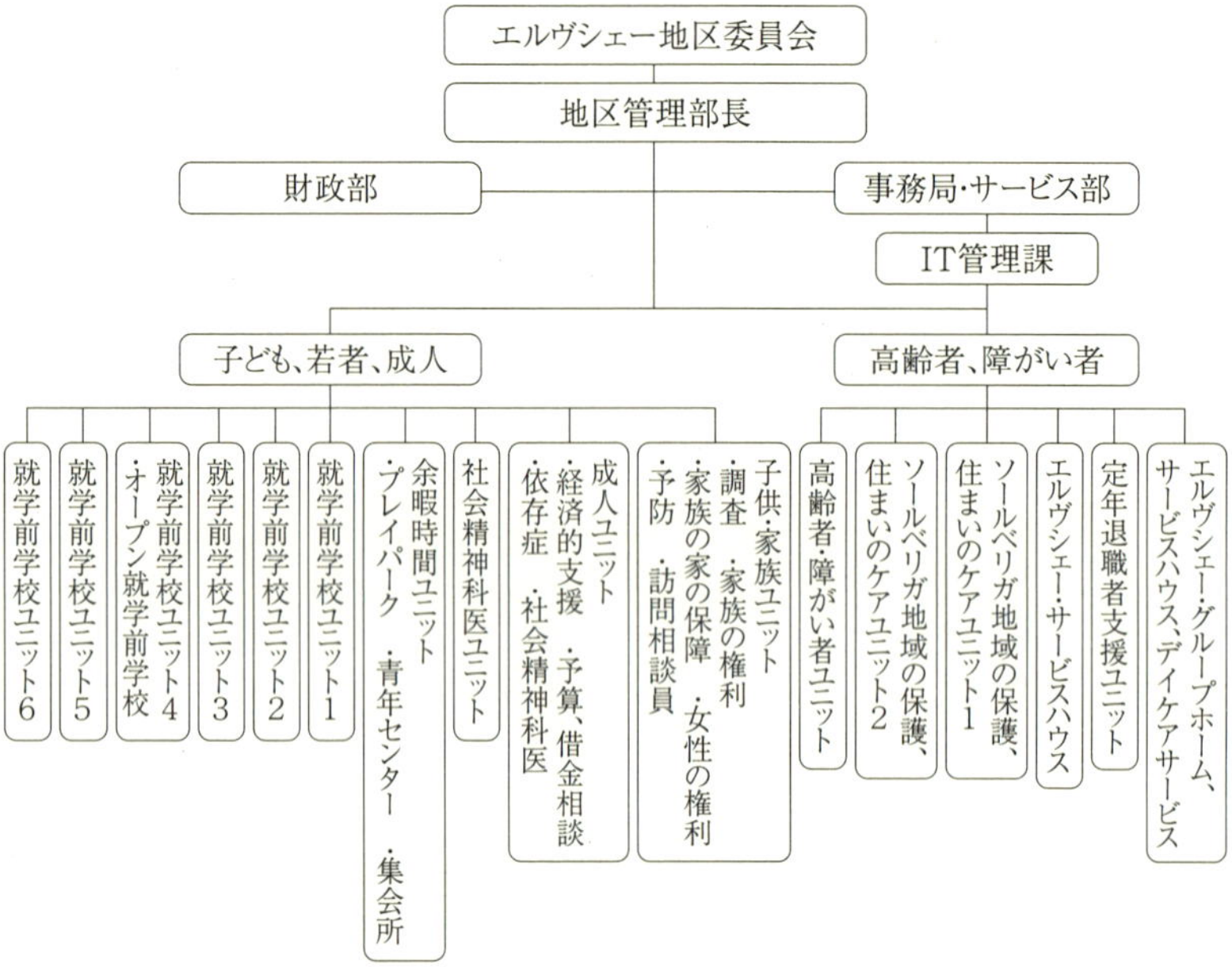

図６　エルブシェー地区委員会組織図　（出所）エルブシェー地区管理部作成資料

が雇用されている。ストックホルム市全体に言えることであるが、最も大きな課題の一つは高齢者施設など公共施設の民営化問題である。「選択自由」法に基づいて、地区委員会で公共施設の民営化を決めることができるため、ノルマルム地区と同様にエルブシェー地区でも重要な課題になっている。

ストックホルム市では、民営化路線を促しているが、この地区では限定している。しかし、日本の指定管理者制度と違い、ＥＵの規定に基づいて、受託する企業がかわっても従業員はそのまま雇用しなければならず、賃金は公務員よりも引き下げてはいけないという規定になっているため、従業員の労働条件はある程度保障されている。そして、地区管理部は民営化した施設の監視を行うという役割を担っている。各政党の政策としては、左党、社会民主党は民営化に反対しており、自由党は半数だけ民営化する、穏健党は民営化を進める、という立場である。

一方、この地区独自の課題として、公園の計画があり、地区委員会で継続的に審議している。エルブシェー地区委員会の委員の職業は、法律家、青少年活動従事者、コンピュータ会社勤務、レストラン勤務、家具職人、装飾職人、起業者、退職者など多様である。退職者を除いて、全員が働きながら夜間に集まって審議し、活動している。

3 地区委員会制度の成果と問題点

合併によってコミューンが大規模化したことにより、市民と政治・行政との間に距離が生じ、市民の政治・行政への参加が弱くなった。そのこともあり、地区委員会制度が導入されたが、この制度によって、市民が身近な課題について地区委員会に意見や提案を出し、市民の政治・行政参加がより保障されることになったと言うことができる。先述したノルマルム地区委員会の観察によっても、市民が地区委員会に対して多くの質問や要望事項を出し、地区委員会がそれに対して誠実に応答している様子を見ることができた。

このような市民参加を進めるために、地区委員会の開催案内と議事内容、市民からの意見や提案が毎月、紙媒体とインターネットで公開され、地区委員会の情報公開に積極的に取り組んでいる。しかし、市民の地区委員会への関心は必ずしも高くなく、課題となっている。

このような市民参加と関連して、福祉・健康など身近な課題について、市民（政党に所属している）が地区委員として審議し、ある程度決定することができるという都市内分権制度は、限界があるとしても必要な制度化でである。エルブシェー地区の場合、地区の予算は5億クローナ（約80億円）であり、この予算を地区委員会で決定することができ、人事権も持っている。その際、地域の事情に応じて政策課題を決定することができる。たとえば、ストックホルム市は民営化を推進しているが、地区単位で一定の歯止めをすることができるのである。

このような成果を確認することができるものの、問題点も少なくない。何よりまず、インタビューを通じて聞かれたのは、地区委員の選出が、市議会の党派の占める割合によって自動的に決められてしまうことである。調査時点では、穏健党が社会民主党よりも市議会で多数を占めているため、ある地区では、社会民主党への支持が多いにもかかわらず、地区委員会では穏健党が多数を占めるという矛盾が生じている。

社会民主党はこの選出方法を批判し、住民による直接選挙を議会に提案したが、穏健党など与党が住民選挙に反対し、否決された。この制度の問題点として指摘されているのは、政党に所属していないと地区委員として選出されない、市の政策と地区の政策が同一化される可能性が高い、というような点である。一方で、地区により不平等が生じないよう現在の選出システムを支持する意見もある。特に学校関係者は、地区間格差が生じないよう、地区間の平等性を確保するために現在のシステムを支持しているという声がある。

また、地区委員会の目的の一つである「市の事務事業の効率化」という点について、行政の効率化が図られたのかどうか疑問視する見方もある。実際のところ、効率性が図られなかったということもあり、基礎学校などかなりの分野が地区委員会の管轄から市の管轄へと戻ってしまったという事実がある。

また、市議会の政党構成が地区委員会に反映されるとはいえ、それぞれの地区の独自性が地区委員会の政策決定にも影響を及ぼし、地区によって格差が生じる可能性があることが指摘されている。ストックホルム市に隣接するフッディング・コミューンは、その理由により地区委員会制度を廃止した。

地区委員会制度の趣旨が比較的うまく機能しているコミューンもあると思われるが、少なくともスウェーデンの首都であるストックホルム市では、地区委員会制度は、住民自治と都市内分権を保障する制度として評価することができる一方で、少なくない問題点も抱えているのである。今後、問題点を改善していくような制度設計の改革が取り組まれていくのかどうか、注視したい。

4　地区委員会と社会教育との関連

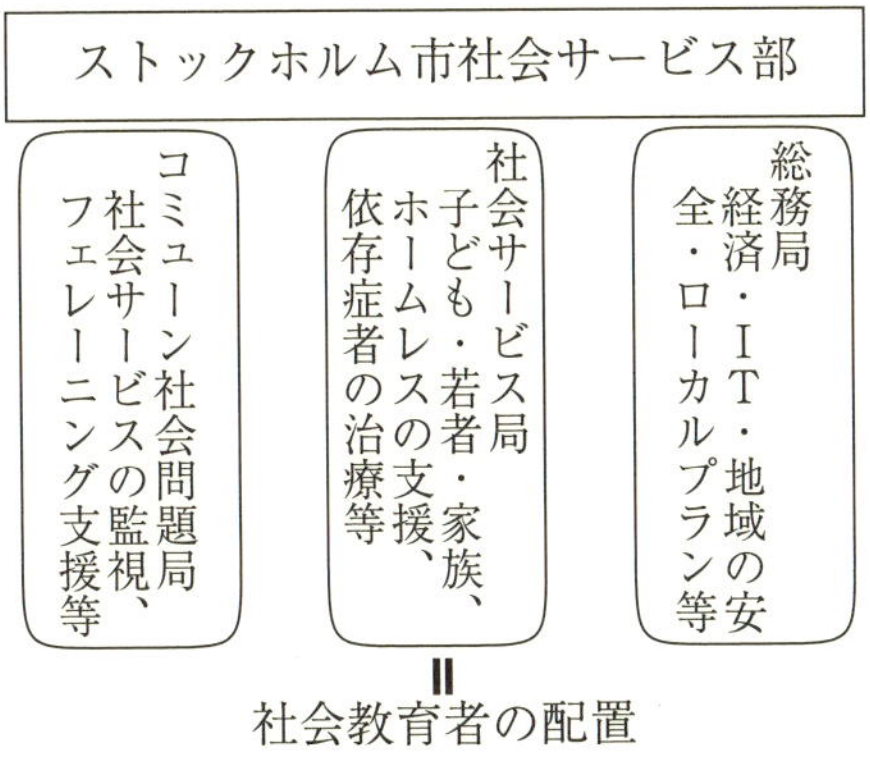

図7　社会サービス部組織
（出所）ストックホルム市作成資料

社会教育者（Socialpedagog）は、市全体で言えば、市役所社会サービス部門に位置づけられ、市が管轄する施設等に配置されている。具体的には、基礎学校、難民の子どものためのグループホーム、NOVA（青年支援センター）、24時間体制の家族・青少年サポートなどで、社会教育者は勤務している。

各地区にも社会教育者は配置されているが、市行政が各地区の社会教育者に指示したり指導することはない。ただ、地区のSocialsecreterare（問題事例の調査・判定の責任者）が、問題を抱えた深刻な事例（子どもの虐待、アルコール・薬物依存、発達障害など）について市役所に相談に来ることはある。そうした相談に対しては、市の社会教育者がどのようなサポートができるのかを地区のSo-

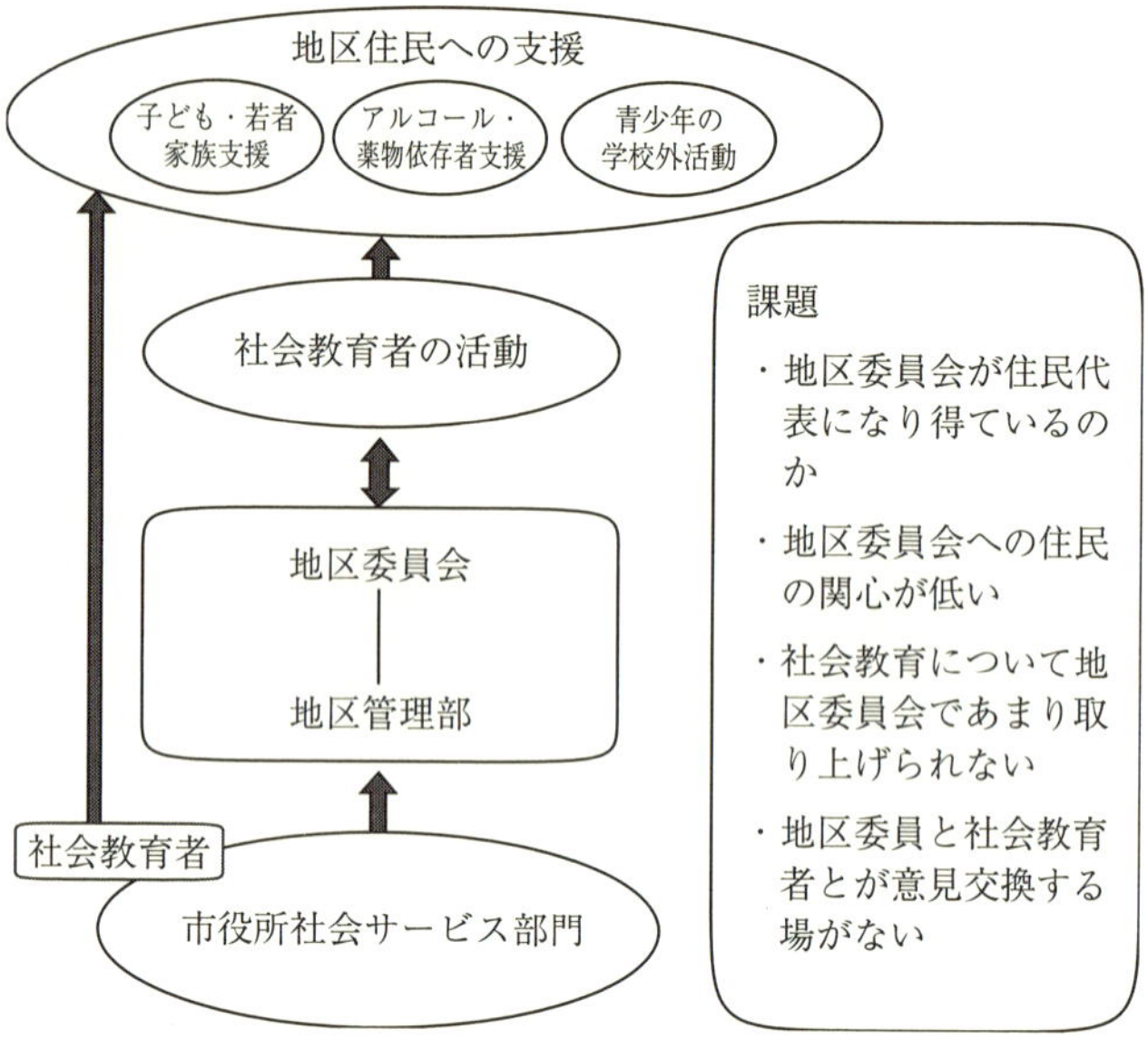

図8　地区委員会と社会教育者　（筆者作成）

cialsecreterare に助言・提案している。市には地区にないような、24時間、専門的にサポートする体制を整備しており、深刻な事例の場合には、市の施設に地区から委託する。その場合、地区の予算から市に委託費を支払うことになっている。

それぞれの地区管理部が地区の社会的な問題に責任を持っており、地区委員会が社会教育の予算を決定している。社会教育者は地区管理部のもとで働いており、児童虐待など深刻な問題があれば、地区委員会でSocialsecreterare と協議して何らかの決定を行う。基本的にSocialsecreterare が社会教育者に専門的な指示を行い、社会教育者は現場で家族の問題や子どもの虐待などに対するサポートを行う。

各地区に配置されている社会教育者は、その地区代表が毎月集まって情報交換をする会議を開催し、地区間の連携を図っている。

地区委員会と社会教育の事業との間には、実際のところあまり関連性はない。地区委員会は社会教育の外的事項について審議するが、内的事項については関与しない。社会教育者の側から地区委員会に対して何らかの提案をしない限り、地区委員会から社会教育について新たな政策が議論されることはない。たとえば社会教育者からスタッフの増員について、地区委員会にその必要性を説明することによって、地区委員会でその審議がなされるということがある。実際にリンケビィ＝シスタ（Rininkeby-kista）地区では、地区委員会で審議が行われ、増員が認められた。

このように、社会教育者は、市と地区の行政部局や施設に配置され、社会教育福祉の専門職として勤務しており、住民自治と都市内分権制度としての機能を期待されている地区委員会との関連性はあまりない。スウェーデンの社会教育は、地区委員会にとどまらず、全体として住民自治的な要素は見られないようだ。福祉職としての性格が強い社会教育者は専門職として、その専門性に依拠して仕事をしているのである。

最後に、市、地区行政、地区委員会と社会教育との関連について図示すると、図８のようになると思われる。

【注】

1　松田武雄「スウェーデンにおける Socialpedagogik の動向」『生涯学習・キャリア教育研究』第7号　二〇一一年、同「スウェーデンにおける社会教育者の養成と職務」『社会教育研究年報』第26号　二〇一二年

2　藤井威『スウェーデン・スペシャルⅢ　福祉国家における地方自治』新評論　二〇〇三年　１０８頁

3　川島由華「スウェーデンの地区委員会制度――地域民主主義と効率性の狭間で」『社学研論集』Vol.10　２１５頁

【参考文献】

・川島由華「スウェーデンの地区委員会制度」『社学研論集』Vol.10　二〇〇七年
・伊藤和良『スウェーデンの分権社会』新評論　二〇〇〇年
・岡沢憲芙『スウェーデンの政治』東京大学出版会　二〇〇九年

・二文字理明『スウェーデンの教育と福祉の法律』桜井書店 二〇一一年
・Anders Gustavsson,Hans-Erik ermansson, Juha Hämäl äinen Ed. "*Perspectives and Theory in Social Pedagogy*", Göteborg: Daidalos, 2003.
・Jacob Kornbeck, Niels Rosendal Jensen Ed. "*The Diversity of Social Pedagogy in Europe*", Bremen: Europäischer Hochschulverlag GmbH & Co, 2009.
・Jacob Kornbeck, Niels Rosendal Jensen Ed. "*Social Pedagogy for the Entire Lifespan*", Bremen: Europäischer Hochschulverlag GmbH & Co, 2011.

【インタビュー】

・Britt-Marie Ericsson: Älvsjö（エルブシェー）地区管理部秘書 二〇一一年三月一九日
・Hanna Ericsson Broberg: Norrmalms（ノルマルム）地区委員会委員長 二〇一一年三月二一日
・Mikael Jsephson & Ida Burlin: Norrmalms 地区管理部職員 二〇一一年三月二一日
・Eva Lundman & Brigitta Lindvall: Rinkeby-Kista Familjeteamet/Resursenheten（リンケビィ＝シスタ地区家族チーム／リソースユニットの社会教育者）二〇一一年八月一五日
・Lisbeth Ericsson: Linköpings Universitet（リンシェーピン大学）二〇一一年八月一四日
・Anette Necander: Socialförvaltningenn Enheten för Familje-ochungdomsinsatser（ストックホルム市家族・青少年サポート部部長）、Katarina Älgemo（同部門の社会教育者）二〇一一年八月一六日

【謝辞】

スウェーデン語資料は、木下元子さん、松田弥花さんに翻訳していただきました。御礼を申し上げます。

公共の諮問など

11 §

地区委員会は地方自治体法第5章19aに謳われている限定事項に留意し、委員会の会議を公にするということを決定すべきである。

12 §

地区委員会は、その地域での関心事となり重要事項となっている問題について、信頼のおける代表者達からなる公共の諮問の場を設ける。

19. 戦時に対する準備計画や、地域レベルでの有事や惨事に対する準備計画の作成

地区委員会の責任と任務の領域は、上記以外にも市議会の「1995年10月2日 § 66」決定事項および市議会の決定事項も適用される。

6 §
地区委員会は、地区委員会の責任範囲で他の地区にもかかわるような事項については市議会にその問題を発議することができる。

コミューン全体の任務

7 §
リンケビィ＝シスタ地区委員会は難民が他コミューンへと移動するのを手助けするための援助に責任を持つ。

8 §
クングスホルメン地区委員会は以下の事項に責任を持つ。
1. 機能障害を持つ児童のためのハビリテーリング事業（注：リハビリではなく、もともと障害のある児童に対してサポートし能力を向上させること、habiliteringsverksamhet）
2. 聴覚障害・聾学校

管理部組織

9 §
地区管理部は地区委員会の下に従う。地区管理部は地区管理部長の指揮の下で行われる。

地区委員会は地区管理部とその職員に指示を与えてよい。

正議員と代理議員の数

10 §
人口が27,000人以内の地区委員会は11人の正議員と11人の代理議員からなる。

人口が27,000人を超える地区委員会は13人の正議員と13人の代理議員からなる。

地区委員会はまた、児童と青少年のための特別な音楽・文化・教育事業および同等の自由な活動に責任を持つ。

5 §

地区委員会は以下の事項に責任を持つ。

1. 難民の受け入れと彼らへの手引き
2. 「難民や難民に関係するその他の外国人の一部、ストックホルム市が受け入れたその他の難民のための最初の手当金」法に基づく手当金についての事項
3. 他の委員会（注：ストックホルム市管轄の委員会）で取り扱う事項以外の難民と移民の統合
4. 消費者へのアドバイス
5. 住民オフィス
6. 地域の文化活動
7. 地域に根ざした活動をしている協会への補助金、また地域で運営されている協会活動への連絡
8. 児童・青少年のための余暇活動事業
9. 基礎学校児童のための夏休みセンター活動の提供
10. 賃金補助およびOSA雇用（OSA＝公的に保護された仕事）という形態での援助投資
11. 国主体で行われている仕事の広場（jobbtorg）（注：失業者対策の事業）に包括されない失業者のための職業訓練という形態での就労準備の投資
12. 一般の集会場の開放
13. 菜園のための土地の開放および余暇活動菜園や小菜園地域に関する事業
14. 公園、公園に通じる道路、緑地地区を意図した空き地と冬季の道路管理

5－2 §「道路整備と広告掲載についての特別な取り決め」法に定められたコミューンが責任を持つべき事項への対策

15. 開発の投資であるとみなされない限りでの、公園、公園に通じる道路、緑地地区への投資および管理と整備、またそのエリアの公共の照明。しかし、Kungsträdgården、Strömparterren、Berzeeli park、Norra Bantorget、Årstafältet、Järva フリー地域への投資および管理と整備は道路整備委員会が担当する。
16. 自然エリア、自然指定区域、海水浴場の管理と整備
17. 国の環境プログラムに沿った地域の環境事業
18. 地域レベルの経済産業の事項での連絡や協力

[参考資料] 地区委員会に関する規定

2010年3月

1 §

地区委員会には、ここに定められている規定以外にも、ストックホルム市の委員会のための一般的取り決めの規定が適用される。

地区委員会の遂行事項（任務）

2 §

地区委員会は以下のことを実施する

・当該地区エリアの地域民主主義と参加を強める

・当該自治体事業の質を高める

・当該自治体事業を効率的にする

地区委員会の仕事は該当地区全体を考慮し、豊かな知識のもとに実施される。

地区委員会の地理的エリアは添付の地図で示される。地区委員会の地区名は市議会で特別会議を通して決定される。

3 §

地区委員会は管轄地区において、社会サービス*と自治体の健康・病気に関する事項を実施する。また、市議会が他の委員会に任務を任せている事項以外の、社会サービスの事項やそのほか法や条例で社会委員会のもとにある市の事項となっている任務事項を、地区委員会は管轄地区において遂行する。

＊SOL（社会サービス法）に基づく特別な事項

地区委員会はまた、タクシーサービス（riksfärdtjänst）の許可および「機能障がい者へのサポートとサービス」法（LSS法）に基づく援助判定、事業についても取り扱う。

地区委員会はさらに、「自治体の育児援助費（lag om kommunalt vårdnadsbidrag）」法に関する事項についても取り扱う。

地区委員会は、アルコール法により酒販売の監督、タバコ法によりタバコの販売についても監督する。

4 §

地区委員会は自治体が運営している就学前教育の事業に責任を持つ。

あとがき

本書は、私がこの数年間に執筆してきた論文を集めて1冊にまとめたものであり、九州大学から名古屋大学に異動して以降の研究である。名古屋大学に移って5年間が経過しているので、この5年間に私が考え、調査研究した内容で構成されている。

本書の多くの論文は、九州大学在職中に取り組み始めた科学研究費基盤研究（B）「社会教育・生涯学習の再編とソーシャル・キャピタルに関する実証的研究」（筆者が研究代表者　二〇〇八〜二〇一一年度）と、それを引き継いで、現在、取り組んでいる科学研究費基盤研究（A）「コミュニティ・ガバナンスと社会教育福祉システムの構築に関する欧米とアジアの比較研究」（筆者が研究代表者　二〇一一〜二〇一四年度）による共同研究を通じて執筆した論文である。その点で、本書は、二つの科学研究費補助金の成果であると言える。なお、前者の科学研究費基盤研究（B）のまとめは、松田武雄編著『社会教育・生涯学習の再編とソーシャル・キャピタル』と題して刊行した（大学教育出版　二〇一二年三月）。

後者の科学研究費基盤研究（A）は、社会教育福祉に関わる欧米とアジア、約10カ国の比較研究であり、既に3回の国際会議を開催している。特に二〇一三年一一月にドイツのマインツ大学で開催した国際会議は、多くのドイツの社会教育学研究者に集まっていただき（フィンランドからも参加）、日本からも共同研究者9人が参加して開催され、学術的に意義深い内容となった。この間の3回の国際会議での議論とメンバーの調査研究を集約して、来年に単行本を出版する計画である。

二つの科学研究費による共同研究において私の一貫した問題意識は、現代の閉塞的な時代状況の中で、地域社会と、地域に密接に関わってきた社会教育行政が大きな困難に直面している現状に対して、それを乗り越えていく現代社会教育の可能性を見出したいという点にあった。そのために、従来の有力な社会教育の言説を見直し、社会教育概念の再定義を試みる努力をしてきた。本書のタイトルはそのことを反映している。

社会教育概念の再定義の試みは、私の最初の著書『近代日本社会教育の成立』（九州大学出版会　二〇〇四年）において、歴史研究として行っており、前著『現代社会教育の課題と可能性』（九州大学出版会　二〇〇七年）においては、現代社会教育実践の事例分析を通して、部分的に問題提起を行っている。本書では、これまでの研究をさらに発展させ、現代社会教育の実践的な可能性を探求するために、社会教育概念の再定義を全面的に展開しているつもりである。そのこともあり、拙論に対する批判が出され、学会での報告に対しても批判を受けたりしたこともあり、議論が平行線を辿ったりしたこともあった。端的に言えば、拙論は新自由主義路線に与するものであるという批判であるが、そのような批判を受けることは自覚しつつ、理論枠組みの再検討を行ってきた。本書がどのように受け止められるのか、読者の審判に委ねたい。

ところで、本書では、社会教育福祉という用語を提起している。この用語は、社会教育概念の再定義から派生したものであり、社会教育に代わるものではない。社会教育と福祉との一体的な関係性を特に意識化したい時に、この用語を用いるのである。したがって、この用語を用いた際には、社会教育概念の固有性が薄くなることは避けられない。それでも、あえてこの用語を提起するのは、社会教育は福祉に根差すことによって豊かな生活力を身に付けていくと思うからである。

この用語は、小川利夫先生の教育福祉論をただ単に社会教育に置き代えただけであるが、そこには、私なりに社会教育と福祉との関係性への思いがあった。それは、私がかつて暮らした沖縄の社会教育が、字（集落）の強い相互扶助の関係性に根差して実践されており、社会教育は教育であるが、コミュニティにおける地域活動や福祉活動などを包摂した、教育にとどまらない機能を有しているという、社会教育概念の再認識を余儀なくされたことが背景にある。このような沖縄における相互扶助的（福祉的）な社会教育の特徴を特に意識して語る時、社会教育福祉という用語がわかりやすいと考えた。一方で、この間、松本市の公民館と町会の調査を行ってきた経験から、公民館と福祉ひろばを拠点とした福祉のまちづくりは、社会教育福祉と称してもよいのではないか、という認識を持ったということもある。さらに言えば、名古屋大学に着任してから、スウェーデンの社会教育学について調査研究してきたが、特に困難を抱えた青少年や大人に対する福祉的教育的支援を行うという実践は、まさに社会教育福祉に重なるものであるという実感を強くしたのである。

本書に収録した論文の初出は次の通りである。できる限り執筆した当時の問題意識や問題状況を大事にして、修正はほとんど行っていない。ケース・スタディについては、エビデンスが刻々と変化しているが、調査した当時の記録を残す意味でも新たに追記することはしていない。

第1章「現代社会と社会教育・生涯学習の意義」松田武雄編著『現代の社会教育と生涯学習』九州大学出版会　二〇一三年
第2章「社会教育におけるコミュニティ的価値の再検討」『教育学研究』第74巻第4号　二〇〇七年
第3章「戦前日本社会教育の歴史的特質」小林文人・伊藤長和・李正連編著『日本の社会教育・生涯学習』大学教育出版　二〇一三年
第4章「社会教育・生涯学習の再編とソーシャル・キャピタル」松田武雄編著『社会教育・生涯学習の再編とソーシャル・キャピタル』大学教育出版　二〇一二年
第5章「社会教育学研究におけるソーシャル・キャピタル研究の枠組み」『生涯学習政策研究』文部科学省生涯学習政策局　二〇一二年

第6章「自治体改革のもとでの社会教育ガバナンス」日本社会教育学会編『自治体改革と社会教育ガバナンス』東洋館出版社　二〇〇九年

第7章「松本市の新たな地域づくりと独自の自治体内分権」『社会教育研究年報』第27号　名古屋大学大学院教育発達科学研究科社会・生涯教育学研究室　二〇一三年

第8章「自治体内分権と社会教育・生涯学習――豊田市の事例を通して」『生涯学習・キャリア教育研究』第6号、名古屋大学大学院教育発達科学研究科附属生涯学習・キャリア教育研究センター　二〇一〇年

第9章「社会教育再編下の教育機能とコミュニティ機能の関連――福岡市の事例を通して」『生涯学習・キャリア教育研究』第5号　二〇〇九年

第10章「公民館への指定管理者制度の導入――大分県日田市を事例として」『社会教育・生涯学習の再編とソーシャル・キャピタル』第1集（科学研究費補助金基盤研究B報告書：研究代表者・松田武雄）二〇〇九年

第11章「スウェーデンにおけるSocialpedagogik（社会教育学）の動向」『生涯学習・キャリア教育研究』第7号　二〇一一年

第12章「スウェーデンにおける社会教育者の養成と職務」『社会教育研究年報』第26号　二〇一二年

第13章「スウェーデンにおける地区委員会制度と社会教育」『コミュニティ・ガバナンスと社会教育福祉――欧米とアジアの比較研究』第2集（科学研究費補助金基盤研究A報告書：研究代表者・松田武雄）二〇一三年

私は、昨年四月から名古屋大学大学院教育発達科学研究科長・教育学部長に就任した。管理職なので多忙な仕

事であるが、普通に務めていれば、多忙であるということで過ぎていくのであろうと思われる。しかし私は、現在の大学が置かれた諸事情により、国際化の推進のための新たなプロジェクトをいくつか立ち上げ、その先頭に立って職務に専心してきた。まさに激務であり、大学院に進学後、研究に取り組み始めてから初めて、全く研究ができない、そもそも本を読む時間がないという体験をした。結局、昨年一一月下旬から体調を崩して今に至っているが、グローバルな視野から新たなチャレンジをして新規事業を開拓するという経験を積むことができ、国際的国内的に人的ネットワークを広く深く築くことができた。この経験が私の社会教育研究にどのようにつながるのかわからないが、従来の社会教育研究の狭さを改めて実感した。

最後に、スウェーデンの調査に際し、木下元子さんにご協力いただいた。お礼申し上げたい。そして本書を出版するに際し、福村出版の宮下基幸氏には大変お世話になった。出版事情の厳しい折に快く出版をお引き受けいただき、感謝するとともに、原稿を綿密にチェックしていただいた村田昌代さんにお礼申し上げたい。また、私事であるが、スウェーデンの社会教育学について調査研究を行うきっかけを与えてくれた娘の弥花《やか》（東京大学大学院学生）にお礼を言いたい。特にスウェーデン語の資料の翻訳は彼女に負うところが大きい。同時に、体調不良の中、激務をこなさなければならない私を支えてくれている妻に感謝したい。

二〇一四年一月二四日

松田　武雄

は行

ま行

や行

ら行

た行

な行

索引

あ行

か行

さ行

松田武雄（まつだ　たけお）

1952年、大阪市に生まれる。名古屋大学教育学部卒業、名古屋大学大学院教育学研究科博士後期課程単位取得満期退学、琉球大学助手・講師、埼玉大学助教授、九州大学大学院助教授・教授を経て、現在、名古屋大学大学院教育発達科学研究科教授、博士（教育学）。
【著書】『近代日本社会教育の成立』（九州大学出版会 2004年）、『現代社会教育の課題と可能性 新装版』（九州大学出版会 2009年）、『新版 生涯学習と地域社会教育』（春風社 2010年 編著）、『社会教育・生涯学習の再編とソーシャル・キャピタル』（大学教育出版 2012年 編著）、『現代の社会教育と生涯学習』（九州大学出版会 2013年 編著）ほか。

コミュニティ・ガバナンスと社会教育の再定義
――社会教育福祉の可能性

2014年3月25日 初版第1刷発行

著　者　　松田武雄
発行者　　石井昭男
発行所　　福村出版株式会社
〒113-0034　東京都文京区湯島2-14-11
電話　03-5812-9702　FAX　03-5812-9705
http://www.fukumura.co.jp
印刷・製本　シナノ印刷株式会社

Printed in Japan
ISBN978-4-571-41053-6　C3037